八幡神社現景

北方の八幡神社と神宮寺

――大仙市神宮寺八幡神社と旧別当寺の様相――

神宮密寺跡碑

北方の八幡神社と神宮寺

——大仙市神宮寺八幡神社と旧別当寺の様相——

開章

はじめに

秋田県大仙市神宮寺（旧出羽国仙北郡神宮寺村）に座す八幡神社は、出羽国最北の式内社副川《そいかわ》神社に由来する。式内社とは延喜五年（九〇五）に編纂開始された『延喜式』中の神名帳《じんみょうちょう》に登載された由緒ある神社をさす。副川神社は地元では嶽《だけ》または嶽山《だけやま》（標高二七七ｍ）と現称される、小振りながら神奈備《かんなび》の様相を湛《たた》える山体を神とし、後に山上に祀られた神社である。先行研究によれば、副川神は横手盆地北部の統治と農耕開発が進められた八世紀末の奈良時代終期に創祀され、のち鎌倉時代の成立と推定される長者伝説で、右開発は陸奥国から来た明永と明保の兄弟長者、これに助力した地元の副川長者の神威を借りた開発であったとして再生され、戦後の史学界で大々的に辺境の開発長者として取り上げられた神々の一つである。

寛治元年（一〇八七）当地から遠くない金沢柵（横手市金沢）で最終決戦となった後三年の役（開始一〇八三）では、金沢柵の包囲戦を現地指揮した源義家（通称八幡太郎義家）は逆包囲の怖れに対する対抗策として金沢柵に通ずる周辺要所に、後代に称される山北六所八幡を勧請したか再興したが、当社はその一社であったと筆者は考える。当社の創建伝承にある源義家の再興説は、当時衰退していた副川神社を武神でかつ源家と関係深いが故に、義家が八幡神社として再建したことを示唆する。その再建地は金沢柵から玉川を渡川して秋田城に通ずる、大字神宮寺東部の今に小字名が「八幡」という処だったと筆者は推定する。

その後、当社の中世棟札によって知られる建久元年（一一九〇）源頼朝が当社を再建したとき、雄物川の流路変更などの理由で、鎮座地は後に羽州街道となる街道沿いに移転した。この前後、年代は不明だが、横手盆地の南西部に座す式内社の羽宇志別《はうしわけ》神社の周辺から神宮寺を称する寺院が雄物川向かいの前記嶽下に移転していたが、当社の移転に連れて、さらに雄物川を越えて街道沿いに移転し、そこで当社に付設された。これに因んで後に周辺の街道筋は小字「神宮寺」とよばれ、やがて周辺集落を包摂して「神宮寺村」が成立した。この村名は南北朝時代の貞治《じょうじ》三年（北朝号、一三六四）銘の史料に初出し、この間の正応三年（一二九〇）と元応元年（一三一九）銘の棟札が当社に現存する。なお神宮寺の地名は数え方にもよるが（大字小字を重複勘定しないなど）、全国で一八ケ所ほどある中で、当地は最北である。

およそ、このような経過を経て形成された当社と付設の神宮寺、そして、やがて当社を差配するに至る別当神宮寺、さらに、これらに奉仕する当社中世三棟札に記された歴史上著名な中原親能ら六供の存在、ならびに菅江真澄が当地で採録した往古からの由緒を伝える神女の存在などは、当社が大振ではないが、それなりに充実した地域の信仰拠点であったことを伝える。

江戸時代後期の安永五〜六年（一七七六〜七七）、連年の大洪水で当社の社地が流失し、天明元年（一七八一）当社は神宮寺であり、当社を差配する別当寺であった神宮密寺花蔵院（華蔵院とも）と共に羽州街道東側の、現社地に移転した。降って慶応四年（一八六八）八月九月、戊辰戦争秋田戦線では朝廷政府軍と列藩同盟軍が付近の玉川を挟んで激戦した。南から進軍北上する庄内藩軍を主力とする同盟軍が玉川を渡河すると、秋田城は指呼の間となり、一日で陥落されかねない怖れがあった。奥羽鎮撫副総督澤為量《さわためかず》は久保田城に退却せず、当地におよそ一ケ月滞陣し現地指揮に当たったが、その間、かつて式内社が祀られた嶽山上社（当時は六所神社に変容）と当社に鎮撫祈願を命じ、また花蔵院を鎮撫軍の仮設病院とした。

本書の大筋は右のとおりだが、これらから当社と当神宮寺をめぐる歴史は所在が東北なかんずく北方であることとの関係性が浮かび上がる。これまで八幡神社と神宮寺に関する研究は汗牛充棟《かんぎゅうじゅうとう》の如しだが、こうした北方性の視点から取り組まれた研究は管見しない。そこで本書では、北方性の内実は今後本書を先駆とする個別研究において深められる必要があるとしても、如上の北方性の諸点に留意しつゝ、さりとて、それにこだわり過ぎずに、当社と旧別当寺である神宮寺の事例を研究する。

本書作成の目的

本書は著者である私の、当地八幡神社と旧別当神宮寺に関し、これまで関心を寄せて発表してきた多数の論考を集成し、それなりに体系化した研究書である。他方、当社神宮寺の系譜を継ぐ筆者家は早晩当地から消え行かざるを得ないが、その存在証明でもある。ところが限られた資史料を所々に重複使用して作成した多数の論考を、今にして重複を完璧に除去し、厳格に体系化することは至難である。また本書作成の目的の一半が右の存在証明であれば無理にその必要もない。よって本書は著者の関係論集であることを隠さない。したがって本書は首題を体系的または包括的に考察するものではないし、各所における一定の重複も止むを得ないとする。ただし所々の自説の展開では、引用また参考にする資料や文献の題名や所在に格別に留意し、次代研究へのメッセージとする。

文献および資料

当社と付設の神宮寺に関する文献および資料の委細は付六の参考文献に示すが、江戸時代後期の紀行家である菅江真澄による秋田藩地誌の一つである「月の出羽路」が好個である。真澄は式内社の副川神社が祀られた神宮寺嶽に早くから関心を寄せ、晩年の文政九年（一八二六）暮れから当地に滞在し、翌年正月から開始した調査を経て著作したのが、内容豊かな「月の出羽路」神宮寺郷（以下、月または月の出羽路という。所収は『郷土誌かみおか』一九七四、『菅江真澄全集七』一九七八）である。他方、これより先、時々に幕府から派遣され羽州街道を北上し、巡国した目代と巡見使は当社参詣を慣例とした。その折り下される下問対応のため村役人や藩役人の心得として、村では当地の現勢や当社の由緒などを記した文書を作成し、折々改訂していたと推察されるが、その一つが現存する文政九年惣改「神宮寺村旧記帳」である（以下、旧記帳という）。また、この旧記帳を底本として、恐らくは真澄の関心やお尋ねに対応して当村長百姓《おとなひゃくしょう》の富樫伝市郎が編集し、文政十年真澄に提供され、そのまま「月の出羽路」に収録されたのが「神宮寺郷古記由緒録」である（以下、由緒録という。所収は月に同じ）。さらに文政四年（一八二一）御目衆および天保九年（一八三八）巡見使の当社参詣次第を神宮寺花蔵院住僧が記録し、筆者家に伝来する文書で、父邦彦が解読翻刻した日記がある（以下、御目衆日記、巡見使日記という）。また当家に伝わる花蔵院文書（小著『花蔵院文書』一九九五）、明治初期に花蔵院が役所に差し出した文書（小著『神宮家文書』一九九八）がある。

その後、大正元年（一九一二）、神宮寺郷土誌編纂会発行の『神宮寺郷土誌』は近代的な地域史研究の開始となった。ただし当社と神宮寺に関しては真澄の地誌や村の旧記帳を要略する域を出なかった。昭和八年（一九三三）に刊行された『神宮寺郷土史 前篇』は、秋田史学の泰斗とされる深澤多市の協力者にして、地域の歴史研究に取り組んだ横手町（当時）在住の細谷則理が前年六月、当地で行なった当地郷土史の講演録を主材とし、当社と神宮寺などを近代的な歴史研究の場に引き出すものであったが、講演録という体裁に限界があった外、『前篇』で終わったのは惜しまれる。

平成十四年（二〇〇二）町民待望のなか編纂刊行された『神岡町史』では、当社と神宮寺に関して新たな考察が試みられたが、当初計画をはるかに上回る年数を費やした割りには研究不足の感が否めなかった。この間、当社所蔵の中世三棟札に関して赤外線テレビ写真による解読（一九七九）、地元史家の伊藤忠温氏による諸研究、東北大学建築学グループによる当社本殿木割の研究（一九九四）などがあるが、なお断片的であった。こうした中、筆者は一九九〇年代半ばから後掲する付五の「著本」「初出論文」に見るとおり、当家所蔵棟札の読解、所蔵文書の翻刻などを開始し、当社および神宮寺に関する一連の研究を次々に発表した。

本書の構成

各章では当社と神宮寺の北方性を踏まえ、当社と神宮寺が歴史的に如何ように展開したのかなど本書が取り組む主題をめぐって論究する。第一章では副川神社から当社への展開ならびに以降の発展を伝承の由緒と参詣祈願を中心に、第二章では江戸時代に藩へ提出した神主文書に記された由緒と宝物の視点から、それぞれ通史的に考察し、第三章では当社に伝来する中世三棟札の読解の取り組みと、そこから見える中世当地域の歴史を考察する。つぎに視点を転じて、第四章では八幡神社の歴史と一体である神主の系譜を、第五章では神宮寺の歴史と一体である住僧の系譜を、第六章では神宮寺最後の住僧が授与されていた神祇潅頂文書を、それぞれ考察する。第七章では筆者家に伝来する神宮寺文書によって、斯界の碩学から神仏分離と神宮寺廃寺の事例研究として高く評価された当地神宮寺の終焉の実相を明らかにし、その上で結章に至る。

つぎに特定研究では本論には取り込み難いが、本書の主題と関係する重要事項に関して研究一〜七をもって個別に考察する。なお研究七は研究と言うよりは、早晩当地から消えざるを得ない神宮寺系譜の当家の挽歌である。特定研究では、既稿をそのまま収録すると過大な紙数となるので、適宜修文または要略を収録する。その上で、なお筆の余る処を余滴に記す。最後に付属資料では花蔵院相承次第、八幡神社々地・花蔵院寺地、次代へ確実に引き継ぎたい資料として当社中世近世棟札銘文、関係図・写真および年表、参考文献を収録する。凡例は以下のとおりである。

（凡例）

一、原和漢文は原則として訳出して引用する。

二、引用文献の内、主要参考文献（付六）の表記はおおむね略記する。逆に略記された文献の委細は付六に記してある。

三、引用は原意に留意しつゝ抄出または句読点の変更を行なうことがある。

四、収録論文中の記述は初出段階のものである（のち物故、役職変更など）。

五、大仙市神宮寺（または周辺を含む）を当地、当地八幡神社を当社という。神宮寺花蔵院または華蔵院の表記は資料に従うが、おおむね花蔵院とする。

六、本書の著者自らを私、筆者、著者などと表記するが一定しない。
七、特定研究では紙数の都合で初出論文を大幅に削減して収録するので、叙述に精粗の箇所がある。

（特別注）副題中の「旧別当寺」について

前掲『由緒録』によれば、花蔵院神宮密寺は「往古より八幡宮別当職《べっとうしき》なり」という。また後掲する明治二年地元文書「御内談覚」によれば「真言宗花蔵院当所正八幡宮別当、往古は神宮寺と申し唱え候」（第七章）と伝える。一般に別当とは、「本官を有する者が他の機関の長の職にあたること」をさすが、「実際は長官の称として広く使用されている」とされ、神仏習合では「神社や神宮寺に属し仏事を修した社僧の職名の一つ」であるという（後掲『神道事典』）。よって、これらから別当寺とは当社八幡神社を差配した社僧が住持した寺院である「神宮寺」「神宮密寺」あるいは「（神宮密寺）花蔵院または華蔵院」をさす。こうした当所「神宮寺」は明治三年廃寺になっているので、本書では旧別当寺と称する。

第一章　副川神社から八幡神社へ　――伝承された参詣祈願の考察――

はじめに

当社は延喜式「神名帳」に出羽国九座の一として記載される式内社の副川《そいかわ》神社に由来する[01]。度々の火災で由緒にふさわしい宝物級の伝来品が在るわけではないが、中世当地域の歴史を探索する有力な資料で、東北のみならず全国の視点からも注目される三枚の古棟札が伝来する[02]。まず本章では伝承ではあるが、各時代に伝わる参詣祈願の事例から当社の歴史を通観する。歴史上の人物が参詣祈願したとする伝承は当社が古代の副川神社に由来し、以降も相応の神威が認められたからに外ならないが、由緒は時代を遡るほど分明でない。これらはあくまでも伝承であって、すべてが史実と主張するわけではない。

一　古代の由緒と参詣祈願

1、初期副川神社

副川嶽（後の神宮寺嶽）は小振りながら玉川が雄物川に落ち副い（添う）、合流する川原から直立する美麗な山姿によって、目にみえない神のいます処とされる神奈備《かんなび》の山として往古から自然崇拝されたと推察される。祭事の繰り返しによって神観念が成長するにつれ副川神として固定し、地域の土地神として信仰を集めるようになったと考える。周辺に副川を称する神主豪族が居た可能性もある。祭事は初め山麓の好所に設置された斎庭《ゆにわ》で執行され、のち常設の里宮として小祠が山麓に建てられたと按ずる。この小祠はやがて地域の有力な神社に成長し、式内社に指定されることになるが、この官社化までを初期副川神社とする。なお大宝元年（七〇一）の年代は伝承であって史実ではない[03]。当時は嶽山頂の社殿造営は想定され得ず、山頂社殿は現代に至る六所神社となった中世以降にずれ込むと考える。

○本宮並に折居二社とも大宝元年始め宮殿造営也（由緒録「嶽山由来」、旧記帳「八幡宮由来」条）

2、坂上田村麿の東征祈願

資料は大同二年（八〇七）坂上田村麿（麻呂とも）が東征時に当社を建立または再建したと伝える。田村麿は延暦十年（七九一）征夷副使に任ぜられて以降、東北の鎮定に奔走した。同二十一年（八〇二）降ってきた阿弖流為《あてるい》を連れて帰洛し、漸く任を解かれたが、その間、同十五年（七九六）

陸奥出羽按察使《あぜち》（注、地方行政を監督する令外官）・陸奥守・鎮守将軍に、同十六年（七九七）征夷大将軍に任ぜられ、当地を含む出羽国を管轄したことは紛れない事実である。こうして秋田に入ったとする伝説が所々にある。当地文書にも、「延暦二十年（八〇一）此の地に滞陣し、時に神夢ありて此の社を信じ（略）祈誓を行い」と記す（神宮家文書）。周辺には田村麿の創建または再建を伝える神社が少なからず鎮座し[04]、当社もその一つである。

○大同二年坂上田村丸（麿）建立（由緒録、旧記帳、各八幡宮由来条）
○大同二年田村麿草創（月、八幡宮由来条）
○大同二年田村麿開基、建立（月、八幡宮由来条）
○大同二年田村丸八幡宮建立（月、祠官佐々木家系譜条）

伝説によれば、田村麿の敵役は雄勝平鹿地方では悪路王、仙北地方では大石丸あるいは大滝丸である。仮にも田村麿が当地に入ったとすれば、敵を追ってのことであるから、その途次副川神社に直参か代参を果したと想像できる。そうであれば、副川神社の社殿再建を田村麿に仮託することは伝承上では必ずしも牽強付会《けんきょうふかい》ではない。田村麿の伝承に多少の事実の反映があるとすれば、嶽山麓に営まれた遥拝のための仮屋か小祠が田村麿によって拡充されたということであろう。社地は縄文遺跡があって早く拓けた処で、眺望のよい嶽直下西麓の小沢《こさわ》が有力である[05]。なお資料はいずれも田村麿の八幡神社の創建または再建を伝えるが、これは後世当地の八幡信仰の隆盛を反映したものである。

3、藤原保則の平定祈願

元慶二年（八七八）元慶《がんきょう》の乱という大乱が秋田城下に起こった。俘囚《ふしゅう》が叛乱して秋田城を攻め落とし、秋田河以北の独立を要求したのである。朝廷は太政官の中枢にあった藤原保則を出羽権守《いではのごんのかみ》に任じ、難局の解決を託したが、当時出羽国府があった庄内平野北部の城輪柵《きのわのさく》を経由して進軍北上したとすれば、玉川と雄物川をはさむ当地は戦術上の要衝となったはずである[06]。そうであれば保則大将軍が副川神社に直参または代参を以て祈願した可能性は十分に想定できる。史料に、「東夷賊、秋田城を焼破。敗軍するに依りて、藤原保則大将軍にて帝都より進発し賊を平らぐ。此の節当社へ祈念ありて太刀弓矢等奉納あり」と見える（旧記帳）。この奉納品は瀬戸村（注05参照）からの出火で焼失したと伝える。当時、副川神社の里宮は仮屋か常設でも小祠の形態で嶽山麓の小沢にあったと推定されるが、保則大将軍の戦勝によって神威の功績が認められ、小沢において常設の里宮社殿に拡充されたと推察できよう。なお賊とは朝廷から見た視点である。

4、式内社副川神社

律令格の施行細則である『延喜式』は延喜五年（九〇五）編纂開始、延長五年（九二七）完成し朝廷に奏上された。この延喜式中の神名帳《じんみょうちょう》（巻九、十）に記載された全国三千百三十二座（二千八百六十一所および社）の神社が式内社とされ、以降高い社格が認められた。出羽国からは九社、県内域からは平鹿郡二座並小として塩湯彦神社、波宇志別神社の二社、山本郡一座小として副川神社が登載された[07]。座は祭祀に当たって一単位の幣帛《へいはく》を奉るべき祭神の数で、一社一座とは限らないが、出羽の九社はみな一社一座であった。官社とも称された式内社は当時、陰暦二月の祈年祭《きねんさい》で神祇官から幣帛を受ける官幣社と諸国から幣帛を受ける国幣社に分かれ、其々に大社小社の別があり、さらに大社の中に名神《みょうじん》の制があった。副川神社は出羽国から幣帛を受ける国幣の小社であった。なお諸国の神々が神名帳に如何にして採択されたかは必ずしも明らかでないが、副川神社は編纂期に相応の神威が認められたからに違いなく、その神威とは元慶の乱（八七八〜七九）における保則大将軍の戦勝祈願の功績に纏《まつ》わる記憶が出羽国府や編纂官人に脈々と存したのであろう。式内社化によって嶽山麓の里宮は急速に整備されたであろうが、小沢はもともと嶽下の狭小な丘陵地に過ぎず、やがて十世紀半ば頃には、当時集落を大きくし、後に神宮寺村の本村となりつつあった中心域に所在する旧社地へ移転したと考えられる。

　さて横手盆地北部の統治および秋田城の存廃と深く関係する払田柵跡は無名不文遺跡、河辺府《かわのべのふ》、雄《お》勝城《がちじょう》等の諸説がある中、第二次雄勝城説が有力視される。近年の発掘調査によれば、年輪年代法から創建が九世紀初頭（八〇一年）と推測され、著名な「小勝」墨書の土器七点はすべて九世紀後半代、その他出土の漆紙文書・木簡などから、遺物は九世紀後半代〜十世紀前半代が最も充実していると伝える[08]。してみれば払田柵跡の活動開始は九世紀初頭で最盛期は九世紀後半代〜十世紀前半代と考えられる。

　払田柵跡から四囲を眺望すれば、南方向に秀麗な鳥海山が雄姿をみせ、南西に波宇志別《はうしわけ》の保呂波《ほろは》山《さん》、北西に副川の神宮寺嶽の好姿が望見される。南東には真昼山が望まれ、その先に在るはずの塩湯《しおゆ》彦《ひこ》の御嶽《みたけ》はどこかと私には気がかりであったが、先ごろシンポジウムで司会された現地研究者によれば（注08シンポ）、御嶽は望見の機会が少ないが、見えないということではないという。これを延喜式の編纂開始の九〇五年、完成奏上の九二七年と絡めて考察すると、これら三神の成立が次項で述べる先学のいうとおり、奈良時代終期以降朝廷政府によって進められた横手盆地の開発促進にまで遡及するとすれば、朝廷を震撼させた出羽国大乱の元慶の乱を経て、十世紀初頭には三社それぞれに有力な神威を得ていたと推定され、庄内平野北部の城輪柵跡にあった出羽国府の推薦を得て神名帳に記載されたと考える。なお出羽国では右三社を北限とし、秋田城周辺や以北の秋田郡に式内社が立てられなかったが、それは元慶の乱における叛乱平定で神威を発揮したと認められる神社がなかった故とされる。

5、副川長者伝説

真澄が『雪の出羽路』白滝観音霊場縁起条に記載した「三熊野社別当華厳院古記」によれば、御岳の神威の代行者である明永、明保の兄弟長者が横手盆地を満たしていた鳥海の湖（とりみのうみ）の水を、丘陵を切り開いて日本海に流し出し、さらに北方の副川長者の助けをかりて、泥土を泥と水に分けて土形をつくり田畠を開き、横手盆地を開発していった様子を伝え、そこに副川長者の名が登場する09。

これを考察すれば、副川は雄物川（古名山北川《せんぼくがわ》か）に副って合流する玉川をいい、副川長者は副川嶽（神宮寺嶽）の長者をいう。「華厳院古記録」は寛平三年（八九一）御嶽山社家謹誌の体裁を取っているが、先学によれば鎌倉時代の作で、記述内容は奈良時代の終期（七七〇〜七八〇年代）以降、朝廷政府によって進められた横手盆地の開発促進に神威を必要とした開発の苦闘を伝えるという[10]。古代東北史に精通される新野直吉氏によれば、この説話は当時の横手盆地開発の事実を神話化して伝えたもので、副川長者は式内社副川神社の神威の代行者であるとする[11]。注目すべきは陸奥から来た外来神である明永明保の両長者が湖水干拓を構想し、流水まで行なったが、仕上げの流泥は地主神の副川長者が担ったと伝える。重複するが右「華厳院古記」を再掲すると次のとおり（抄出）。

> 明永、明保の両長者は陸奥から仙北地方にやってきた。眼前にひろがる鳥海の湖水（横手盆地）を眺めて、この湖水を出羽丘陵の一部を削って日本海に切り落そうとした。そこで高尾山（旧雄和町）に登り、祈願を行い、土を削り猿手（土をすくう道具）を使って運搬作業を行なった。さらに流水後、溝をつくって泥を流す作業は、副川長者に手伝わせて完成させた。

これまで注目されないが、副川長者伝説には次の続きがある[12]。すなわち、aは出羽六郡（実質は南三郡）に三十三観音札所が定められたのは「華厳院古記」が成立した鎌倉時代以降と推定されるが、当時、副河神はなお衰退せず副河権現として姫个岳《ひめがだけ》（現姫神山《ひめがみやま》または太平山）に鎮座すると信仰されていたことを示す。bはいつの頃か衰退していた式内二社つまり御嶽副河両社の江戸時代の再興を伝える。このとき副河社は北方の高岳山に移転した（委細は後掲「補稿」）。

> a（教円阿闍梨）出羽六郡に三十三番ノ札処順礼の霊場を定めたり、（秋峯《あきぶ》は）また神宮寺嶽の峯続キ姫个岳には副河権現の鎮座あり、
>
> b華厳院三十七世秀孝、御嶽権現、副河権現の御社、此の両社年久しく破壊奉りたるを嘆きて元禄

の年都に上り、天奏に及び帰国の途次行末知れざれど、御公儀より御嶽、副川両社御建立あり、

その後、右横手盆地の明永明保の長者伝説は、いささか誇張があるが、平鹿雄勝仙北三郡の各所に吉沢・杉沢の流れを用水として、多くの田畑を作らせしめたという万徳万地（満徳満地とも）長者伝説へと展開する[13]。石母田正によれば、明永明保長者は横手盆地の神話的な国作りの物語であるとし、万徳万地は一部史実を反映した歴史的な伝説であると説くが[14]、ここでは副川長者と直接関わらないので立ち入らない。

二　古代から中世の由緒と参詣祈願

1、中央神との複合

式内社の例に従えば、副川神社では恒例祭祀が年に一度（祈年）から二度（祈年、新嘗）あり、祈年祭では国司の奉幣があった外、春夏秋冬の祭事などがあったと推察される[15]。こうして常設の社殿が整備されるに連れて、副川神社には記紀に登場する中央の諸神が合祀という形態で送り込まれることで、副川神社は地主神の基本性格を保ちながらも中央色を強めていったと考えられる。神宮家文書一紙に、副川神社の祭神は奥《おき》（沖、興）津媛命《つひめのみこと》、または「多記理媛命《たぎりひめのみこと》、挾依媛命《さよりひめのみこと》、多記都媛命《たぎつひめのみこと》の三柱ヲ祭シト古言アリと云う」と見える。その時期をどこに見るかは難しいが、式内社になって以降遠くない頃ではあるまいか。ちなみに奥津媛命は、古事記における民間農耕神の中心である大年神《おおとしのかみ》

の子である。三柱は天照大御神と須佐男之命の天安河《あめのやすかわ》での誓約《うけい》の時、須佐男之命の剣から生まれた三女神の第一子から第三子で、この三神は海、川（河）、水に関係する。横手盆地北部の農耕地開発における用水確保の祈願を基調として、雄物川と玉川の合流する早瀬を舟で航行するところに嶽が直立するという地理的条件が重なって勧請されたと考えられよう。しかしながら注目すべきは、これら中央神はついぞ当地信仰の神々とはなり得なかった。

2、八幡神信仰の流入と普及

当地方における八幡神信仰の確かな定着は頼朝時代の到来を待たねばならないが、その先蹤《せんしょう》は、前九年合戦（一〇五四～六二）戦記として知られ、役終了後遠くない年代に書かれた「陸奥話記」の源頼義軍容を整う条に見える。すなわち頼義から奥六郡の俘囚長であった安倍頼義（のち頼時）の嫡男貞任の討伐与力を懇願された山北俘囚主清原氏の武則は、康平五年（一〇六二）七月子弟と万余人の兵を率いて陸奥国に進軍し、八月陣立した栗原郡営崗《たむろがおか》で遥かに皇城を拝し、「八幡三所、臣が中丹を照らしたまえ。若し身命を惜しみて、死力を致さざれば、必ず神鏑《かみかぶら》に中《あた》りて先ず死なんと」と天地に誓ったと記し、「この日鳩あり、軍上を翔ける」と伝える[16]。これから推せば、山北から引率した清原氏の子弟と誇張があるが万余の兵には、武神としての八幡信仰がそれなりに流入していたと考えられる。さらに二五年後の寛治元年（一〇八七）、後三年合戦の最終段階では八幡太郎と称される源義家が実弟新羅三郎義光の助力を得て、当地から遠くない金沢柵で包囲戦を展開するが、これらの過程で急速に八幡信仰が普及したものと推察されよう。

3、源義家の鎮護祈願

由緒録と旧記帳の各八幡宮由来条によれば、「延久三年（一〇七一）源義家朝臣御再建」「御棟札見えず（これ無し）」とある。源頼義、義家父子は仙北俘囚主清原氏の助力を得て安部貞任を降して、康平五年（一〇六二）前九年の役を終わらせ、翌年義家は論功行賞で出羽守に任ぜられた。さらに義家は永保三年（一〇八三）清原氏の内紛に介入して沼柵で苦戦したが、寛治元年（一〇八七）金沢柵を陥して清原家衡・武衡を討ち、後三年合戦を終わらせた。この間沼柵の攻撃、金沢柵の包囲陥落は義家の現地指揮によるもので、義家がこの地方に来たことは間違いない史実である。ここが田村麿と違うところであるが、なぜ延久三年とするのかはなお研究を要する。

委細は研究五に譲るが、真澄は荒町村の条（月、仙北郡八）で、同村鎮守六所八幡宮に関して、六所とは「義家将軍当国の鎮守のため、六所に八幡ノ宮を草創《たてたまい》て」とし、六所とは横手市沼館の八幡宮（旧雄物川町）、矢神の八幡宮（同）、大仙市神宮寺の八幡宮（旧神岡町）、幕林の八幡宮（旧中仙町）、大曲西根の八幡宮（旧大曲市内小友）、宮林の八幡宮（同）あげる[17]。

神宮寺村本村の北東方向、玉川に近いところの蒲集落につき、由緒録は、「右村往昔よりの村居にて年号知らず。この村往古は往還の通りにある由、今伝馬屋敷、御休場、御前水など唱え候清水もあり、又畑に八幡など申す字もあり」と記す。これにつき、「古い時代、雄物・玉川の両河によって侵食されて神宮寺村が移動したさい、蒲に八幡宮が一時移建されたところ」とする伝承があるが[18]、本村からの移建は考えにくいので、私は次の仮説を立てたい[19]。

すなわち、出羽守に任ぜられた経歴がある義家は金沢柵の包囲では逆包囲を警戒し、秋田城との関係を特段に重視したはずである。そのために金沢柵と秋田城との交通、運輸の確保が重要になるが、義家は父頼義が山城、近江、東海・東山の両道に次々と勧請した例にならい[20]、軍事交通の要衝に当時源家の守護神として重きをなしつつあった八幡神社を勧請建立したと推察できる。往時の街道は近世の羽州街道に対して北方の丘陵の上、および時代が下っては丘陵の直下に近いところを走っていたが[21]、蒲の地はこの街道筋に近く、また金沢柵を北上して秋田に向かう時必ず渡川しなければならない玉川の渡しに近い位置関係を考えると、義家がこの地に八幡神社を勧請建立したとしても不思議ではない。では何故神宮寺村本村に建立しなかったか、その謎は本村には衰退していたとは云え、式内社流の副川神社があって、さすがに八幡神社も直截には入れなかったと按ずる。ただし、この伝承後段の「今伝馬屋敷、御休場、御前水など」は今では確認できないが、近世所産の命名にも思える難点がある。

4、源義経の祈願奉納

義経は、頼朝の勘気によって寿永元年（一一八五）十一月義経追討の院宣が下され、諸国流浪の末、同三年（一一八七）二月陸奥の藤原秀衡のもとに到った。この間どの経路をとったか定かでないが、北陸道を北上し会津か出羽を経て陸奥に入ったと推測されている。義経主従が神仏にすがりたい気持ちは切なるものがあったに違いないが、代参にしても当社にまで及んだものか多々疑問があるにしても、祈願奉納の伝承が脈々たることは承知しておかねばならない。

○源義経公奥州御下向の時品々奉納ありし由、無残焼き失い候よし（由緒録）

○源義経公奥州御下向の節奉納の品杯之れ有る由、今は之れ無し（旧記帳）
○大般若経、武蔵坊弁慶の真翰なりしよし、元禄十二年類焼に及びたり（月）

5、大檀主源頼朝の祈願

文治五年（一一八九）秋田以北に勢を張っていた大河兼任が、平泉藤原氏が頼朝によって攻め滅ぼされた後、同年主君泰衡の仇を討つという名分で起こしたいわゆる兼任の乱が、翌建久元年（一一九〇）鎮圧された。これをもって東北は古代を終焉し、頼朝の地頭支配を基軸とする中世に入った。
○建久元年（一一九〇）右大将源頼朝公御再興（月）
○建久三年（一一九二）右大将源頼朝公御再興、（略）八月十五日御遷宮。此の節頼朝公白綾旗一流並びに御軍扇を納め給う（由緒録、旧記帳）

前述の中世三棟枚にはいずれも大檀主に源頼朝の名が墨書されている。また当社の創建または再興に貢献した人物が棟札に名を連ねていて、その中に中（仲）原親能、宮道國平が見える。奥州を平定した頼朝が東北各地で源氏の守護神たる八幡神を祀る社を建立したと伝え、当地周辺では式内社があった当地が再興地に選ばれたとしても不思議ではない。この時、義家勧請の八幡宮は神宮寺村本村の東南域にあった副川神社社地に進出を果たし、再興されたと按ずる。衰退していた古代副川神社の故地（旧社地）に新興の八幡宮が再興されたと考えるべきであろう。

6、飛騨守盛政の祈願

長享棟札に当社の造営にかかわった人物として大檀主源頼朝の他、中原・宮道らと並んで最後の八人目に「平朝臣盛政」が登場する。ところが、その下段右に「大檀主平朝臣飛騨守盛政棟上御祈願所」とある。この両盛政は同一人物とみられてきたが、私は別人ではないかと考える。上掲の平朝臣盛政は、遅くとも戦国時代までに就任し以来途中曲折があったが近代まで当社の神主職を勤めてきた神宮寺斎藤氏の先祖で、神主兼任の土地の有力者であったとみる。また下掲の飛騨守盛政は、当時神宮寺村を包含する山本郡北部を支配した戦国領主の戸沢氏であることは間違いない。当時の様子を伝える史料は盛政名といい、飛騨守職名といい、時代と人物が輻湊《ふくそう》していてとても統一的に理解できないが、戸沢氏が当社の再建に深くかかわったことは事実である。委細は第四章で再論する。

7、羽川小太郎義稙、小野寺義道の祈願

戦国乱世が終わりに近い十六世紀後半、県南域で戦国領主として覇権を争った小野寺義道、羽川小太郎義稙《よしたね》らが当社に参詣祈願した。その様子を深澤多一『小野寺盛衰記』に引用されている『奥羽永慶軍記』によって見ると、要点は次のとおり。戦国領主の赤裸々な人間模様が描かれていて、興味つきないものがある。このような戦国武将の祈願は、八幡神を奉じた当社が式内社流である故に特別に武将の尊崇をあつめたからに違いない。この時の唱号は南無八幡大菩薩であったであろう。

○由利郡北部の小領主、羽川小太郎義稙は天正十六年（一五八八）閏五月九日、神宮寺八幡宮に願文を捧げた。今の世は勅令を恐れず、武制に従わず乱れているが、清和源氏の末裔たる義稙とし

てはこれを平定し安泰にしたい。この志が満たされるなら、新たに七宝の堂宇を建て、千畝の社領を寄進したい。
○雄平を支配した小野寺義道は神宮寺八幡宮に参り、心静かに拝礼した。すると戸帳の間に願書一通があったので披いて見ると、上述小太郎の願文であった。之れを見て義道は、さても不心得な願書の書きようである。己れが夜盗、強盗をして世を渡る風情して、十二郡の諸将を亡ぼそうと思う程こそ不敵である、と云った。
○戸沢盛安は之れを聞いて、憎き羽川が振舞かな。我が領中の八幡宮に祈りて我を討たんとは推参であると、怒って申した。

三　近世の由緒と参詣祈願

1、佐竹氏入部と当社

秋田の近世は、佐竹義宣が秋田仙北に入った慶長七年（一六〇二）から始まるといってよい。当社は「慶長七年当国へ屋形様入らせられ候より御上の御普請の宮殿と相成り申し候」（由緒録、旧記帳）と伝えるとおり、新権力者である佐竹氏の尊崇を入部早々に得たようである。御普請とは自普請に対する用語で、藩によって普請が行なわれることを云い、以降当社の修築再建は藩負担となった。このことは当家に所蔵されている六枚の近世棟札銘文によっても確認できる。

正徳年中、四代藩主義格の命によって家老今宮大学、奉行茂木頼母が絶えていた藩内式内社の故地を調査し、副川神社については正徳四年（一七一四）、故地と認めた神宮寺嶽をはずし、久保田城北方の高岳山《たかおかさん》に再建した（委細は補稿）。これによって以降、当社は副川神社との関係に終止符が打たれたといってよい。この故か、佐竹氏入部の慶長七年、中世戸沢氏が寄附したと伝える石数と同等の三拾石を寺領として賜わり、安堵されていたのであるが（神宮家文書）、元禄十年火事で御黒印を焼失して以降、いつの頃からかわずか祭領五石となり、明治初年まで続いた。こうして近世当社は古代副川信仰を払拭し、八幡神社として自立したといってよい。

2、遷　宮

明和の末（一七七二）から安永に至り洪水再々で、ついに安永六年（一七七七）の大洪水で高札場より南の方半町ばかりが川欠となった。『秋田風土記』によれば、「天明元年（一七八一）洪水にて社地欠けたり、今の地に移す」と見える。このため「天明元年家跡（いえうしろ）と申す字を拝領して、御宮殿を車に乗せて新社地に遷す」と伝える。この件は隣村の旧南楢岡村「相馬年代記」（相馬文書とも）に年月日に異同があるが、詳述されている。少し長いが釈文を掲げる。

○安永五申年六月廿四日廿五日大洪水にて、神宮寺村八幡宮之高井之小路並に花蔵院之寺内町頭（がしら）之家市郎右衛門家屋敷並に街道迄川欠ニ相成り、八幡宮之後へ街道相廻り、御検使様下さる裏畑へ町屋敷下され候。

○翌安永六年酉六月十一日七月七日洪水にて又々右場所川欠ニ相成り、市郎右衛門家くら花蔵院寺迄ほごし申し候。

○安永六酉七月十一日十二日十三日洪水にて神宮寺村障り、六郎右衛門家蔵、仙塚三郎左衛門殿家[22]、理兵衛家始め花蔵院寺屋敷、長門守殿屋近所[23]、又右衛門家蔵迄、久蔵立木迄、十一日久蔵まで、同村之内下タ町にて家廿一軒流れ申し候。都合神宮寺村にて四十間剰りかけ落ちなかれ申し候（略）。

このことから、当社の近くに高井之小路があり、また付近に別当寺の花蔵院があって寺内町《じないまち》という町並みを形成していたことが判る。「御宮殿を車に乗せて新社地に遷した」とは、祭神を安置している御室（又は神室）を車に乗せ、祭神と共に遷したことをさす。この御室は寛文三年（一六六三）佐竹氏の寄附とされ現存する。なお伊藤忠温氏の教示によれば、高井之小路は鳥井之小路と読めるという。

3、佐竹氏の登山参詣

御参勤御下国共に御直参又は御代参之れ有り申し候（由緒録、旧記帳）と見えるとおり、佐竹氏累代藩主は参勤交代で羽州街道を上り下りの途次、時に当社に直参か代参した。この模様について詳しい記録はないが、九代藩主義和が神宮寺宿にお休み、また戸島、六郷に止宿の節は八幡宮宝物の十二天（絹地極彩色画像）を取り寄せ度々拝見になったという（旧記帳）。このほか藩主が嶽の山姿をめで御舎弟と共に登拝した珍しい記録がある。

○明和六年（一七六九）五月廿日屋形様御下国、神宮寺村御通り、御舎弟左近様御同道ニて御下

り、神宮寺村嶽へ御参詣遊ばされ候、其の時柱へ御書き遊ばされ候所、きりぬき宝物に遊ばされ候。（相馬年代記、佐藤好攻氏翻刻）

○安永年中（一七七二〜八一）源通院様（八代義敦をさす）並に左近様（弟、幼名幸之助）登山在らせられ候節、六丁余御登りありて御休み遊ばせられ候所に松の大木二本あり、今是れを休み松と号す。（由緒録、旧記帳）

4、御目衆、巡見使の参詣

御目衆（ごもくしゅう）は御目付（おめつけ）、目代（もくだい）、横目（よこめ）ともいい、幕府の政治全般にわたる諮問や監察を行なった職制で、地方には代替りによる幼少藩主の就任、政情不安などを理由に下向した。秋田には四回入ったが、羽州街道北上の折、当社に宝暦（推定）、文政、嘉永の三回参詣した。他方、巡見使は江戸時代に将軍の代替りに諸国の藩政、民衆の苦楽、作物の豊凶などの視察を行なった職制で、同じく羽州街道北上の折、当社に享保、天明、天保の三回参詣した。

当社は、「御巡見様、御国目付様等御下国の節は御先例にて御参詣在らせられ候」（由緒録、旧記帳）と見えるおり、度々参詣があった。御目衆、御巡見使にとって国境や寺社など自ら、あるいは代理をもって必ず廻らなければならない巡見所が決まっていた。当社はそのような巡見所になっていて、その折りは宝物をご覧に入れる慣わしであった。

〈御目衆参詣〉
○元禄十六年（一七〇三）、四代義格（よしただ）襲封当年十歳時
斎藤治左衛門、戸田三郎兵衛、十月二十二日秋田着、当社参詣不明。
○宝暦九年（一七五九）、八代義敦（よしあつ）襲封翌年十二歳時
安西彦五郎、建部荒次郎、七月二六日〜十二月二日領内滞在、当社参詣カ。
参考／御目代様、十二月二日久保田出足、境村御一宿（相馬年代記）
○文政四年（一八二一）、十代義厚（よしひろ）襲封当年九歳時
丹羽五左衛門、三浦甚五郎、五月二十六日当社参詣。
○嘉永二年（一八四九）十一代義睦（よしちか）襲封後三年十一歳時
青木新五兵衛、本田主税、五月（日は不明）当社参詣。

〈巡見使参詣〉
○享保二年（一七一七）
有馬内膳、高城孫四郎、小笠原三衛門、六月一日当社参詣。
○延享三年（一七四六）五月十五日花館村泊、当社参詣不明
山口勘兵衛、神保新五左衛門、細井金吾（相馬年代記）
○宝暦十一年（一七六一）五月廿三日花立村泊、当社参詣不明
柳原左兵衛、布施藤五郎、久杉彦左衛門（相馬年代記）

○天明八年（一七八八）七月、七月五日～七月十四日領内滞在
藤沢要人、川口久助、三枝重兵衛（古川古松軒随行）当社参詣。
○天保九年（一八三八）
黒田五左衛門、中根傳七郎、岡田右近、五月十三日当社参詣。

ちなみに、天保九年巡見使の役職、知行高、並びに巡見に同行した人数は次のとおり。巡見使一行だけで百二十四名である。これに藩役人、村役人等を加えると、当社には大変な人数が参集したことになる。

・黒田五左衛門（御使番、千二百二十三石、四十一人）
・中根傳七郎（大納言御番衆、千五百石、四十二人）
・岡田右近（大納言御書院御番衆、七百石、四十一人）

5、澤三位の鎮撫祈願

神宮家文書、他を要約すると次のとおりである[24]。
○戊辰の役（一八六八）で官軍が神宮寺に滞陣、奥羽鎮撫副総督澤三位は賊征伐のため八幡宮神主斎藤安房守に祈祷、神事並びに八月八日より九月十三日までの参篭祈願を命じた[25]。嶽山にも御祈祷を命じた。また長州藩桂太郎、佐竹公名代小野寺衛門が日参した。
○長州藩神山七右エ門を以て、賊平定の上は奏聞して勅額を下し勅祭の宮に申し上げると誓文され

た。澤三位が当社へ日参、官軍大勝利を願い自ら詠し、自書し以て奉納した歌に曰く、「白浪の打テヤ砕けヤカ、留よに人ニ力を副川の神」

○御稜威《おんみいつ》（注、天子の威光）があって此の地に賊壱人も入らなかった[26]。是れは八幡神社の御神徳と感謝し、副総督は籾《もみ》三斗をつき小餅にして村民に分与した。

慶応三年（戊辰）八月、秋田領では北上してきた庄内軍など反政府軍に対する防衛戦線が次々と破られて後退し、いよいよ神宮寺村付近の玉川、雄物川が突破されると久保田城が危険にさらされる状況となった。こうして神宮寺村は防衛の拠点となり、現地指揮を執った奥羽鎮撫副総督の澤三位は当地に釘づけにされ（久保田城に退却せず）、一カ月も当地に滞陣する有様であった。神宮寺役屋には官軍の司令部である会議所が置かれた。この間澤三位は当社に自ら日参祈願し、副川神社の故地である嶽六所神社には神主をして祈祷させた。歌につき、神宮家文書一紙は、「されば古へより尊崇を蒙りたる山なること知るべし」と結んでいる（第七章で再論）。

この件の委細は、明治廿九年十一月付け当社から「桂太郎殿」宛て出願した「神宮寺村県社八幡神社官幣社願御由緒」に詳述されている。澤三位の当地滞陣は桂太郎の再議によるなど関心をよぶが、官幣社への昇格願に付き、記された由緒は当時当社の主張である[27]。

むすび

　当地域は横手盆地北部の、くびれた首の部分にあたり、奥羽山脈から西流する玉川と北上する大河雄物川が合流する広域氾濫原中の自然堤防ないし河岸段丘上に集落が発達した。さらに奇しくも合流地点に小振りながら屹立する秀麗な嶽は自然神からやがて地主神として崇敬される存在であった。こうして当地の所以は出羽国北部に位置する仙北の軍事交通上の要衝であり、神威のある自然神、地主神が鎮座する地であると要言される。先述の田村麿、義家、頼朝、盛政、下っては澤三位らの祈願参拝は畢竟これに帰するとしてよい。

　本章では、伝承をつなぎ当社展開の粗筋を描いた。歴史学では大胆な推論は慎しまなければならないが、さりとて臆病のあまりせっかくの言伝えを個別、断片のままに放置しておいてもなんら益するところがない。ここでの新しい推理とは、①嶽山麓の小沢に早い時期に副川神社の里宮として仮屋(小祠)を推定、②式内社化後暫らくを経た十世紀半ば、当時集落を大きくし本村となりつつあった旧社地へ雄物川をこえて移転、③後三年合戦で秋田城との関係強化を図ろうとした義家が、東部蒲の地に八幡神を勧請、④頼朝再建で八幡神社は当時衰退していた本村の副川神社の故地に進出、などである。これらは今後多面的に検討、検証される必要があろう。

注

（01）先に私は「比定地が確定する式内社では最北に位置する副川神社」という表現をしたが、これは延喜式神名帳所載の陸奥国紫波郡志賀理和気神社が今では紫波町桜町本町河原一所在の志賀理和気神社とされるが、同社は大河の北上川に近すぎ、古代以来の社地か検討を要し、近世「赤石大明神」「赤石七社大明神」と称され、また所在は（紫波町）微高地の城山とか水分（現水分神社所在）に鎮座したという説もある（『式内社調査報告』東山道3）によって、比定地が確定していないと判断したものだが、このたび再考し、桜町本町であれ城山または水分であれ、当地神宮寺よりも高度の北緯に位置する紫波町に所在するので、志賀理和気神社は諸国最北の式内社とし、当社に関しては「国土の北に位置する出羽国の式内社のうち最北の副川神社」という表現に改めた。なお正徳四年（一七一四）秋田藩が副川神社の故地が神宮寺嶽であると認めた上で、北方の高岳山に再建した件に関しては補稿で考察する。

（02）小論「大仙市神宮寺八幡神社棟札考」秋田県文化財保護協会『出羽路』一五九、二〇一九。

（03）神宮家文書は「大宝元年藤原不比等公奏聞して開き賜へる山なりと古記録に見えたり」と記し、権威付けに不比等まで動員する。二社は愛宕神社、蔵王権現をさす。

（04）周辺では大同二年大曲蛭川薬師如来堂建立、同年南楢岡蔵王権現再建、大同年中花館不老山（伊豆山）神社宮殿建立など。少し離れて四ツ屋白山神社、荒川熊野神社、千屋三輪神社、同勝手神社、同福寿神社など。

（05）神宮家文書一紙に、「往古字小沢に千童村と称せし小村に八幡神社ありて、上代の官社と云い伝う小祠あり」と見える。千童村は神宮寺村の古名、瀬戸村とも称される。なお瀬戸は狭戸（せと、急峻の水流路か）に由来し、雄物川と玉川の激流する合流地に近いことを暗示する。
（06）当地は仙北三郡俘囚の協力と物資補給の要衝か、さらに保則将軍の進軍地になったとも推察される（新野直吉『古代史上の秋田』、同『新古代東北史』）。なお委細は小論「秋田営と元慶の乱」『北方風土』六六、二〇一三・六。
（07）出羽国九座　大二座小二座、
うち平鹿郡　二座　並小　塩湯彦神社　波宇志別神社
山本郡　一座　小　副川神社
（出所）延喜式巻十　神祇十　神名下　東山道出羽国（『神道体系』神社編出羽国一九九〇）
なお委細は『式内社調査報告書陸奥国・出羽国』一九八六。副川の訓みはソヒカハノ（又はソヒカハ）、ソヘカハと諸書に見えるが、私は「ソヒカハ」説をとる。
（08）秋田県教育庁払田柵跡調査事務所「国史跡払田柵跡―最近の調査成果から―」『出羽路』一五二、二〇一三・二。
吉川耕太郎「基調報告払田柵跡の概要と発掘調査成果」『第四六回古代城柵官衙遺跡検討会資料集』二〇二〇・二。

大仙市他主催「払田柵跡環境整備四十周年記念シンポ資料」二〇二一・九・七。
（09）「華厳院古記録」は寛平三年（八九一）御嶽山社家卜部氏致謹誌と記す（『雪の出羽路』平鹿郡一三、『菅江真澄全集』第六巻）。当該条（抄出）は、「泥土水を分かちて副川に（又は川に副いて）通す時に、泥土自然に地ニ成るべし。諸方相回り、副川ノ役人明保の事、右土形成就して田畠を開きぬ。人皆賞シテ副川長者卜常（うらつね）と名づク」と伝える。なお後注10石母田は明保に

「みょうほう」と振りがなする。

（10）主な参考文献は次のとおり。
石母田正「辺境の長者―秋田県横手盆地の歴史地理的一考察―」『歴史評論』92・95・96・98、一九五八、『石母田正著作集』第七、一九八九。

新野直吉「俘囚長の動向」『古代の地方史　奥羽編』一九七八。

国安寛・柴田次雄編「長者伝説が語る横手盆地開発の苦闘」『郷土史事典秋田県』一九七九。

佐々木千代治「横手盆地の長者伝説」『北方風土』11、一九八五・一〇。

（11）新野直吉『古代東北史の基本的研究』四〇一頁以下。

（12）「熊野三社並鳴見沢由来」『雪の出羽路』平鹿郡一三（『真澄全集』六巻）。

（13）「六郡三十三観音巡礼記」『新秋田叢書』第三巻。ただし当「巡礼記」の成立は近世の享保年間（一七一六～三六）。

（14）注10石母田論文。

（15）国学院大学日本文化研究所編『神道事典』一九九九。

（16）「陸奥話記」横手市『史料編古代・中世』二〇〇六。八幡三所は一般に宇佐、男山、鶴岡の三社とされ、武の神、源家の守護神という。鳩は八幡神の使いとされる。中丹（ちゅうたん）は偽りのない心、まごころ。

（17）小論「出羽山北六所八幡の研究」『出羽路』一四一・一四二、二〇〇七・一〇。なお本郷洋治『出羽仙北の古代史をあるく』一九九三は筆者も探訪し、右六所八幡の優れた探訪記であることを了解した。

(18) 郷土誌かみおか（第一集）。なお字八幡は現存。蒲には和銅年間（七〇八〜七一五）創建を伝える神明社があって、この集落の古いことを示す。当時は今より北方の山上（長山又は豊後山）にあったという。

(19) 高橋富治「神宮寺郷土覚書」は、相馬古伝記（八石村相馬孫右エ門所蔵）によって、大同二年（八〇七）福島（筆者注、字八幡に続きの集落）に建立、其後八十六年を経て寛平五年（八九三）谷の岡に引越したという。筆者は大同二年福島建立説をとらないが注目してよい。ただし谷の岡は新社地に比定されるので、旧社地の隠れ里（秋田県「神社明細帳」当社条）へ引越したと見るべきであろう。

(20) 中野幡能『八幡信仰』塙新書、一九八五。

(21) 伊藤忠温「神岡町遺史蹟、伝説等所在地」『神岡町世帯一覧』一九八四。

(22) 玉川引水による神宮寺と北楢岡一帯の大開田の功により渋江内膳の家人になった、神宮寺村給士の仙波（塚は誤り）三郎左衛門を指す。

(23) 八幡宮神主の斎藤長門守盛運（寛保三年／一七四三、官途）をいう。

(24) 郷土誌かみおか資料編第二集（神岡町教育委員会、一九七七）は戊辰の役を特集。委細は小著『戊辰戦争出羽戦線記』二〇〇八。

(25) 澤副総督は八月十一日横手城を退却、翌十二日神宮寺に至り、御役屋に会議所を置いた（八月八日は神宮寺に入っていない）。山道方面からの反政府軍攻撃によって九月十日角館に移転するまで神宮寺村に滞陣した。

(26)『神宮寺郷土史』一九一二に兵火宝蔵寺焼失と見えるので断言はできない（放火、失火説もある）。

ただし神宮寺村が戊辰の役秋田戦線の拠点となり、玉川および雄物川の防衛線で辛うじて久保田城が攻撃を免れたことは事実であり、これを以て当社の神徳と考えたとしても不思議ではない。

（27）表題は『秋田県仙北郡 副川八幡社由緒 全』、副題は「戊辰役官軍祈祷勝利ノ件」。東大史料編纂所架蔵。

補稿　副川神社の北方移転を伝える資料

1、「山方太郎左衛門泰護御家老勤中日記」『国典類抄』吉部四十四

国社建立に付き被仰渡

一この度国社の両社、いわゆる塩湯彦神社、副川神社おのおの中絶しておりました処、この度（藩公が再興を）御取り立て遊ばされました、もっとも（神祇管領の）吉田家へこちら（当藩）の寺社奉行所より相尋ねました上、吟味を以て御取り立てが相極まりました。

（注）山方泰護／宝永二年（一七〇五）寺社奉行、のち国老。

2、「今宮系図」正徳四年三月条（年表『秋田県史』第七巻）

保呂羽山波宇志別神社、及び高岳山副川神社の国社を再興す。副川神社を南秋田郡高岳山に移建す。

3、『秋藩紀年』正徳四年四月条
一同月国社、保呂羽山高岡山中絶の所御再立。

4、「三国社御造営ニ付き天瀬川村百姓願い申し出候事」（抄出）『六郡総諸寺院由緒附《つけたり》諸社記録』
一今度秋田郡保呂羽（山に）御建立遊ばされ候ニ付き、一郷願い奉り候ハ、三倉鼻は先年より由縁御座候山に候故、国社御建立下され度き事
正徳四年午六月廿五日山本郡天瀬川村肝煎（一名）長百姓（二名）
（注）国社が北方に移転再興されることを聞いて、三倉鼻《みくら(が)はな》に誘致を願った天瀬川村百姓が記した同処の由緒である。山本郡下の三倉鼻では郡名の問題が生じなかったが聞き入れられなかった。『六郡総諸寺院由緒』は県立図書館・時雨庵《しぐれあん》文庫架蔵。

5、「浦大町村修験宝祥院願い（抄出）」『六郡総諸寺院由緒附諸社記録』
一同年（正徳四年）七月中川宮内、大越十郎兵衛、今宮外記が、（藩主の）御座所へ罷り出で、戸村十太夫殿、小野崎権太夫殿へ左の通り申し上げ候、一御領内の国社副川神社の義（につき）申し達し候趣ハ、延喜式神名帳ニも出羽国山本郡副川神社と御座候、御鎮座の社地を考え候処ニ、今度御再興の高岳山ニ相極り申し候、

6、『秋田風土記』（『新秋田叢書』十五）

秋田三国社の一つ。社領三十石。保呂羽山本宮と云り。往年京都吉田家から波宇志和気社、塩彦社につき尋問の事有て、時の社寺奉行茂木定左衛門命を奉て、秋田山本両郡に副川神社を普く尋ねらる。然とも其の社は迹知れず。適々此村に至て此霊山に見ゆ。村老に問う。老の曰く、はたら沢と云、昔保呂羽山と云、其故に山一ツにして八沢あり、是八沢木と云フ、山上に小社ありと。其村夫を先登とし山へ至り見るに、冥双の霊地、又保呂羽の本宮なる事を察し、聴に達し（私注、藩主の許しを得てか）即副川の神社とし、茂木氏宮を建て、是より世々上の御普請なり。保呂羽故あるを以て守屋、大友両社司別当とす、寛文元年（一六六一）の事なり。

第二章　八幡神社の由緒と宝物

——神主斎藤安房守文書の考察——

はじめに

当文書は千秋文庫が所蔵する、袋の表上部に「上（たてまつる）」、下部に「神宮寺八幡棟札並由来書一冊合四点」、袋の裏に「大同二年田村丸　建久元年頼朝　観応元年戸沢上惣助」と墨書された紙袋に入っている。文化元年（一八〇四）、時の当社神主であった斎藤安房頭《あわのかみ》が藩役所に差し出した当社の由緒並びに宝物に関する半紙二つ折り十四枚の文書である。文書の付題はない。

千秋文庫とは一九八一年、東京千鳥ケ淵近くに開設された財団法人千秋文庫（理事長小林成子氏、当時）を指す。旧秋田藩主佐竹家に伝わる数多くの古文書、古記録、地図、絵図、書画などを所蔵し、順次公開陳列していて、秋田や歴史に関心がある向きには好個の博物館である（余滴二で再論）。当文書に私が邂逅《かいこう》したのは一九八六年七月である。当時、神岡町の郷土史編集委員だった父邦彦（明治四十三年生）から横浜市住（当時）の私に「千秋文庫に神宮寺八幡宮の史料があるらしい」との手紙によって、千秋文庫に赴き許可を得て全文を筆写し、八月初に父宛てに送付した。一九九七年春、帰省した折り書棚を見ていて、十年以上振りにこの写しに再会し、当文書の有用性に気付いた。限られた時間の急ぎの筆写であった故か不明や不確実な箇所が幾つかあった。そこで同年四月再度千秋文庫に許可を願い出て、漸く完全な複写を得ることができた。当文書は宝物の視点から当社の由緒がよく判る。

なお当文書と同じ紙袋に、「八幡古来之画像並写画像之表」と題する半紙二つ折り六枚の文書が所在する。この文書は秋田入部以前に、佐竹氏が常陸国で信奉した八幡神の画像と付随の記述である。この文書に関しては私は幾つかの論文発表を経て、先年その研究成果を小著『名族佐竹氏の神祇と信仰』二〇一九として出版できた。

一　文書全文

全文は次のとおりである。和漢文を読み下し、適宜句読点を入れ、漢字は常用漢字に改め、半字の真仮名は全字表現とした。またカタカナのルビは当文書によるもので、ひらがなのルビは筆者が付した。

一　当社八幡宮

　大同二年田村丸御建立の由申し伝え候

一　建久年中御棟札一枚此の度写を取り差し上げ申し候

　右は源頼朝公御再興と申し伝え候。元禄十二年火災後享保二丙年、御巡見使有馬内膳様、高城孫四郎様、小笠原三右衛門様へ同年六月一日御社参の節、御棟札写差し上げ申し候

一寛喜元年　御棟札一枚
右は何ツ頃紛失か相知レ申さず候
一正応三年御棟札一枚
右同断
一元応元年御棟札一枚
此の度写を取り差し上げ申し候
一長享三年御棟札一枚
戸沢公と申し伝え候へ共確《しか》と相知れず
一右三枚御棟札箱
義格様御寄進
一戸沢公より社領二百石付け置かれ候由申し伝え候。其れ以前は社地も相知れず、何程御寄進と申す儀も相知れず。当所は御領地故に社領も当処ニて下され候畢《おわん》ぬ。当村ニ相限り桑畑ヲ百地二百地と申し唱へ候。先年は□納の社地御宮の後《うしろ》、迚《とて》も大萱野ニて御免地故、州々切り開き畑ニ致し、私先祖ニて見分次第に銭百文二百文宛《づつ》取り立て候。戸沢公の頃の遺言ニ御座候。
一瑪瑙石　一ツ
唐瓜の形ニ候故、先年は唐瓜石と申し唱へ候へ共、義処侯の厳命ニ依て瑪瑙石と御改む、御箱は義格公御寄進
一明神大師掛物　二幅

一　十二天八僧掛物　二十幅
　唐筆の由申し伝え候
一　御紋付御扇子
　天英様御寄進、元禄十二年焼失
一　白鳩　　四ツ
　天英様御寄進、同断
一　御棟札　　数十枚
　元禄十二年焼失
一　大盤若経　　写巻
　同断
一　天英様御代御祭領五石附け置かれ候趣、小場源左衛門殿より仰せ渡され候
一　神宮寺嶽六所大明神
　先年当処山本郡ニ御座候。副川神社ト申すは、嶽の事ニ候由申し伝え候。玉川面川《おものかわ》、嶽の前ニて一筋ニ相成り、山ニ添い流れ申し候
一　当村川向い木直《キジキ》と申す所、女筑紫《メツクシ》、男筑紫《オツクシ》と云う山二ツ之れ有り、頼朝公の生月、研墨と申す名馬、此所より出候由申し伝え候
一　羽川小太郎願書本紙
　公儀へ納め候迄之れ有り候へ共、何ツ頃と申す儀相知れ申さず候

一　元禄十二年卯五月十九日

御宮並に居宅共ニ焼失仕り候故、御宝物品々焼却仕り候

右の通りに御座候。年代久敷き儀ニ御座候故、相知る次第追々申し上げ奉り度く存じ奉り候。御席ヲ以て宜しく御披露成し下し置かれ度く願い上げ奉り候

以上

文化元年　子七月

神宮寺村　八幡宮神主　斎藤安房頭

二　考　察

記述のうち、①享保二年（一七一七）六月、有馬内膳ら巡見使一行が神宮寺八幡宮を参詣、その折り八幡宮から当時建久棟札とされていた棟札の写しを差し上げた、②当地では桑畑を百地二百地と云った、大萱野《おおかやの》を切り開き畑にしたのは神主斎藤安房の先祖で、見分次第に銭百文弐百文を取り立てた、の二点は初見である。このほか特段の新事実はないが、当社の由緒と宝物にかかわる網羅的な記述が特長である。以下、当文書によって当社の通史を見る。ただし第三章で取り上げる棟札は略述する。

大同二年（八〇七）田村丸建立

当文書は「申伝え候」と口伝として記述している。他方、当家所蔵の文政四年「御目衆日記」は幕府派遣の御目代に対して、「当社始メハ大同二年田村丸御建立の由、古来より申し伝え候」と言上したと伝える。菅江真澄は、文政十年神宮寺村の調査を経て、「月の出羽路」に「この神殿はそもそも阪上朝臣田村麿大同二年に草創といへり」「八幡宮草創は坂上田村麿御開基大同二年建立」と記述した。明治初の神仏分離を経て、当社の由緒および宝物を記して役所に差し出した文書（神宮家文書）では、当文書と同じく「拙寺別当正八幡宮、大同二年田村丸御建立」とある。これらは伝承で確証はないが、こうした言い伝えが連綿と継続してきた背景にはそれなりの事情があると考えてよい。

建久年中棟札（一一九〇〜一一九九）

当社の古棟札三枚のうち、長享棟札は年銘が目視できる。他の二枚は困難だった故に資料上の年銘記述に諸説があったが、一九七九年赤外線テレビ写真で正応および元応年銘の棟札であることが判明した。したがって、ここで云う建久棟札は存在せず、他の棟札と混同したことになるが、当文書では元応棟札につき「此の度写を取り差し上げ申し候」とあるので、残りの正応棟札と混同したと読める。

寛喜元年棟札（一二二九）

正応、元応、長享の古棟札三枚の裏に「是れ自《よ》り先造営」として寛喜元年が記述されている。真澄は「月の出羽路」で、当社棟札の一として寛喜元年をあげたが、当文書指摘のとおり、寛喜元年銘棟札はいつの頃からか存在しない。元禄年の大火で焼失したと考えられよう。

正応三年棟札（一二九〇）

この棟札の年銘は目視判読できなかった故に、多年、田村麿再建棟札有り（旧記帳）、田村将軍建立の棟札あり（秋田風土記）、田村再建棟札一枚アリ（神宮家文書）などと、大同棟札（元年、二年とあり）とされてきた。当文書も寛喜棟札の「何ツの頃紛失か相知レ申さず」を引き「右同断」として、正応棟札は所在不明とされたが、前述の赤外線テレビ写真で正応三年棟札と判明した。

元応元年棟札（一三一九）

当文書によれば、元応年銘を承知のうえで写を取ったことになる。この棟札は従来建久棟札（元年、二年、三年とあり）とされ、頼朝再建棟札一枚アリ（神宮家文書）、頼朝再建棟札有り（旧記帳）などと記されてきた。また御目衆日記では頼朝再建棟札二枚御座候とある。赤外線テレビ写真によって元応元年棟札と判明したが、当文書の他に元応棟札を記述した資料はなく、なぜ当文書が元応棟札と記したのか不明である。

長享三年棟札（一四八九）

この棟札は「時に長享三季」から長享棟札とされ、棟札表の中心部にある「観応元季巳未」は直近の棟札年銘を記したものとされてきた。しかしながら、なぜ棟札の顔とも云うべき表中央に先の棟札年銘を記載したのか理解に苦しむし、裏には「くきの目記」として、当社再建に用いた釘の使用箇所、釘の種類別の釘数が記されていて、相当程度判読できる。このような釘明細文とも云うべき墨書は珍しい。委細は第四章（第二節）で考察する。

棟札箱

「月の出羽路」に、義格公御寄付として、「正八幡宮棟札　去河山　入箱　宝永三丙午夏六月十有三日」とあるので、宝永三年（一七〇六、ただし丙戌）秋田佐竹四代藩主義格（よしただ）の寄付と認められる。

戸沢公寄進

資料の記述は次のとおり区々で、いずれか決めがたいが、当時山本郡（現仙北郡）北部を支配した戦国領主の戸沢氏が、観応か長享の頃に相当の神領を寄進したと推測できる。

○観応元年（一三五〇）飛騨守盛政朝臣、御神領として二百石御寄附（月）
○観応二年（一三五一）戸沢殿（略）知行三十石を給るよし（旧記帳）
○観応元年戸沢公より寺領三十石ヲ賜り、御黒印元禄十年火災焼失（神宮家文書）
○長享年中飛騨守平朝臣盛政、別当盛運に二百石御寄附（神宮家文書）

瑪瑙石

寛治五年（一〇九一）義家公奉納と云い伝う（神宮家文書）。唐瓜（からうり）の形から唐瓜石（往古は明観石／由緒録）と云ったが、秋田三代藩主義処（よしずみ）公がご覧なされ、瑪瑙石に（めのういし）に改めたという。御箱は義和（よしまさ）公のご寄付。なお「郷土誌かみおか」第一集では、「赤味がかった色でなすびの形、大きさ七寸ほどで穴がある」という。

明神大師掛物　二幅

二幅とは、由緒録によれば、明神と申す画像掛物（地藤紙）、大師と申す画像掛物（地藤紙、これは破れ損じぼろぼろと相成候）の、各一幅である。天保九年（一八三八）巡見使が当社を社参したとき、事前に表具仕直をしたにもかかわらず、「大師は表具相成り難き面ばかりにて、斯くの如くにとご覧に入れ置き候えば、御三方さてさていたわしき事と御意に御座候」と記録されている（巡見使日記）。

十二天八僧掛物　二十幅

二十幅とは、由緒録によれば、十二天画像掛物十二幅（絹地極彩色）、八相画像掛物八幅（絹地彩色）である。十二天画像は、「これは花蔵院において正月二十七日より二十八日まで不動護摩修法《ずほう》の節、仏殿へかけ供物燈明を捧げ祭る也」という。旧記帳は、天樹院公（秋田九代義和、よしまさ）が当宿にお休み、また戸島、六郷に止宿の節は十二天を取り寄せ度々拝見したと伝える。八相画像は、

「此の八相の内一幅いつの頃失いしか七幅あり、この不足の一幅は雄勝郡杉宮吉祥院の宝物の内にある由、慥《たしか》ならねど風説あり」「外一幅は藤紙なり、筆も違いて見え候」と伝える（由緒録）。

御紋付御扇子

御紋とは奥州合戦（平泉藤原氏攻め）に参陣した常陸佐竹秀義が源頼朝から旗印として賜った画月扇に描かれた五本骨の絵柄で、以来佐竹氏は家紋とした。天英様とは秋田佐竹初代藩主義宣をいう。

白鳩　　四ツ

「月の出羽路」は、木刻作、天英公寄付、元禄十二年火災で類焼に及ぶという。

御棟札　　数十枚

「月の出羽路」も、棟札数十枚、元禄十二年類焼を伝える。旧記帳は、元禄年中の出火時「棟札の内三枚のみ出し由」と伝える。焼失した棟札が文字どおり数十枚であれば多すぎる感がする。

大般若経　　写巻

「月の出羽路」は、大般若経、武蔵坊弁慶ノ真翰なりしよしとし、元禄十二年火災で類焼に及ぶと伝えるが、弁慶真翰は言い伝え程度であろう。

祭料五石

神宮家文書は、「御寄附年号知らず、寛政元年（一七八九）七兵衛火事の節三拾石の御黒印焼失、以後五石宛て明治元年まで賜る」とあって、当文書と相違する。それにしても、式内社流の高い社格があった当社がわずか祭領五石に下げられたのは、先年に由来の副川神社が他所に移転されたことと関係するであろう。

嶽六所大明神

神宮家文書は、今では所在不明の嶽六所神社由緒を引いて、「故アリテ副川神社ヲ山本郡高岡山へ移シ置カレタルヨリ、固ト末社ナリケル六所神社ヲバ本社トナシ、長ク今日ニ至ルマテ奉斎シ来レルナリ」とある。

女づくし男づくし

真澄は、「月の出羽路」で、「女づくし男づくしとて並ぶ山あり、そこは木直（きづき）といへる村ノ属也、其あたりにむかし名馬産れぬ、そは源頼朝公めでたまいし生月（いけづき）、研墨（するすみ）也といへり」と記し、ついで、木直は「生月（きつき）からきたものか、さりけれど研墨という駿馬は南部の産」と紹介してしてしている。後世の言葉合わせの類であろう。

羽川小太郎願書本紙

当文書は「公儀へ納める迄有ったが、何ツ頃か相知れず」とするが、後掲する「補稿一　当社宝物調べ」では当時存在したのであろう、筆頭に記載する。ただし「補稿二　八幡神社展」では出品されていない。なお真澄は「月の出羽路」で、永慶軍記十二巻、羽川小太郎神宮寺八幡宮へ願書を捧げる事の条を引用して、詳細に紹介している。

元禄十二年卯

火災発生の月日は五月十九日とどの資料も同じだが、年は当文書が元禄十二年、「月の出羽路」は十年と十二年をあげ、旧記帳は特定していない。また当家所蔵の宝永三年（一七〇六）再興棟札の裏に詳述された再興の経緯によれば、「元禄十己卯年五月十九日当所火災」とあるが、元禄十年は丁丑、元禄十二年は己卯である。これではいずれか決めがたいが、従来私は、宝永三年は元禄十年からは九年、元禄十二年から七年の経過に過ぎないとして、同時代資料の棟札に記された「元禄十」を重視し、元禄十年説をとってきた。ところが一貫して元禄十二年をとる当文書に接した私は困惑し、地元事情に精通される伊藤忠温氏に相談したところ、確証がない点では一致したが、当文書ならびに伊藤忠温氏から仄聞した松倉堰文書から、当文書の紹介で初めて十二年説をとりながら、以降は明言もせず十年説に戻っていた。本稿を収録するに当たり再度思案を重ね、実見の機会を得ていない松倉堰文書は同時代資料とは限らないことに気付き、また明治廿八年秋田県訓令に基づく当社提出の神社取調書（神宮家文書）によれば、観応元年および慶長七年の御黒印につき「元禄十年五月十九日焼失」

とあることを以て、元どおり元禄十年説を堅持する。

ちなみに『神岡町史』二〇〇二は、元禄十年は出典を示さず、同十二年は「平沢通有日記」により、両火災を並列してあげる（一四二頁）。当初計画を大幅超過する年数と経費を要した地元史としては何とも遺憾な書き振りである。念のため「通有日記」を調べると、原本は秋田市総務部文書法制課に保管され、翻刻は秋田在勤分のみで（『平沢通有日記1』二〇〇七）、江戸在勤分は翻刻されておらず、元禄十二年五月は通有は江戸在勤中で翻刻がない。翻刻された日記の解説によれば、「現存する通有日記は通有自身の筆によるものではなく、のちに書き写されたものと推測される」（要旨）とあるので、原本閲覧の意欲が削がれ未見だが、これを以て十二年説をとることは出来ない。その他諸日記を探索するも当該火事の記録は未見である。なお、その時（元禄十年火事）の八幡宮社木の焼杉は八石（集落）後山《うしろやま》の山水を北楢岡へ流す樋《とい》の底樋《そこひ》、樋蓋《ひぶた》に用いられ、その普請が元禄十二年春から夏まで掛ったと妙に具体的に伝える（月、相馬氏家系譜条）。

補稿一　当社宝物調べ

「秋田県訓令甲第百七十五号ニ基キ史料編纂材料取調書」（宝物編）

（小著『神宮家文書』所収）

一　祈願状　　一通

天正十六年閏五月九日羽川小太郎源義稙、当社へ祈願の書面ニして、奥羽永慶軍記ニ記載の如

シ
一棟札　　　四枚
　同一枚　建久元年八月六日源頼朝公御再建ノ棟札
　同一枚　元応元年閏七月廿五日藤原（戸沢）御再建棟札
　同一枚　長享三年十月廿九日戸沢上総之助公御再建棟札
　同一枚　宝永三年九月廿三日佐竹義格公御再建棟札
一十二天画像　　四枚
　絹地極彩色建久元年右大将頼朝公奉納、筆者不詳
一八僧画像　　十二軸
　絹地極彩色建久元年右大将頼朝公奉納、筆者不詳
一白絹旗　　　一流
　寛治三年源義家公奥羽征討ノ時当社祈願アリ、凱陣ノ際奉りタルモノ、「八幡大菩薩」ト書シ候、筆者不詳

（注）なぜか右「当文書」に記載がないが、松平定信（楽翁）ら編纂の寛政十二年（一八〇〇）初刊行の「集古十種」（兵器族旗三）に収録されるほど珍重な旗で現存する。昭和三十二年東京から山上八郎博士（注、一九〇二～八〇、軍事史学者）が調査に来町した（由緒録「頭注」）。年代は中世室町期のものらしいと仄聞するが不定。

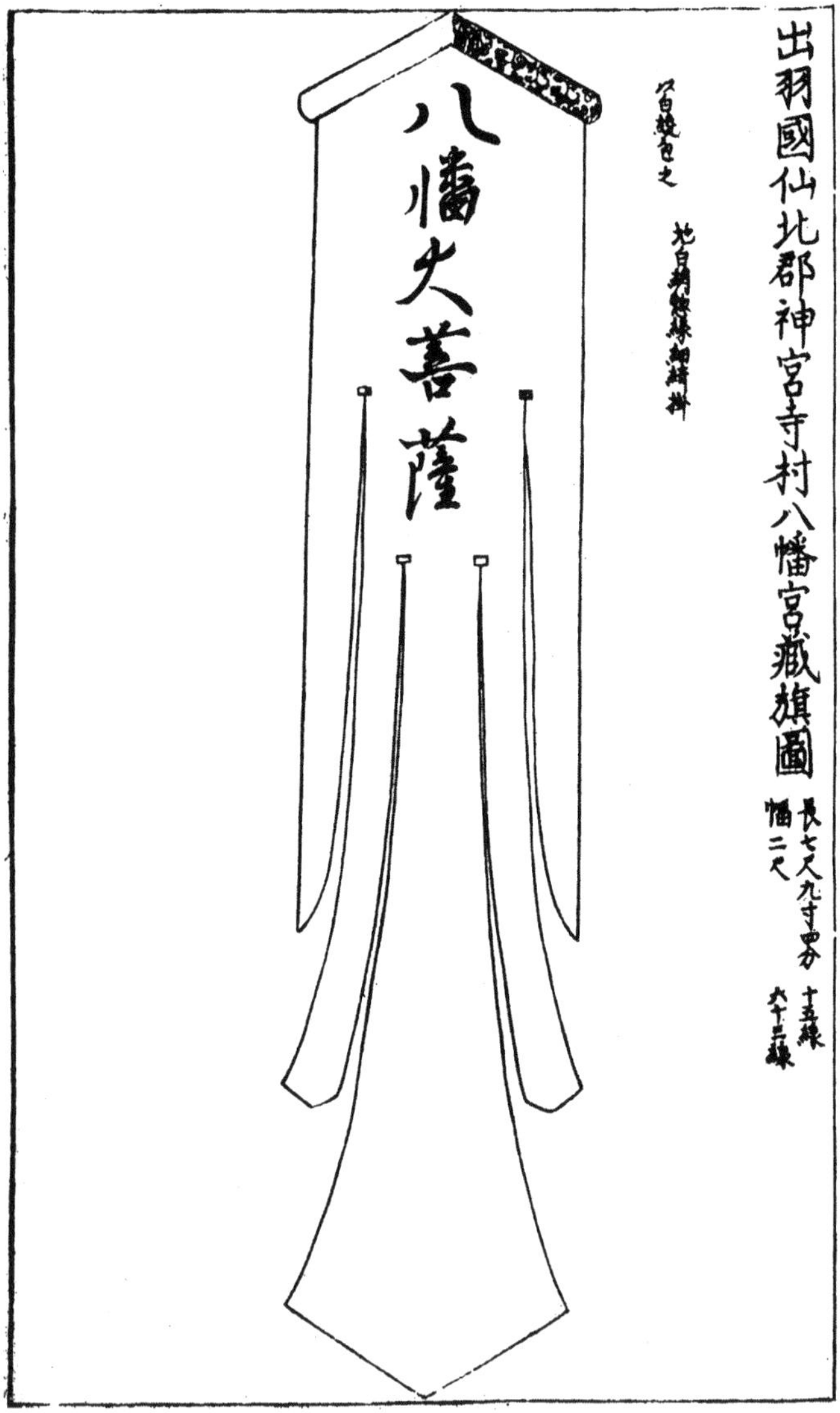

「白綾を以て之を包む」「地白絹惣縁細綺掛」

長七尺九寸四分　十五線
幅二尺　六十三線

神宮寺村八幡宮蔵旗図

一宝石　　　　　　一個
　寛治三年源義家公奉納
一高野四所明神画像　一軸
　紙地極彩色、年月日、筆者、寄附者不詳
一扁額　　　　三面
　同一面　弘法大師ノ筆、年月日、寄附者不詳
　同一面　佐竹義格公ノ筆、同公ノ寄附年月日不詳
　同一面　白川大納言ノ筆、年月日、寄附者不詳
一御室　　　　　一宇
　極彩色、寛文三年旧秋田藩主佐竹家寄附、工匠不詳
一歌　　　　　　一首
　明治戊辰八月奥羽鎮撫副総督澤三位殿当社へ日参、官軍大勝利願い奉る中、自ラ詠シ、自書シ以テ奉納セシモノナリ、其の歌ニ曰ク、
　「白浪の打テヤ砕けヤカ、留よに人ニ力を副川の神」
　右の之通り相違之れ無く候也　　以上
明治三十一年二月廿二日　秋田県仙北郡神宮寺村
　　県社八幡神社　社務所印

補稿二　八幡神社展

（出典）八幡神社展資料

開催年月日　一九八三年（昭和五八）七月九日〜十日

主催　神岡町教育委員会　場所　神岡町福祉センター

出展物

一、棟札　三枚

二、簱　一

三、十二天画像　十二点

四、八僧画像

五、めのう

六、兜　八幡座残欠

七、神道裁許状

八、日本六十餘州大小神祇一切掛軸

九、弘法大師画像

十、八幡宮祭典諸掛物控（文政十三年）

十一、八幡宮石標拓本

十二、斎藤伊勢守系図

十三、獅子頭

十四、旗背い旗

十五、六斤山砲霰弾

十六、佐竹義和公奉納額

十七、その他関係写真など

補稿三　八幡宮の神祇伯額字一件

軸一　　八　幡　宮

軸二　　安政二年四月廿七日

　　　　　　神祇伯資訓王謹書

副翰

出羽国秋田仙北郡神宮寺村

鎮座

　八　幡　宮　　額字

右今般願いに依って神祇伯資訓染筆さるるの条、永世欠如無く尊信せしむ可し、ていれば翰を副う、件の如し

　神祇官統領神祇伯王殿

安政二年四月廿七日　　　公　文　所

　　　　　　　願主　　同村　小西惣太　　同　喜久治

　　　　　　取次人　　京都四条柳町　佐々木久兵衛

解説

二軸は一対で、本紙の寸法は各タテ五〇㎝、ヨコ二五㎝。神祇伯役所の公文所から発給された副

翰（注、添状）が添付されてある。神祇伯とは律令官制における神官の長官をさし、「じんぎはく」または「かみ（かん）づかさのかみ」という。古代から連綿し、資訓王は嘉永四年（一八五一）九月任、明治二年（一八六九）六月廃官で最後の神祇伯となった。小西惣太は神宮寺役屋蔵方。調達までには莫大な費用を要したであろうが、役屋管内二十八村の年貢米や富農層の献納米を一時保管し、秋田府への舟運を差配した当時の蔵方の経済力が偲ばれる。当資料は昭和五十年頃、神岡町郷土誌編集委員会の筆者父神宮邦彦、事務局伊藤忠温氏らが御聖天社（小西惣太家所管、旧花蔵院境内）から開陳し撮影した写真から存在が知られていたが、令和四年八月筆者は高校以来の畏友伊藤驍氏（秋田市在住）の仲介を得て交誼をいたゞく秋田市の油谷コレクションから譲渡され、筆者の手元にある。県内の所々に照会したが、同様の神軸・副翰一式はまだ見付かっていない。

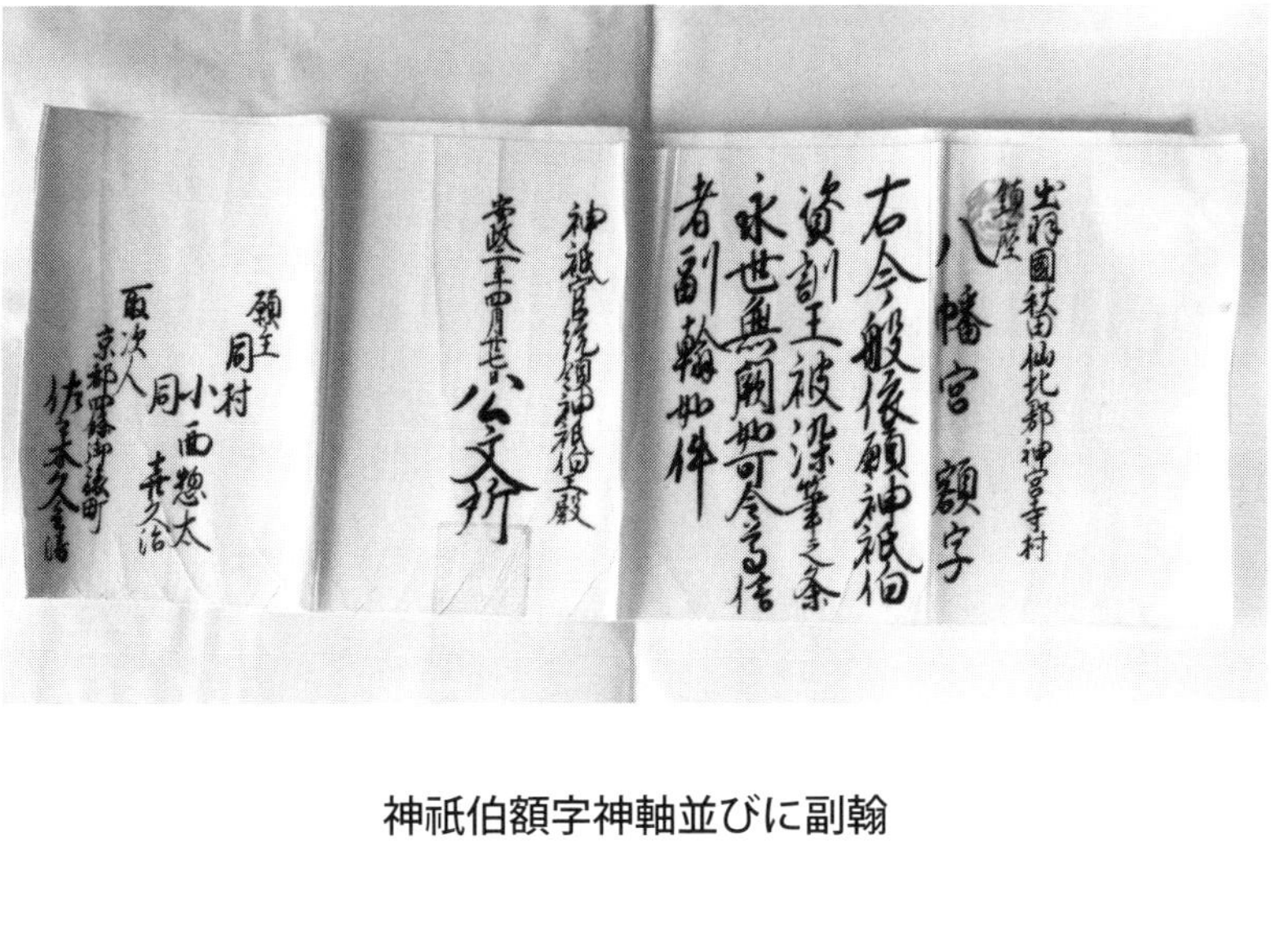

神祇伯額字神軸並びに副翰

第三章　八幡神社造営の棟札
――中世三棟札などの考察――

第一節　伝来と読解の取り組み

はじめに

大仙市神宮寺に座す八幡神社（宮司佐々木宮廣氏）に源頼朝、中原親能など歴史上高名な人物名を墨書した中世期の三棟札が伝来する。正応、元応、長享年銘の棟札である[01]。これらの三棟札は当社が所蔵し宮司が管理する。他方、秋田佐竹氏四代藩主佐竹義格の再興を伝える宝永三年（一七〇六）棟札を含む、以降の江戸期六枚の当社棟札が伝来する[02]。これらの近世棟札は当社別当の系譜を継ぐ筆者家が所蔵し、現在筆者が管理する。

棟札とは「むなふだ」または「むねふだ」と云い、社寺の新築改修の際に棟木（屋根を支える最頂部の縦材）に打付けたり、懸けたり、置いたりした、おおむね木製の札をさす。工事の由来、上棟年月日、施主名、大工名等のほか防火防災、武運長久といった各種の願文が記される。近年は記録性と祈願内容から有用な歴史資料として重視されている[03]。

正応三年（一二九〇）六月廿八日社殿造営棟札　　鎌倉時代中期
元応元年（一三一九）閏七月廿五日社殿造営棟札　鎌倉時代末期
長享三年（一四八九）十月廿九日社殿造営棟札　　室町時代中期

（注）長享三年八月廿一日長享から延徳へ改元したが、当地方には流布しなかったことを示す。

これら棟札とくに中世三棟札に関しては藩政時代から関係者が関心を寄せ、古川古松軒「東遊雑記」[04]、近藤寛甫「領中六郡紀行」[05]、菅江真澄「月の出羽路」五[06]、それに地元の「文政九年惣改神宮寺村旧記帳」[07]などに若干記述があるが、研究的な内容ではない。地域史研究の泰斗であった深澤多市[08]、県考古学の先導者であった奈良修介[09]の両人が長享棟札の銘文を採録し今に伝えるが、体系立った研究ではない。後述する赤外線テレビ写真の解像成果をもとに地元の伊藤忠温氏[10]、その教導を得て筆者[11]が研究に取り組んだ。にもかかわらず未だ本格的な先行研究というほどのものではない。

このような経過を経た当社棟札の研究であるが、本節では災害を超えて伝来を可能とした地域の人々の営為と地域の関心事であった三棟札銘文の読解への取り組みを明らかにする。

一　由緒と棟札の伝来

1、由緒と頼朝再建伝承

このような棟札を連綿と伝える当社は古来地域の篤い信仰をあつめてきた。延長五年（九二七）撰上の延喜式（神名帳）に出羽国山本郡（現仙北郡）一座小と登載された北方屈指の式内社である副川神社の後継と目され、大同二年（八〇七）坂上田村麿の建立、延久三年（一〇七一）源義家の再建伝承をもつ[12]。田村麿の建立は伝承の域を出ないが、義家の再建は当地から遠くない金沢柵をめぐる後三年合戦（一〇八三～八七）で義家が現地指揮をとったのは疑いない史実なので、再建年は前後するとしても信憑性が高い。その後建久元年（一一九〇）など源頼朝の再建を伝える。それを証拠立てるかのように三棟札は一地方神社にしては稀有であるが、いずれも大檀主に源頼朝の名を掲げる。時代がくだった藩政時代には当社の再興修復は藩持ちとされ、歴代藩主の名によって施工された。

2、度々の火災洪水を経て伝来

神宮寺村では当社、神宮寺、宝蔵等が罹災した大火が元久元年（一二〇四）、元禄十年（一六九七）、天明六年（一七八六）、寛政元年（一七八九）と四度あり、さらに安永六年（一七七七）の大洪水では当社社地、神宮寺寺内《じない》が川欠し（土地流失）、天明元年（一七八一）現在地に移転を余儀なくされた未曾有の水害があった[13]。元久元年の大火では三棟札以前の建久元年（一一九〇）と寛喜元年（一二二九）の棟札が焼失したに違いない。元禄十年の大火では「堂焼失。宝物、堂の裏板の上に置く故に焼亡す。只、棟札のみ残れり」と伝える[14]。これは棟札は裏板以外の、火急に持ち出せる箇所に置いていたので、緊急避難が出来たと読める。以降の火災水害では三棟札等の棟札が僥倖を得たに違いないが（他の宝物等は焼失）、関係する人々の営為によって焼失亡失を免れたと言うのが真実に近いはずである。これに関連して明治初年代の圧倒的な神仏分離、廃仏棄釈の時代風潮の中で、当社の棟札群がよく罹災を免れたことは特記を要する。これも地域の関係者の営為以外の何物でもない。

なお注03『棟札の研究』は後述する経緯で当社棟札が所々に取り上げられ、火災に関しては当社などの例をあげ、「社寺の存続を脅かしたのは地震、洪水等の自然災害と人災では火災が最も恐ろしかった」とし、「元禄十年当処火災の砌、古来の八幡神社焼失致し候」と伝える（当社の）宝永三年棟札（略）などから、「火災で社寺がしばしば焼失した」と指摘する（一七八頁、要点）。

3、入箱寄進と厳重な管理

元禄十年（一六九七）の火災で焼亡した当社社殿は、宝永三年（一七〇六）四代藩主佐竹義格が大檀主となって中世以来の三間四面の古様式をもって再興された。遷宮当日の同年六月十三日、義格は棟札三枚の入箱を寄進し、現存する[15]。筆者は多数の棟札関係資料に接しているが、藩主が棟札を納める箱を寄進した例を他に知らない。時代は降るが文政四年（一八二一）当社別当の日記によれば[16]、棟札箱は他の重要宝物と共に別当、神主、肝煎の三者立合で別当神主が封印し、冨山という長《おとな》百姓の室蔵へ預け置いたと伝え、棟札の管理が地域の総意で厳重だったことを推察させる。

4、供覧

今では棟札は歴史研究上の資料であるが、かつては神宿性がみとめられ、とくに古棟札は尊重された。三棟札はいつの頃からか古棟札として崇敬され、やがて珍重な宝物とされた。こうして天明八年（一七八八）、文政四年（一八二一）、天保九年（一八三八）羽州街道を北上通行した幕府派遣の巡見使（目代とも）の展覧に供された[17]。さらには明治後も宝物の認識が維持されたに違いなく、明治十四年（一八八一）明治天皇の当地巡幸で天覧に供された[18]。

二　中世三棟札

1、目視の状況

三棟札のうち、正応と元応の二棟札は経年劣化と線香煙や燈明油の影響で目視では年銘を含む棟札表面および裏面のほとんどが解読できない状況であった。そのため後述する昭和五四年までは正応棟札は大同（元年、二年説あり、八〇六～八〇七）棟札とされ、元応棟札は建久（元年、二年、三年説あり、一一九〇～一一九二）棟札とされた[19]。他方、長享棟札は裏面に小文字で書かれた使用釘明細文の一部を除くと、表面裏面ともほぼ目視判読が可能であった（ただし細部は不可）。

2、地元の解読

それまで宝物であった三棟札は明治半ば以降、貴重な資料として注目されたようである。明治二十二年に三棟札が測定された寸法が伝わる（後掲付二）。また明治二十八年に長享棟札銘文が神職二人（一人は筆者曾祖父）と村の有力者一人の「三人立合写候」で得られた「郷中宝蔵ノ写シ」として伝わる[20]。さらに目視では殆ど判読できなかった正応と元応の二棟札銘文の読解に挑んだようである。地元事情に精通する伊藤忠温氏は、「タライに水をはって入れ、板面を手でこすって字を判読しようとした試みが何度もあって、その度毎に字がうすれていった」という話を伝える[21]。今では笑えない話であるが、史実追求への関心は評価されてよい。

3、秋田碩学の解読

大正十五年春頃、地域史研究の泰斗で筆者家と親交があった深澤多市が当地を訪れ、三棟札を実見した上、論考を発表された[22]。これによって長享棟札の表面銘文と、当該造営に用された箇所ごとの釘数を伝える裏面が初めて印刷資料として世に出された。

さらに昭和五十年頃、当時秋田県考古学研究の先導者であった奈良修介が当地を訪ねて、長享棟札の表面および裏面の銘文を採録し（深澤氏の翻字と一部相違あり）、『秋田県の紀年遺物』に収録した[23]。なお正応、元応の二棟札に関して深澤氏は若干言及しているが[24]、奈良氏は慎重にも一切ふれていない。

4、赤外線テレビ写真

昭和五十四年、神岡町教育委員会（当時）は三棟札の町指定文化財化を念頭に、払田柵調査事務所

（当時）で赤外線フィルム撮影を試みたが、よい結果が得られなかった。そこで当時最新技術で、東北では一台の保有であった東北歴史資料館（現東北歴史博物館、宮城県多賀城市）に委託して赤外線テレビ写真による撮影を行なった。これによって正応、元応棟札では望外の解読の進展があり、長享棟札でも不明の細部が明らかになった。当時、神岡町教育委員会に勤務し、文化財担当として撮影に同行された伊藤忠温氏は内部資料を作成（年不詳）、昭和五十七年「北方風土社」における研究発表を経て、平成五年論考「神宮寺八幡神社の棟札」で三棟札の解読された銘文全文を発表された（要検討箇所あり）（前掲注10）。

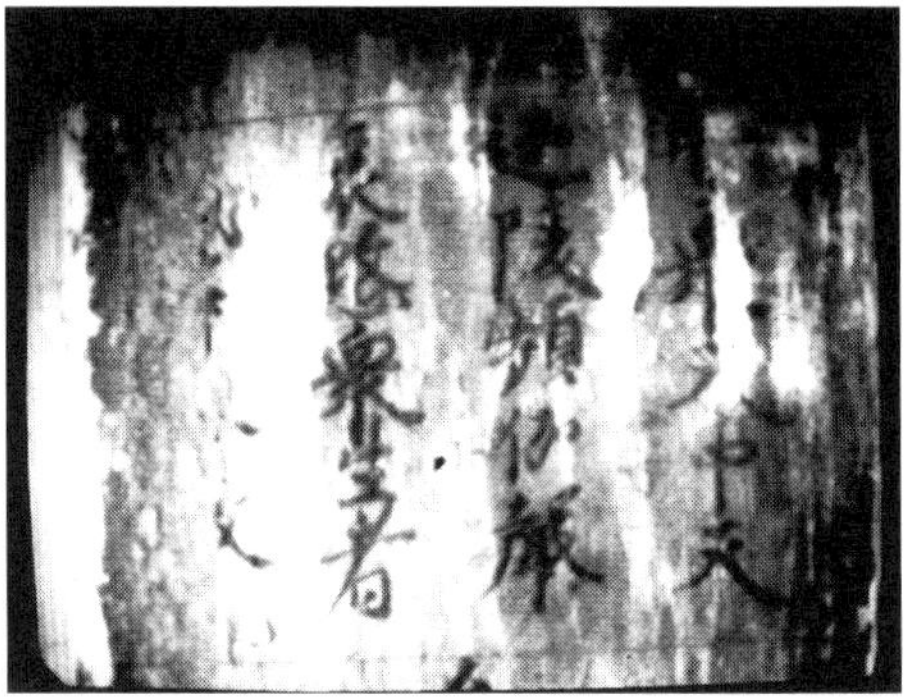

正応三年棟札（表、一段）
偈文は棟札上では日本初見。

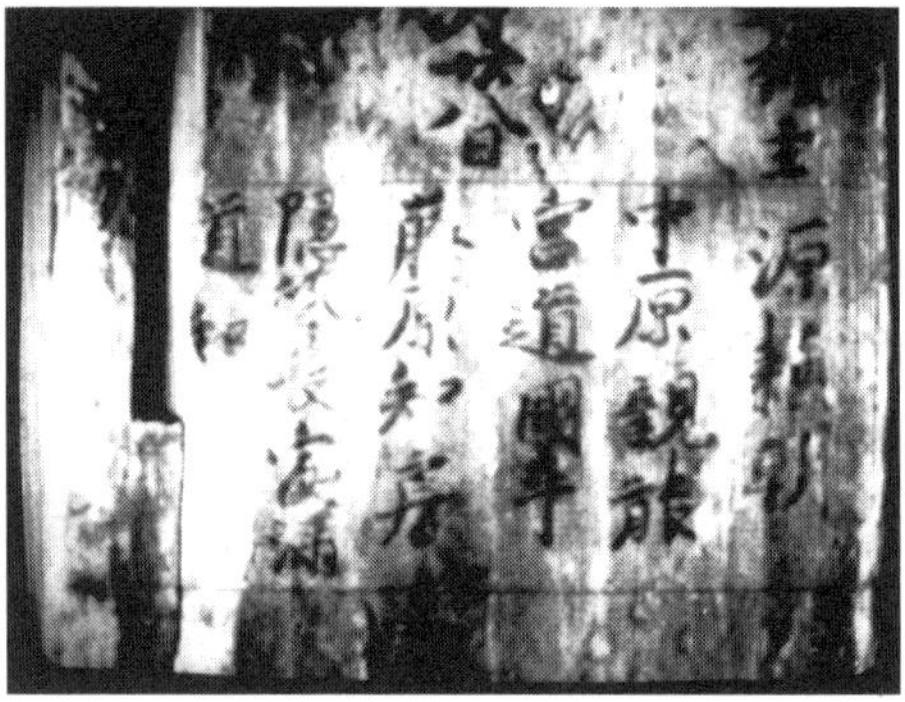

正応三年棟札（表、四段）
源頼朝、中原親能、宮道國平らの名が見える。

5、歴博の『棟札銘文集成』に収録

その頃、筆者は当家が当社別当（神宮寺）の系譜であったが故に現在も所蔵する宝永三年（一七〇六）から文久元年（一八六一）に至る当社六枚の近世棟札を研究していたが、その成果を収録した小著『神宮寺八幡宮棟札之事』一九九五では、三棟札は参考として掲載した。この棟札研究では国立歴史民俗博物館（千葉県佐倉市）歴史研究部の湯浅隆氏から指導をあおぎ、また三棟札では東北歴史資料館とのあるご縁から幸いにも原写真のうち主要な九五枚をで座右に置くことができ、ためつすがめつ自分なりの解読に取り組んだ。こうした経緯から、国立歴史民俗博物館が刊行した『棟札銘文集成―東北編―』一九九七年（平成九）では、小著に掲載された棟札銘文が引載されることになり、原稿はその後の研究成果を入れ、若干ながら文言を修正して提出した。こうして三棟札を含む当社の棟札九枚の銘文が掲載され、全国に発信された。

6、東北・全国棟札中の位相

二〇〇五年、水藤真『棟札の研究』（注03）が出版され、前掲『棟札銘文集成』全六冊に収載された全国棟札三、六八一点（分析研究等の集計に耐えられる集計数は三、五六六点）の分析結果が明らかになった。これは最初にして最大の全国規模での棟札研究と評されるが、ここでは当社の三棟札を含む九枚の棟札が所々に取り上げられた。

とくに正応棟札の表銘文は全文が掲載され（七七頁）、記載様式など様々の視点から考察された。また宝永三年（一七〇六）棟札は火災との関係で論及された。こうして当社の棟札は日本の全棟札の視点からも注目される内容であることが判明した。なお水藤氏は国立歴史民俗博物館における『棟札銘文集成』の研究に関し、筆者が指導をあおいだ湯浅隆氏の前任である。右『棟札の研究』の結果から筆者が作成した三棟札年銘の東北および全国位相を次に示す。東北では年銘の古さの点でも上位にあることが判る。また当社の三棟札および近世棟札に対する指摘は次のとおり。

①偈文（三九頁）

棟札によく記される偈文「聖主天中天　迦陵頻《かりょうびん》伽声《がのこえ》　哀愍衆生者　我等今敬礼」（『法華経』巻第三化城喩品　第七）は全国で正応三年棟札が初見である。記載例が頻出するのは十五世紀後半から。

②棟札裏の使用（三七頁）

（全国で早い順三例をあげ、略）、正応三年棟札など一三世紀に既にみられる。

③封字（棟札四角に記す「封」の字）（三八頁）

（全国で）正応三年棟札、（つぎ二例、略）などが早い例である。以後百年は見えないが、再び見られるのは十五世紀後半から。

第一表　三棟札年銘の東北・全国位相

年銘年代	東北	その他	全国計
12世紀代	2	5	7
13世紀前半	6	6	6
13世紀後半（正応3）	5（1）	14	19
14世紀前半（元応元）	3（1）	24	27
14世紀後半	5	28	33
15世紀前半	3	50	53
15世紀後半（長享3）	9（1）	65	74
（略）他	311	3036	3347
集計点数	338	3228	3566
収載点数	342	3339	3681

出所／本文記載『棟札の研究』表2（35頁）から作成。
注１／調査対象は全国社寺の国宝、重要建造物等の棟札。
　２／括弧内の数字は内数。

④記載様式（七七頁）

（正応三年棟札は）中尊寺型の棟札に極めて近い書きぶりである。元応、長亨棟札に踏襲されている。中尊寺型とは、奉造立＋建物名＋年月日＋工事担当者名＋施主名を原型とする。

三　近世六棟札

筆者家が所蔵し筆者が管理する棟札は次のとおりである。当社の近世棟札は現在ではこれが全てのようである[25]。これらの棟札は当社別当時代から別当が管理し、明治後そのまま筆者家に引き継がれたもので、別当職を離れて以来屋敷内の氏神社に祀ってある。各銘文はほぼ鮮明で解読はほぼ確定していて、それらは小著（注02）および前述の『棟札銘文集成—東北編—』に掲載されている。これら地域の信仰に深く係わる棟札をいかに次代へ引き継ぐか、筆者はいよいよ決断を迫られている。

宝永三年（一七〇六）六月十三日　義格《よしただ》公再興棟札　秋田四代
明和二年（一七六五）九月廿三日　義敦《よしあつ》公再興棟札　同八代
寛政六年（一七九四）八月十三日　義和《よしまさ》公修覆《ママ》棟札　同九代
享和三年（一八〇三）八月十三日　義和公建替棟札　同九代
天保十一年（一八四〇）六月大吉祥日　義厚《よしひろ》公葺替棟札　同十代
文久元年（一八六一）五月大吉祥日　義就《よしなり》公屋根替棟札　同十二代

・義就／襲封後、文久二年義尭《よしたか》と改名までの名。

むすび

本節の目的は「はじめに」で記したとおり、当社棟札の伝来を可能とした地域の人々の営為と三棟札銘文読解への取り組みを明らかにし、その上で読解された三棟札銘文を世に出すことであったが、おおむね達成できたと思う。これによって九十余年前、深澤多市から三棟札が「我が地方の史実を語る有益なる文献」（注08論文）と評価されながら、なお実現していない現状に一石を投ずることになったと思う。ちなみに、わが国最古の年銘をもつ棟札は岩手県中尊寺の伝経蔵保安三年（一一二二）棟札であるが[26]、最古の木造建築物で知られる法隆寺の最古の棟札は意外にも寛喜二年（一二三〇）夢殿上宮王院棟上棟札である。これらの建造物や棟札が無為にして現存するわけではない。災害を超えて伝来した当社棟札もまた然りである。関係者、地域の営為をもって初めて文化財（ここでは棟札）は次代に伝達できることを肝に命じたい。

第一節　注

（01）大仙市指定文化財（旧神岡町指定文化財、一九八一年四月指定）。

（02）小著『神宮寺八幡宮棟札之事』私家版、一九九五。国立国会図書館、秋田県立図書館等で閲覧可。なお、筆者は中世三棟札の読解は、東北歴史資料館（当時）との所縁により、主要八十枚の写真を座右において取り組むことができた。全写真（約二〇〇枚以上）は後年閲覧した（第三章第二節注07）。

（03）水藤真『棟札の研究』思文閣出版、二〇〇五、九頁以下。なお銅板や直接棟梁に記したものもあるという。正応、宝永の二棟札は頂部に小穴（釘穴か懸穴か不明）があるので付札か懸札か、その他は置札らしいが確定できない。
（04）東洋文庫27、平凡社、一九八〇、八五頁。天明八年（一七八八）七月巡見使随行の古松軒は当社で三棟札を展観した（小論「国目付、巡見使の神宮寺八幡宮へ参詣日記」『出羽路』一三〇）。
（05）寛政十二年（一八〇〇）藩庁献上。柴田次雄『久保田領郡邑記』無明舎出版、二〇〇四。
（06）『菅江真澄全集』第七巻、所収。真澄は文政九年（一八二六）暮から翌年（月不明）神宮寺村に調査滞在した（『郷土誌かみおか』第一集）。
（07）文政十年二月真澄に献上され、（当時長百姓）富樫伝市郎筆記「神宮寺郷古記由緒録」として『月の出羽路』に収録された（右第一集）。
（08）深澤多市「神宮寺八幡神社の棟札に就て」『秋田考古會々誌』第一巻第四号、大正十五年（一九二六）七月一日。
（09）奈良修介編『秋田県の紀年遺物』小宮山出版、一九七六に収録。
（10）「八幡神社棟札（私考）」（作成年不詳）。「神宮寺八幡神社の棟札」『北方風土』二六、一九九三。
（11）注02小著以降、銘文精査のほか地域史研究の視点から研究を継続していたが、当時は発表を控えていた。
（12）注07「神宮寺郷古記由緒録」『月の出羽路』『菅江真澄全集七』一九七八、二三一頁。
（13）注02小著、付表。
（14）注05『久保田領郡邑記』、神宮寺村条。

（15）注12「月の出羽路」『菅江真澄全集七』一九六頁。箱上蓋には当社別当（神宮寺）の山号「去河山」（読みは「きょかさん」か）が記されてある。
（16）筆者家所蔵。大仙市指定文化財。神宮邦彦翻刻解説『八幡宮 江御目衆御参詣之日記』一九七九。
（17）注16『日記』。小著『天保年中御巡見神宮寺八幡宮御参詣之日記』。
（18）秋田県教育会編『明治天皇御巡幸記念録』。
（19）注02小著一一、一三、一五頁。
（20）注02小著一五頁。
（21）注10伊藤論文（『北方風土』）二三頁。
（22）注08深澤論文。深澤多市旧蔵資料仮目録にある『御目代衆《ママ》御参詣日記』は大正十四年（一九二五）曾祖父が当家日記を書写し、同『神宮寺旧記全』は同年か、祖父が当家文書を書写し作製したもので、その交誼が知られる。
（23）注09奈良修介編『秋田県の紀年遺物』。
（24）其の二枚は黒色漆の如く処々僅かに文字を認め得るのみにして（略）唯其の一枚に云々（注08論文）。
（25）明和の棟札以降、時に二枚作製され別当神主が各一枚を持ち合ったと伝える確かな文書がある（注02小著三五頁）。また八幡神社に社殿の再興等に因んで奉納された祈願の矢板が数枚存することが知られているが、棟札には該当しない。委細は研究三で再論。
（26）大矢邦宣「中尊寺保安三年棟札をめぐって」『岩手県立博物館研究報告』第十一号、一九九三。

第二節　銘文と地域の歴史研究

はじめに

大仙市神宮寺八幡神社は中世期の三棟札を所蔵する。鎌倉期二枚、室町期一枚である[01]。前節ではこれら三棟札が幾度の災害を超えておよそ七三〇年、七〇〇年、それに五三〇年もの長い歳月を経て伝来できた事情とこれまで様々に行なわれた銘文読解の取り組みについて初めて体系立って考察した。しかしながら当地域（大字神宮寺の「当地」を中心に周辺郡域を指す）における三棟札の存在価値や銘文の記載内容は右に止まるものではなかった。そこで本節では地域の歴史研究との関係から考察を深めたいと思う。

一　これまでの読解と地域史研究

1、年銘さえ混迷

三棟札の存在は江戸時代の過半以降、藩内の地誌、歴史者のよほどの関心を集めたらしい。三棟札の存在、年銘、銘文などが度々資料に記述されているが、こうした例はめずらしい。三棟札は「古棟《こむな》札《ふだ》」と称された。ところが三棟札のうち正応、元応の二棟札は遅くとも江戸時代半ばには目視読解が困難となり、棟札の年銘さえ判読できなくなっていた。そのため伝承で伝わる創建年（大同年）や読解可能な長享三年棟札の裏にある「是れより先造営」に記された造営年（建久年など）をあて推量したので、藩政時代は言うに及ばず明治年中に至っても資料によってなお年銘にさえ異同があった。そうした中、大正十五年（一九二六）秋田史学の泰斗で筆者家と交誼があった深澤多市の観察は次のとおり科学的である[02]。深澤氏によって元応棟札は初めて「建久に非ず後代のもの」とされた。

○（源頼朝の再興と称してゐるのは）古く同社に建久二年の棟札ありと称された為である。併《しか》し今現存の棟札中建久の二字の見ゆるは建久棟札にあらで其の後代のものであること後記せる所の如し。

2、長享棟札と地域史研究

（1）目視できた長享棟札

前述のとおり三棟札のうち正応と元応の棟札銘文はほとんど目視できなかったが、長享の棟札銘文は今でもかなり目視できるので写し取られた。今に伝わる最古の銘文は明治二十八年（一八九五）の写であるが（出所／別表⑬、以下同）、一般には前掲深澤論文によって世に出された。その後長い空白を経て、秋田考古学の先達であった奈良修介編『秋田県の紀年遺物』一九七六に「長享三年銘八幡神社棟札」として収録された[03]。この写しは深澤氏の読解をほとんど踏襲し、目視ではやむを得ない誤読があるが、以降一般に長享の棟札と称され、県内自治体史の編纂では所々に引用された。しかし、その引用は後述のとおり科学技術によって解読が進んだ以降も繰り返され、禍根を生じた。なお図版五「長享二年云々」は「長享三年云々」の誤りである。

ちなみに長享棟札の表中央部に「観応元季巳未」と記されてある。それ故にこの棟札は観応の棟札とも称されたが、これより前の元応棟札を書替たとき、「元応元季己未」を誤記したとする見方が大方である。しかしながらなぜ最前の棟札年銘を再度当該棟札の心臓部である表中央に記したのか疑問が残る。全国の棟札を収録した後述する国立歴史民俗博物館編の『棟札銘文集成』全六冊にも例が見当らない。年銘記載の「于時《ときに》長享三年」が下段左端にあるのも異例である（第四章第二節詳論）。

（2）進展した郡地頭研究

昭和五十年代の半ば以降、秋田の中世史学では菅江真澄が当地調査で採録した当社中世棟札の記録（別表⑨、⑩）の再考から、鎌倉時代初期に当地を含む山本郡（のち仙北郡）に入部した地頭支配を考察する有力な資料として、前掲『秋田県の紀年遺物』に収録された長享棟札の銘文に着目し、そこに記された大檀主源頼朝、並びに中原親能、宮道國平の名によって中原を山本郡地頭、宮道を同地頭代（または代官）と推定した。こうして当地を含む山本郡地頭の研究が躍進した[04]。

しかしながら、推定に用される中原・宮道の記名がある資料は『吾妻鏡』を除けばなぜか当地神宮寺に限られる。仮にも両人が短時日でも山本郡地頭・地頭代であったとすれば、郡内他所の、とくに八幡神社再建に何らかの痕跡があっていいはずだが絶無である。こういう思案の中で筆者は当社職《しき》（例えば神宮寺八幡宮職）が親能に付与された可能性を伝える示唆に富む論文に出会ったことだけは記しておこうと思う[05]。

二　読解の進展と地域史研究

1、最新技術と銘文読解

一九七五年（昭和五四）十二月神岡町教育委員会の依頼によって、三棟札は当時東北に一台しかなかった東北歴史資料館（現東北歴史博物館）の赤外線テレビ写真にかけられ科学的な調査に付された。これによって正応三年と元応元年の年銘が確定し、従来ほとんど読めなかった正応、元応元年の銘文と長享棟札でも不明の細部が同館専門員と、当時神岡町の文化財担当として現地調査に立ち合われた地元史家の伊藤忠温氏によって飛躍的に解字、解読されたことは朗報であった[06]。のち、二〇〇五年（平成十七）出版された水藤真著『棟札の研究』では、当社の三棟札を含む九枚の棟札が所々で考察され、とくに三棟札の諸国および東北棟札における位相が明らかになった。これらの経過を示すと次のとおり。

- 一九七五、赤外線テレビ写真実施、その後、調査報告資料「八幡神社棟札」作成
- 一九九三、伊藤氏『北方風土』誌に三銘文等発表
- 一九九五、小著『神宮寺八幡宮棟札之事』刊行
- 一九九七、『棟札銘文集成―東北編―』出版
- 二〇〇五、水藤真『棟札の研究』出版
- 二〇一九、小論「大仙市神宮寺八幡神社棟札考」[07]

2、地域史研究に生かされず

一九九〇年代以降、当地および近隣の市町村では歴史編纂事業が盛行した。ところが三棟札の存在と銘文は地域の歴史研究に少なからぬ影響を及ぼすはずのものであったにも関わらず、残念なことに解読の成果は生かされなかった。事例を点検してみよう。ただし、これらの市町村史が深化させた新たな地域史研究の成果までを否定するものではない。

○『六郷町史』一九九一、『西仙北町史』一九九五

『六郷町史』は「中原・宮道氏と山本郡地頭」を、また『西仙北町史』は「中原氏と宮道氏」を立項し、詳細に記述した。こうした考察が地域の地頭研究に果たした役割は評価されてよい。しかしながら当社の棟札銘文を軸に考察するにも関わらず、両町史の考察は長享棟札の銘文に限られた。それも前掲『紀年遺物』に掲載された古い銘文であった。三棟札が最新技術にかけられ源頼朝、中原親能、宮道國平の名が他の二棟札にも記されていることなどは、一九八〇年代初以降は近隣であれば容易に知り得たはずである。また当地周辺は中世資料が決定的に不足する中で、重要な情報を含意するはずのより古い二つの棟札は関心事とされるべき存在であった。にも関わらず地域史編纂で考察されたのは、もっぱら『紀年遺物』に収録された長享棟札の古い銘文であった。そのうえ両町史の関係記述は瓜ふたつである。この間四年、執筆担当者の学殖と筆力をもってすれば新たな地頭像の打ち出しが期待されたはずだと考えると残念でならない（後注12参照）。

○『秋田市史』一九九六

長享棟札の銘文を『紀年遺物』から引用したため、当時「くきの日記」（くきは矩規、寸法をさす）と判読されていたにも関わらず、以前誤読の「くきの日記」をそのまま引用し、細部も目視段階の不十分な読解を再掲した。とくに「執筆」「秋田城四天王寺内」「黄金寿院」は明治二八年（一八九五）地元の読解（別表⑬）を奈良修介が『紀年遺物』に収録したのであるが、最新技術によれば「黄金寿院」は「無量寿院」である。これでは史料編として厳密さを欠いたと評されても仕方がない。

○『神岡町史』二〇〇二

赤外線カメラで解字を試みたことは記されたが、棟札は火災などで喪失し後代書き改められることがあることを長々と述べた上、当時のことは「資料もなく残念ながら不明」とし、それ以上の論及がない。これでは地元における三棟札の史料上の意義を考えれば史筆を折ったにひとしい。

○『南外村史』二〇〇三

長享三年棟札に「大檀主源頼朝の次に中原親能、宮道国平、藤原知房、隠岐長家満、道知弘、僧秀西、平朝臣盛政の七人が列記されている」「建久元年の棟札の写であることは疑いないであろう」と記したが、棟札銘文の出所が記されず、また年代が不定の知房から盛政までは後代の可能性もあるので、これら記名が建久棟札の写であるとは断言できない。また「神社の古記録」から「建久三年大工は式部修理宣家棟梁（略）全く成就」と記したが、古記録という表現は曖昧であるし、「神宮寺村旧記帳」（別表⑧）であるとすれば「神社の古記録」ではない。

○『横手市史』二〇一五

「山本郡（現在の仙北郡）は大河兼任の乱の際に鎌倉より派遣された宮六国平が所領を得た可能性があるが、彼は中原親能の代官的立場で、地頭は中原氏だったのではないかという見方が出されている」と記したが、その論証は見られず、したがって当社棟札にも一切論究がない。それはそれで執筆者である著名な学者の識見としても、秋田ゆかりの執筆者にしては新たな郡地頭像が見えてこない。なお横手市史叢書十一、二〇〇九では市域の詳細な板碑調査を収録したが、残念ながら棟札調査はない。

三　銘文の比較考察

にも関わらず、最新技術による読解の進展で三棟札銘文の比較検討が初めて可能になったのも事実である。これによって筆者は棟札上に二つの世界があることに気付いた。筆者の創見であり仮説である。一方は信仰と官職の世界、他方は世俗と実力の世界である。かたがた三銘文に記された願文が対象とする領域の広狭を考察し、併せて当社宮司日笠氏や当地地頭の系譜を逐う。先行研究を批判するだけでは事足らないので、いまだ試論の域を出られないが、関係研究に一石を投じようと思う。

1、棟札上の二つの世界

三棟札銘文（付三）を観察すると、上から第一段ないし第四段までが同形式同文である（当然ながら年月日、人物名に異同がある）。第五・六段では正応、元応の棟札が同形式である。そこで両棟札の両段の銘文を比較考察すると次の点に気付く（別形式の長享棟札は別考）。

（1）古来わが国では左右の関係は左側上位である。この原則は神社では厳守される。この左とは上（神、即ち棟札正面から）から見た左側をさす。当社棟札でこの左側に配されたのは正応棟札では大勧進僧覚篤と、別行に少し下って宮司日笠重乗、元応棟札では大檀那藤原行乗である。彼らは信仰世界（勧進僧、宮司）と、官職世界（藤原行乗は実名でないだろうが藤原姓は含蓄がある）の人物である。これに対して下位の右側は両棟札とも世俗・実力世界の人物である当地頭の配置である。

（2）正応の造営では造営資金を信者や有志から募るため各所を廻る勧進僧を置いたが、元応の造営では置かなかったのであろう。代わって藤原行乗が大檀那として自ら大口の施物をした外、官職をもって信者から寄金を募る看板になったにちがいない。長享の造営では別当盛蓮が大檀那の役を勤めたが、神仏習合にともなう別当の実力増大を示すものと了解される。

（3）元応棟札では大檀那の下位に当檀那が位置する。この頃の檀那は直截には信徒を意味するので、大檀那の藤原行乗はより広域の、当檀那はより狭域の当地か周辺を代表する信徒であったのであろう。右の大檀那と当檀那の関係にならえば、正応棟札の檀那秦光長は大勧進僧の下位にあったと推察される。「秦」氏の姓から推して当地域に影響ある官職世界の人物が当地八幡神社の造営にあたって信徒代表として名を出したものであろうか。ちなみに観応元年（一三五〇）源秋田城之介泰長なる人物が明永野熊野新宮に獅子舞を献じ、獅子舞の掠領《かすみば》として雄勝、平鹿、山乏（今の仙北）三郡を宛てた証文を発給したとされる[08]。時代は異なるが、この泰長　が光長と何らか関係がないか関心がもたれるが今のところ不詳である。

2、宮司日笠氏の系譜

（1）正応三年棟札に「宮司日笠重乗」、元応元年棟札に「宮司日□□女」とある。従ってこの時代に日笠氏が当社宮司であったことは間違いない。それも世襲されたとみてよい。さて、いつから就任したであろうか。宮司職は一社神職の長をさす職名とされ有力神社では古代までさかのぼるが、その他の神社では創置の年代が明らかでないので[09]、制度面からの詮索は難しい。

（2）他に日笠氏の名を留める記録がある。それは当地枝郷の宮田に座す笠置神社の祭神である。明治後も暫らく、「大宮司日笠重乗（来）」であったと伝える[10]。こうして日笠氏は当地祭祀と深い関係があったと推察され、副川神社以来の神職だった可能性があるが、これ以上のことは分からない。「□女」は女性を表す可能性があるが即断できない。中世期に有力神社で女性が宮司に就任した例を見ないからである[11]。

3、当地頭

（1）願文は意外に狭域

正応、元応の二棟札における「当地頭」は当地および周辺を領知した地頭をさすことは間違いない。ただし周辺地域をどのように想定するかは地頭の類別に分け入る検討を要する。他方、前述のとおり「大檀那」「檀那」は当地八幡神を信仰する官職系譜の人物と目されるが、形式上は当地支配の有力者でもあったろう。そこで両者の関係をどのように理解するかが問題となる。

これまで筆者は檀那を以て地頭に優位すると思い込んでいたが、このように棟札銘文に二つの世界が所在することに気付いて以来、この関係の序列は容易に決めがたい。配字位置に注目すると地頭は大勧進僧および大檀那と同位、また檀那より上位であるが、地頭名の記述が粗略の扱いの様子でもある。いずれにしても当地頭は郡地頭であろうか、郷（村）地頭であろうか決めがたい。ここで視点を転じて二棟札に記された願文に注目すると、不明箇所が多いが（ここでは「カ」の付注は略）、およそ次のようである。ちなみに「右志者《みぎこころざしは》」の表現は中世の棟札や板碑に見られ、檀那（または檀主）の家門や村郷の安穏を祈願する願文の冒頭句である。

○正応三年（一二九〇）棟札

右志者為郷□所生男女家門安穏

奉□惣村内□□□衆生御利益也

○元応元年（一三一九）棟札

右志者為□□所□男女家門安穏

奉□惣村内（以下不明）

これを仔細に視ると祈願対象の範囲が意外に狭いことに気付く。安穏を祈願される家門は「郷所生の男女」らしく、祈願される衆生の利益もせいぜい「惣村内」のようである。当社の社殿を実質的に造営したのは世俗の実力をもつ当地地頭であったはずと考えれば、これは社殿造営に寄せた当地頭の願文とみてよいであろう。そうであれば当時「神宮寺八幡領○○郷」という地頭が存在したか否かはともかくとして、棟札に記載された因幡左衛門尉や民部殿は郷地頭か、せいぜい近隣郷集合の地頭であったと推察されよう。

この点に付きさらに考察すると、中世東北史に精通する入間田宣夫氏の所説に接する[12]。以下は主に陸奥国での考察から抽出されたもので直ちに当地頭にあてはまるか慎重を要するが、蓋然性が高いと考えてよい。

北条氏所領の特徴は郡地頭職を基本形態としてたちあらわれることにある。（略）他地域（私注、奥州以外をさすか）で一般的にみられる郷・村などを単位とする地頭職の存在も一定数みとめられるが、その多くは、郡地頭職の一部を一族間において分割相伝したものであって、郡地頭職としての全体性は依然保たれている。奥州における郷・村地頭職は、郡地頭職の一分地地頭職たるを出なかったのである。

（2）宗別所を賜う

正応棟札では「当地頭（略）之依仰」「賜宗別所」「御造営仕也」とし、下部に「小工瀧観房」とする。これに対して元応棟札では「当地頭（略）殿之依仰」「賜宗別所」「御造営仕也」とし、下部に「大工沙弥行忍坊」と伝える。これらから当地頭の命によって当地頭から宗別所を賜った廻国修行僧で小工の瀧観房、ついで大工の行忍坊が両造営に当たったたと読める。ここでは宗別所（そうべっしょ）とは真言宗の仮庵（新田付属の可能性もあり）をさすか。逆に当地頭は宗別所を付与できる実力があったと推察される。小工とは一般には付属の扉、戸障子、飾りなどを作製する工人をさすが、瀧観房は小工にもかかわらず、造営全体を指揮したに違いない。長享棟札では宗別所を設置して廻国修行僧に依存するまでもなかったに違いない、常住と覚しき「大工式部信家」とのみ記してある。

（3）当地頭の推察

前述のとおり遠藤巌氏の推定によれば、当地を含む山本郡（現仙北郡）は概ね一二五〇年前後以降に北条氏宗家（得宗という）領に移行したと推定されている[13]。他方、鎌倉幕府の倒壊によって山本郡は建武元年（一三三四）新政府から元弘没収地に指定されたという[14]。そうであれば、当地頭として正応三年（一二九〇）棟札に記された「因幡左衛門尉」、元応元年（一三一九）棟札に記された「民部殿」は北条氏の一族であったと考えてもよい。あるいは当地が式内社を継受した当社によって周辺地域の信仰上の要地であったが故に、得宗家領とされたと考えれば前述入間田氏の所説どおり、得宗家の被官であった可能性もある。

さて元弘没収地に指定された山本郡は程なく北朝方の武将に再配分された[15]。それは崩壊した建武政権に代わって室町幕府が成立した建武三年（一三三六）後のことであろう。このとき当地が誰に与えられたかは不明だが、のち貞治五年（一三六六）北朝方の和田繁晴が庶子の辰犬丸に神宮寺村を「譲與」したことが史料に見える[16]。したがって建武と貞治の両暦年に挟まれる観応、文和年（一三五〇／五六）の頃、当地は和田氏の支配するところであったかと按じてもよい。その和田氏の支配下にあったと目される文和三年（一三五四）、加賀国から富樫氏主従十七騎が落ち来って当地に居住した。これを受れ容れたのが平氏の武将斎藤実盛の後胤と伝え、のち加賀から移転した富樫氏菩提寺の宝蔵寺に当地において寺地を提供した斎藤藤四郎家である[17]。元応の棟札奉納の三十五年前のことである。そのころ当地では藤四郎家が有力であったと推察できるが、棟札上の当地頭民部殿との関係は今のところ分からない。この点をさらに考察するとすれば、手がかりとなるのは元応元年（一三一九）棟札上の「当檀那□□□」の解読と「大檀那藤原行乗」の追求であろう。解読は至難であるが、藤原行乗は正応元年（一二八八）出羽守に任ぜられた藤原行春（行藤とも）の系統で、後に当地から遠くない六郷地方に下向した二階堂（藤原）氏と関係するかと推察されるが[18]、なお研究を要する。

むすび

かねて筆者は棟札の高い記録性に注目し、前述『棟札銘文集成』を座右に置いているが、当社の中世三棟札は年代、銘文内容などからももっと注目され研究されてよい棟札であると確信する。このような研究は一人で出来るものではなく、筆者の考察も試論の段階である。本章は関係研究に一石を投じたにすぎないが、やがて必ず発掘される日のあることを疑わない。

第二節　注

(01) 大仙市指定文化財（旧神岡町指定文化財、一九八〇年四月指定）。なお『秋田県の歴史散歩』山川出版、一九九三などは三棟札は秋田県指定文化財とするが誤りである。

(02) 深澤多市「神宮寺八幡神社の棟札に就て」『秋田考古会々誌』第一巻第四号、大正一五／一九二六、二頁。長享棟札の銘文（表ウラ）を掲載する。当調査は最初の近代的な調査である。「筆者丹波国」などと読めたのは正応棟札（裏面）であろう（ただし最新読解では「執筆丹波國修行者圓阿」）。なお深澤氏蔵書中に筆者曾祖父、祖父の筆写本があり当家と交誼が推察される。

(03) 奈良修介編『秋田県の紀年遺物』小宮山出版、昭和五一／一九七六年刊、二七〜二九頁。長享棟札の形状、表ウラの銘文を掲載する。

(04) 主要研究は次のとおり。国安寛・柴田次雄編『郷土史事典 秋田県』一九七九。塩谷順耳編『中世の秋田』一九八二。遠藤巖「雄勝郡小野寺氏」『出羽路』九二、一九八八。加藤民夫「神仏受容の地方的展開（一）」『秋大史学』四〇、一九九四。

(05) 櫻井敦史「市原八幡宮と中世八幡の都市形成」『市原市文化財センター研究紀要』二〇〇五。ここで中原親能は（当時京都守護職で在京中であったが）石清水八幡の別宮が置かれた「市原別宮預所職」であったかと推定されている。当社と石清水八幡との関係性は検証を要するが（後述注

18）、これによって海上河川上の要所の由緒ある八幡神社に対して中原親能がある権能を付与されていたことが知られる（当社は河川運輸上の要所）。
（06）伊藤忠温「神宮寺八幡神社の棟札」『北方風土』二六、一九九三。
（07）二〇一一年七月、筆者は神岡中央公民館で初めて三棟札の全写真二百枚以上を閲覧できた。これらの成果から『棟札銘文集成―東北編―』に出稿した銘文の一部を修筆して小論（第一節初出論文）に掲載した。
（08）秋田藩家蔵文書。『秋田県史』資料古代・中世編、一九七九、二五四頁。ただし後世作ともいう。
（09）『神道事典』弘文堂、一九九六、宮司条。
（10）筆者家文書（明治二八年写雑社綴）では「大宮司日笠重乗」、『神宮寺郷土史』（神宮寺町郷土史編纂会、大正元年／一九二五）では「大宮司日笠重来」。
（11）本文中『棟札銘文集成』全六冊（諸国）参照。
（12）入間田宣夫『北日本中世社会史論』吉川弘文館、二〇〇五、一六九頁。なお本説に関係するが、前述『六郷町史』『西仙北町史』では当地方における総・郡・郷地頭などが詳細に論及されている。この点は研究の深化として評価される。
（13）遠藤巌、他『中世奥羽の世界』東京大学出版、一九八八、付録二五頁。ただし山本郡の得宗領移行を直接に示す史料は見えない。
（14）注04『中世の秋田』四六頁。
（15）注14に同じ。
（16）岩手県教育委員会編『岩手県中世文書』上巻、一九八三、一〇一頁。

（17）騎（騎乗の武士）だけで当地に来着したとは考えにくい。一騎に何人の従者がついたか不定だが、仮に一～二人としても計三十～五十人の人数が来着した計算になる。これを受け容れたとすれば、斎藤藤四郎家は存外の勢力であったと推測される。

（18）注13『中世奥羽の世界』付録。藤原行春の出羽守補任は「勘仲記」（『秋田県史』第一巻、二三〇頁）。なお六郷二階堂氏は代々「行」を名乗る（「六郷家譜」注08『秋田県史』六四頁）。

［別表］三棟札に関する諸資料

今では棟札は歴史研究上の史料であるが、かつては神宿性が認められ、とくに古棟札は尊重された。三棟札はいつの年代からか古棟札として崇敬され、やがて珍重な宝物とされた。こうして三棟札は幕府派遣の巡見使、御目代へ宝物として度々展覧され、のち当地巡幸の明治天皇の天覧にも供された。また一地方神社であるにもかかわらず、さまざまの資料が三棟札について色々に取り上げ記録してきた。これらの諸情報を年代順に掲載する（最初の近代的調査である大正一五／一九二六深澤論文以前）。なお、これらの資料を類別すると次のとおり。

○展覧資料／②、⑦、⑪、⑫

○実見（推定）資料／①、④、⑥、⑧、⑨、⑩、⑭

○その他の資料／③、⑤、⑧、⑬

①宝暦九年（一七五九）神宮寺村正八幡社御見分条（「宝暦年中御目代御用取纏《とりまとめ》」『国典類抄』第十二

巻（抜粋）
　棟札三枚
　　文字不貞
　　正応三年六月廿八日　　一枚
　　従是先《これよりさき》建久元年八月八日、寛喜元年六月十三日造営之由棟札裏書有
　　同
　　観応元年閏七月廿五日　　一枚
　　長享三年十月廿九日　　一枚
（解説）宝暦年中の目代当社見分は同九年。正応棟札の年月日銘が意外にも正確に読まれている。

②天明八年（一七八八）七月、古川古松軒巡見使に随行当社参拝
　棟札三枚あり。至って古く見えて二枚は文字見えず。ようように大の字と覚しき文字あり。一枚は頼朝公再興の棟札にて、文字の少しく見ゆる所あり（大藤時彦編『東遊雑記』平凡社、一九八〇、八五頁）。

（解説）文字が見えなかった二枚とは正応、元応の棟札をさす。「大の字」とは正応棟札が「大」同元年棟札と混同されていたことと関係するか。

③寛政十二年（一八〇〇）藩庁献上、近藤寛甫『領中六郡紀行』（柴田次雄『久保田領郡邑紀』無明

舎出版、二〇〇四）

・（神宮寺村）社地、八幡条（抜粋）

（棟札）田村将軍大同二年文字見えず。源頼朝建久二年同断。戸沢飛騨守盛政長久《ママ》二年、是レ御巡見使に書上るといふ。

（義格公）元禄十九年（筆者注、実は十年）堂焼失、宝物、堂の裏板に上に置く故に焼亡す。只、棟札のみ残れり。宝永三年、堂御建立。

（義郭公）堂御建立。棟札収納箱は義格公御寄進。

④文化元年（一八〇四）当社神主差出「神宮寺八幡棟札」（千秋文庫所蔵、読み下し、抜粋）（小稿「神宮寺八幡宮の由緒並びに宝物」『北方風土』三五、一九九七。第三章）

一建久年中御棟札壱枚

此の度写し取り差し上げ申し候。享保二年（一七一七）御巡見使当社社参の節御棟札写し差し上げ申し候

一寛嘉（引用者注、「喜」の誤記）元年　御棟札壱枚

右は何ツ頃紛失か相知レ申さず候

一正応三年　御棟札壱枚　右同断

一元応元年　御棟札壱枚　此の度写し取り差し上げ申し候

一長享三年　御棟札壱枚戸沢公と申し伝え候え共、確《しか》と相知れず

（解説）文化元年七月当社斎藤神主から藩庁へ差し出した写である。建久と正応の棟札を混同している。

⑤文化十一年（一八一四）那珂通博、淀川盛品編『（秋田）風俗問状答』秋田県公文書館蔵）八月十五日神宮寺八幡祭条（抜粋）

この社ハ鎌倉右幕下再建、造営奉行梶原景時ノ棟札今ニ存ス。

⑥文化十二年（一八一五）淀川盛品編『秋田風土記』（『新秋田叢書』第十五巻、一九七二）（神宮寺八幡社条（抜粋）

田村将軍大同二年建立の棟札在、又建久二年源頼朝の棟札あり。又其の後の再建。戸沢飛騨守盛長《まま》享二年の棟札在。巡見使御覧ある。宝永三年義格公建立の社。元禄十九年（注、実は十年）焼失して宝物残りなく焼亡して棟札のみ残れり。義郭公棟札を納るの箱御寄進在。

○仙北郡祭神佛考条（国信校撰）

（神宮寺）八幡社条は右『秋田風土記』八幡社条と同文。ただし「飛騨守盛政長享二年の棟札有」と加筆訂正されている。

（参考）『郡邑紀』（淀川氏蔵、大越国信天保十一／一八四〇年四月借用、同五月写了、秋田県公文書館蔵）

⑦文政四年（一八二一）五月、御目代当社参拝（抄出）

頼朝公建久三年当社再建の棟札二枚御座候、当社始めは大同二年田村丸建立の由、古来より申伝え候と申上げ一々披見に入れ申し候（神宮邦彦翻刻解説『八幡宮　江御目衆御参詣之日記』（私家版、一九七九、筆者家所蔵、大仙市指定文化財）。

（解説）建久三年棟札二枚とは正応、元応棟札をさす。

⑧文政九年（一八二六）惣改、『神宮寺村旧記帳』（旧神宮寺宇留井谷地斎藤善兵衛家所蔵、大仙市指定文化財）（抜粋）

○大同二年田村麿建立棟札有、延久三年源義家再建棟札不見得、建久三年右大将源頼朝再建棟札有、大工式部修理宣家等以下拾一人ニテ全ク成就ス、観応二年戸沢殿再建棟札有、此の節（太夫）盛勝始テ六供ノ衆頭へ知行三拾石ヲ給ハル由

○（元久元年／一二〇四）（瀬戸村ノ出火）棟札ノ内三枚ノミ出シ由

（解説）神宮寺村が世々書き継いだ旧記帳である。

⑨文政九年（一八二六）調査、『月の出羽路』仙北郡五（『菅江真澄全集』第七巻）

八幡宮由来条（抜粋）

○（略）建久元年右大将源頼朝再興、また観応元年飛騨守盛政建立、御神領として二百石寄附あり。

○（当神社棟札）建久元年八月八日、寛喜元年六月十三日、正応三年六月廿八日、長享三年十月廿九日、観応元年閏七月廿五日。

また清和後胤源朝臣義格公御寄附

○正八幡宮棟牘《むなふだ》　去河山《こがさん》　入箱
宝永三丙午年夏六月十有三日

（解説）真澄は文政九年（一八二六）暮れから翌年初め神宮寺村に滞在調査。去河山は神宮寺の山号。

⑩文政十年（一八二七）提供、富樫伝市郎筆記「神宮寺郷古記由緒録」（『月の出羽路』『菅江真澄全集』第七巻）八幡宮由来之事条（抜粋）

大同二年坂上田村丸建立棟札あり、延久三年（一〇七一）源義家再建棟札無之、建久三年（一一九二）右大将源頼朝再建棟札あり。

（解説）伝市郎は当時村の長百姓。「由緒録」は文政十年神宮寺村から真澄に提供され『月の出羽路』に収録された。内容は⑧資料とほぼ同じ。

⑪天保九年（一八三八）五月、巡見使当社参拝（抄出）（小著『天保年中御巡見使御参詣之日記』私家版、一九九七）。

御棟札三枚、（略）神主斎藤安房頭御覧に入れ奉り、右御品御三方御手に御取り、暫く御覧なられ候て、往古の棟札二枚甚だ古く文字も見え兼ね候と、御意之れ有り候。古き棟札二枚所々焼跡之れ有るは、いかゝと五左衛門殿神主え御尋ね、元禄十二年卯五月十九日八幡宮類焼の砌《みぎり》各棟札取出しの節、ひゑん馳《はし》り落て、斯《か》くの如くにと申し伝え候段、神主御答え申し上げ候

（解説）巡見使ご覧の様子が仔細に記述され、珍しい記録である。ひゑんは火炎をさす。

⑫明治十四年（一八八一）九月、明治天皇当地巡幸天覧

郷社八幡神社は当国有名の古社にして、大同二年建立せる所なるが（略）、建久年中源頼朝堂宇再建、観応年中戸沢上総介の更に新築したる両棟札（略）等を天覧に供したり（秋田県教育会編『明治天皇御巡幸記念録』一九三二）。

（解説）建久は元応の棟札と混同、観応は長享の棟札であろう。天覧されたのはなぜか両（二枚）棟札である。全国社寺の棟札が明治初期の神仏分離などの混乱で多数失われたが、この時期に当地では宝物として天覧に供されたことは注目されてよい。

⑬明治二八年（一八九五）地元調査、「神宮家雑記」（県社八幡社取調調書草稿、前掲『神宮寺八幡宮棟札之事』所収）

○御棟札大同元年田村将軍初て御建立、御棟札は今罷り在り、文字号不分明ニ御座候（筆者注、正応棟札と混同）

○御棟札頼朝公御再建建久元年、文字等粗ニ見え候え共不分明（同、元応棟札と混同）

（解説）県社（明治十四年昇格）調査段階でも年銘が正確に読めなかったことが判る。

⑭明治三六年（一九〇三）、近藤源八編『羽陰温故誌』（明治十六／一八八三序文）第十九冊（『第三期新秋田叢書』五巻、一九七七）
（神宮寺村）社、八幡神社条　略

第四章　八幡神社神主の系譜　―神宮寺斎藤氏の考察―

第一節　中世前期の斎藤伊勢守系譜と当社神主

はじめに

大仙市神宮寺に斎藤氏を名乗る一族がおそらく鎌倉期以降連綿として居住してきた。一は式内社副川神社の後継とされる当八幡神社の神主を世襲した斎藤伊勢守《いせのかみ》家、ついで江戸時代中期に同家が中絶した後神主職を継いだ斎藤安房守《あわのかみ》家である。二は安房守家と深い関係が推測され、近世後代から代々有力な村役人をつとめた斎藤新五郎家と、藩政末に分流し以降当地の有力者となった斎藤新三郎家である。三は中世南北朝の頃富樫氏主従が加賀国から当地に落ち来ったとき、迎え入れた斎藤藤四郎家である。源平の戦乱で活躍した斎藤実盛の子孫と称され、その系統を継ぐ斎藤別当家と斎藤市兵衛家である。四は町北西部の宇留井谷地集落において藩政から抛人として雄物川の見張りや護岸の管理を委任された斎藤善兵衛家[01]、町中央部の大浦沼の用水を利用し形成された大浦集落にいち早く定住した斎藤間兵衛家[02]、さらに町北東部の玉川に近い金葛および関口の集落において開田事業を行なった斎藤氏などである[03]。こうして当地は古くから斎藤氏と因縁浅からざるものがあるが、ここでは斎藤伊勢守の系譜と八幡神社神主の就任を考察する。

一　先学の見解

県史学を代表する先学は、当社所蔵の長享三年（一四八九）棟札に記載された源頼朝、仲原親能、宮道国平らの氏名は鎌倉初期の当地地頭支配の関係を示すものであるとして、当社神主に言及する。次のとおりである。

資料一　国安寛・柴田次雄編『郷土史事典　秋田県』一九七九

江戸時代の記録では、神主は代々、平氏の武将斎藤別当実盛の子孫が世襲したとされている。（略）棟札の壇主源頼朝の名につづいて、中原親能・宮道国平が奉行として名をつらねていることが、解決の糸口となったのである。中原親能は頼朝の側近官僚であり、一方宮道国平は平氏家人の斎藤別当実盛の家来で、平氏滅亡後は中原親能に預かりの身となっていたのである。つまり宮道国平は、中原親能の保護・支援のもとに神宮寺八幡神社の管理と周辺の村々の支配を、頼朝からゆだねられたのである。衰運の斎藤一族が国平を頼って生活していたとすれば、この機会に神官の地位を斎藤氏にあたえたとしても不思議ではない。出羽に辿りつき、神官の地位を与えられたと考えると、平氏家人の末裔が源氏の守護神を祀る八幡神社の神官たり得た謎が氷解する。

資料二　塩谷順耳編『中世の秋田』一九八二

中原親能は頼朝の側近官僚として活躍していたのは周知のとおりであるが、彼も奥州合戦の勲功として山本郡地頭職を給与されたのではなかろうか。また宮地国平は斎藤別当実盛の家来であったが、平氏の滅亡によって中原親能に預かりの身となっていたのである。そして奥州合戦に加わり手柄をたて山本郡の地頭代の地位を得、中原親能の保護、支援のもとに神宮寺八幡神社の管理と周辺の村々の支配の実権を掌握した。

資料三　加藤民夫論文「神仏受容の地方的展開」『秋大史学』四〇、一九九四

江戸時代の記録には、神主は代々斎藤実盛の子孫が世襲したとある。衰運の斎藤一族が以前の縁故で国平を頼って出羽に辿りつき、神官の地位を与えられたと考えると、平氏家人の末裔が源氏の守護神を祀る八幡神社の神官たり得た謎が氷解する。

資料一、三がいう神主とは神宮寺斎藤氏の祖と目される斎藤伊勢守をさすが、両資料はこの斎藤氏が「実盛の子孫」であることを引き、斎藤氏が八幡宮神主に就任したのは宮道国平《みやじくにひら》の縁故によるものだとする。資料二は斎藤氏の神主就任に言及していないが、八幡神社と当地および周辺の村々は中原《なかはらの》親能《ちかよし》（後述研究一）の預かりの身となっていた宮地国平の支配するところであるという。

二　斎藤伊勢守の系譜

1、「歴代記」の内容

伊勢守を名乗った斎藤氏の系譜を伝える二つの資料がある。一は菅江真澄の「月の出羽路」神宮寺郷に収録された斎藤伊勢正《いせのかみ》家系譜である。真澄が文政九年暮れから翌年初め（一八二六～二七）に当地を尋ねて取材したとき村役人から提出された、謂わば当時の神宮寺村の見解といってよい系譜である。いま一は「斎藤家歴代記」である（当家写本、原本は斎藤伊勢守家所蔵）。この歴代記は嘉永四年（一八五一）古書を写し改めた文書である。両系譜の初期世代を第一表に示す。両資料の世代書きに大した違いはないが、前者が祖先の由来に言及していないのに対し、後者は前文をもって記述する。

資料四　「歴代記」（当家写本）抜粋

（略）桓武天皇十代ノ後胤正三位斎藤中将平朝臣実盛公、平氏大将平相国清盛公ノ一族随一ノ副将、斎藤別当平朝臣盛実公ノ嫡流、斎藤政太郎平盛雄近江ノ国滋賀郡栗本ノ地に住居ス。其後嫡子斎藤弥太郎盛輝ノ代坂上田村麿ニ従ひ（略）奥州ニ同道下国シ、後ニ出羽ノ国秋田仙北郡神宮寺ノ郷ニ安宅ヲ究メ（略）、盛輝ノ嫡男斎藤弥佐、司家跡相い継ぎ致し即ち斎藤宮太夫平盛勝ト改名致し、此時ヨリ武門ヨリ神職社家ト成（略）。（句読点は筆者が付す。）

この前文は容易に読解できない。斎藤氏の祖とされる平盛雄を平清盛麾下で保元平治の乱（十二世紀）を戦った斎藤実盛の系統とする一方で、近江国栗本に居住した嫡子盛輝を大同年間（九世紀）の田村麿東征に附会する等、後世の系図によく見られる例であるが、混乱は甚だしいものがある。そこで枝葉を払うと、次のように修文される。

イ（第一段）実盛は平清盛の一族（富士川合戦総大将維盛か）随一ノ副将である、「その実盛ノ嫡流である」（強調のための繰り返し、また盛実は実盛の誤写とみる）斎藤盛雄は近江ノ国滋賀郡栗本ノ地に住居した。

ロ（第二段）其後嫡子（盛雄の男とは限らない）斎藤盛輝ノ代（田村麿は誤伝、鎌倉時代かそれ以降か）奥州ニ同道下国し、後ニ神宮寺ノ郷に居宅した。

ハ（第三段）盛輝ノ嫡男斎藤弥佐は司家跡を継ぎ（前神主から司家跡を継いだか）、盛勝ト改名し、武門ヨリ神職社家ト成った。

こうして整理すると田村麿への附会は伝承としても、実盛一統の武門を主張し、近江国栗本に居住したという記述が注目される。近江国はいまの滋賀県で、滋賀郡は琵琶湖西岸の南半部からいまの大津市域を含む地域である。かつては志賀郡とも記され、古来東海（東山）と北陸両道の分岐する要衝であるが、滋賀郡に栗本の地名が見当らず、両斎藤氏との関係は見えない。

2、「歴代記」の執筆状況

ところで古文書を正しく読解するには、それが記録され遺された事情を考えておく必要がある。「歴代記」は斎藤伊勢守十九代を称する伊豆守盛次が嘉永四年（一八五一）に古書を写し改め一本としたものである。文政九年（一八二六）正月十八代盛久が卒し、文政十年（一八二七）早々に神宮寺村を現地調査した真澄は「十九代当代左京盛次也」としたが、盛久実男の盛次が官途できたのは弘化二年（一八四五）のことである。当時伊勢守家は八幡宮の社人および一ないし二の枝郷神社の祠官で、他方安房守家は八幡宮と後述する嶽六所神社と折居宮二社の神主であったと推定される04。真澄の神宮寺村滞在は同家の世代交替の間もないころであったので、盛次は先祖の由来を真澄に提出しなかったか、提出したが村役人か真澄の段階で採用されなかったと考えられよう。それだけに官途を果たした後の、嘉永四年の盛次の「歴代記」の写し改めは内々の系譜であるだけに高揚した気分で執筆されたと想像されるが、実盛一統に連なる血縁と近江国栗本に関係する地縁という二点は確証こそないが古書を継承したものと考えてよいであろう。

三　斎藤氏と中原氏の接点

全二十巻和綴五冊本の『栗太志《くりもとし》』は文政四年（一八二一）田中貞昭が編著した近江国栗太郡の歴史地理書である。私はこの和本に接し得てようやく一つの光明を得た。これによれば郡下に栗太《くりもと》郷、勢《せ》多《た》郷など十四の郷名が見える。栗太郷は現在地に精確に比定できないが、その郷域とされる旧笠川村、霊仙寺村、北中小路村など九村では斎藤氏との関係は見えない。ところが熱田郷神領村のもと式内社で、源家嫡流の頼朝や源家流の室町将軍足利義昭の手厚い保護を受けた建部《たてべ》神社は、資料五に見るとおり当社棟札に名を遺した中原氏と深い関係が推定される。また別の条で熱田判官邸趾が熱田寺旧趾の西辺に在りと伝え、「判官、姓ハ中原」とか「嘉応元年（一一六九）九月熱田に下向と云うは中原章貞也」[05]、また「建部社記中ニ熱田氏ノ人数人有リ累代判官タルニ依テ普通ニ判官ト称ス、今京師ニ住スル所ノ官人熱田大判事（大判事即判官也）是れ其の家ナリ」と記して、熱田が中原氏と因縁あさからざる地であることを示す。このほか同本は熱田から遠くない金勝寺《こんぜじ》庄に元暦二年（一一八五）四月に下された「鎌倉兵衛佐下」で始まる頼朝公下知状を載せているが、その書判に中原氏の名を記す。

　さて栗太郡は近江国の東南部の郡で、現大津市を挟んで西南部の滋賀郡に接するが、六国史や延喜式は栗太郡とし、和名類聚抄は栗本郡と記してあるという。熱田（瀬田）周辺では両郡の境界は年代により動いた様子なので、「歴代記」の云う「栗本ノ地」は栗太郡栗太郷とみてよさそうである。吉田東伍の『大日本地名辞書』は「建部神社、今栗太郡熱田村大字神領にあり」とし、神社庁編の『全国神社名鑑』は「建部大社（建部明神）、大津市瀬田神領町」とする[06]。こうして考えると斎藤氏はその故地によって中原氏と深い関係にあったのではないかと推測される。

資料五　「建部大明神記略」（『栗太志』所収、抜粋）

イ　延久四年（一〇七二）六月正一位勲一等を授く

ロ　永保三年（一〇八三）十一月於当社中臣万坐《なかとみまんざ》祓《はらい》大中臣修之云々

ハ　建久元年（一一九〇）十一月廿日右大将源頼朝卿上洛之路次参詣奉幣為神領於熱田郷三百戸ヲ被寄附云々

ニ　延慶二年（一三〇九）四月三神事祭礼再興之奉行熱多判官中原章則奉之

ホ　応永六年（一三九九）八月熱多大夫判官章頼当地再興修造之云々

ヘ　応永十四年（一四〇七）四月将軍義昭公御参詣神前為供料銭十五貫文御寄附云々

ト　応仁元年（一四六七）又罹災経十四年文明十二年（一四八〇）修造奉行熱田肥後守中原家昌也

ちなみに当社棟札に見える中原親能の出自は、細部に異説があるが、「系図纂用」によれば摂政藤原道長公六男長家を祖とする藤原朝臣姓で、光能を父とし、同じく頼朝幕下で活躍し後に大江氏を継いだ廣元と兄弟の関係である。前述ロに示す永保三年中臣万坐祓を修した大中臣氏と縁続きであるので、神祇との関係も深い。

栗太郡についていま一つ留意することがある。神宮寺で斎藤氏と並らぶ名門とされる板垣氏は、「月の出羽路」に収録された系譜によれば、板垣氏の女「頼寿ノ前」が源頼義の妻となって生んだ子が八幡太郎、嘉茂次郎、神羅三郎であるとして源家本流に近接する名門を主張し、何世かの後代に「文亀二年（一五〇二）後柏原院ヨリ近江ノ国栗本郡野洲ノ郡ヲ下シ給フ」と、くしくも「栗本郡」の名を記す。この板垣氏分流が当地に来住したのは時代が降った天正年間（一五八十年代）のようであるが、本件との関係がないか注目を要する。

四　宮司日笠氏の存在

当社が所蔵する三枚の古棟札のうち、正応三年（一二九〇）銘棟札に「宮司日笠重乗」、元応元年（一三一九）銘棟札に「宮司日□□女」と見える。よって、この時代に日笠氏が当社宮司であったことは間違いなく、それも世襲されたとみてよい。日笠氏は副川神社以来の神職だったことは充分に考えられるものの、その存在は今のところ棟札年銘の二時点以外は分からない。他方、二つの古棟札に宮司日笠氏の名があることを考えれば、斎藤氏の就任は当年代以降とするのが妥当である。この矛盾の解決のため私は思案を深め、事情が後述のとおり複雑なことに気付いた（次項五）。

五　嶽六所神社と八幡神社

嶽六所神社は嶽山頂の副川神社が衰退した後、中世期に神仏混合の強い影響で建てられた山頂社である。一方、八幡神社は副川神社の里宮が衰えたのち、古代式内社の正統を継ぐ社として副川神社の里宮があったところに源頼朝によって再建された社であると推察される（第一章）。こうした事情の故にか両社をめぐる状況に違いが見える。

イ　嶽山頂の副川神社と折居宮二社は神主斎藤氏が建立（再建）したか（後掲抜書①）、または元久三年（一二〇六）盛勝が再建した（抜書②）。

ロ　藩政時代、嶽は神主斎藤氏の六所安置の功により承応年間（一六五二～五五）に同氏守護山に、杉植立の勤労により元禄五年（一六九二）同氏付人山に仰せ付けられた[07]。

ハ　明治三年（一八七〇）、八幡宮別当花蔵院は神仏分離令のもと復飾改名して神勤になったが、その時村役人が下した裁定は前花蔵院を八幡宮神主とし、安房守を嶽六所神社の神主に専化させるというものであった[08]。

ニ　大正初頃編集の『秋田県神社明細帳』は、当時の神宮寺町から神社十二社を挙げた（愛宕、笠置両社は見えない）。十一社は当該集落か講中の世帯数に見合う崇敬者数を記したが、嶽山頂の嶽六所神社だけは崇敬者を一戸とした。また『神宮家文書』一紙（明治二八写雑社綴）は、嶽六所神社と愛宕神社それに日笠氏を祭神とする笠置神社の信徒人員をそれぞれ唯一斎藤佐一助とする。佐一助とは明治維新を迎えた安房守の子孫である[09]。

こうした一連の事柄は何を意味するか。私は古来嶽山頂の六所神社と里宮の八幡神社との間に崇敬者や管理のあり様に相違があったと考え、その上で斎藤安房守さかのぼって斎藤伊勢守と嶽山頂社および下居宮二社との間の特別縁故を推察する。

抜①　斎藤氏神官の家に伝ふ古記録に（略）大同二年阪上田村麿此三社（引用注：副河社、愛宕社、蔵王権現社を云う）御建再建也、亦太夫平盛勝朝臣建立（「月」神宮寺邑条）

抜②　本宮並に折居宮二社（引用注：愛宕社、蔵王権現社を云う）（略）元久三年（一二〇六）神主太夫盛勝再建（「由緒録」嶽山由来条）

六　奉幣使神主平朝臣盛政

さて斎藤氏の当地神主就任を抜書③から奉幣使神主平朝臣盛政に由来するとすれば注目されてよいが、その時代は古代となりそこまで年代を引き上げられる考証はない。また当社に社僧や神女が遅くとも中世南北朝の頃までに専置されたと見られるが、神主就任年代を詮索する参考にならない。

抜③　大同二（八〇七）阪上田村丸八幡宮御建立アリテ則ち房女神主ニ奉仕、奉幣使神主平朝臣盛政也（「月」祠官佐々木氏家系譜条）。

七　新たな推論へ

前述のとおり、先学の見解によれば神宮寺斎藤氏は実盛の類葉であるとする伝承によって、その縁故を頼って斎藤氏は当地八幡宮の神主に就任し、その年代は鎌倉時代初期というものであった。これに対して私は「歴代記」や『栗太志』、それに八幡宮棟札、地元資料などを考察してきたが、要約すると次のようになる。

イ　八幡神社の神主斎藤氏（伊勢守）は平氏の武将斎藤実盛の系統を主張するが、併せて居住地とする近江国栗本の地縁から、当八幡神社棟札に名を遺した中原氏との深い関係が推測される。

ロ　斎藤氏が鎌倉初期に神主に就任したとすれば、後代の二枚の棟札に見える宮司日笠氏との関係をいかに解するべきか課題をのこす。日笠氏の存在は重い。

ハ　嶽山頂の六所神社と折居宮二社は神主斎藤氏と特別縁故の関係が認められ、里宮の八幡神社との間には崇敬者のあり様、その他の管理体制に相違があったと推察される。
ニ　神主斎藤氏は副川神社に奉幣使として派遣された平朝臣盛政に由来するという伝承は考証できない。長享三年（一四八九）銘棟札に見える「平朝臣盛政」は異説あるにしても神主斎藤氏の可能性がある。

以上から新たな推論へ進みたいが、その前に次の三点を補足的に考察する。

1、実盛の系譜

実盛の系譜は諸説あるが、長井荘が置かれた埼玉県『妻沼町誌《めぬまちょうし》』一九七七は「長井斎藤氏の発祥」条で豊かな筆力をもって仔細に記述する。それによれば、実盛は河合斎藤の祖助宗（初めて関東に住す）の息、実遠に始まる長井斎藤氏の三代である。実遠は前九年の役で戦功を挙げ、源家の荘園となっていた長井荘を源頼義から与えられて長井斎藤の発祥をみた。二代実直は実遠の息で（他資料に弟成実の子）、後三年の役を父実遠とともに従軍、後に院中を警護する「北面の武士」に登用された。実盛は前述助宗と兄弟の則忠の子で越前在住の、河合斎藤次郎則盛の子で助房といったが、幼にして実直の養子となり、長井に住した。保元の乱（一一五六）では天皇方に立った源義朝、平清盛らのもとで上皇方に対して勝利し、源平決戦の平治の乱（一一五九）では義朝の配下にあって清盛に破れた。長井荘が平宗盛の所領になったのを機会に、実盛は剛勇を惜しむ平家の懇請もあって家人となり、源平富士川の対陣（一一八〇）では先導を務め、義仲追討軍に参加（一一八三）したが、その途次加賀国篠原（石川県加賀市内）において手塚光盛に討たれた。その後、実盛一統は名を隠すことになるが、近江国との関係は見えない。

2、実盛と宮道氏との関係

実盛と宮道氏との関係は享保十七年（一七三二）妻沼聖天別当歓喜院が著して寺社奉行に提出したとされる武蔵国播羅《ばんら》郡長井荘女沼聖天宮略縁記（埼玉叢書第六所収、昭和四九年）が詳しい。これによれば実盛の外甥とされる宮道国平は文治五年（一一八九）頼朝の奥州御陣の勲功によって給された武蔵国長井庄を、幼少より養育した実盛の嫡孫二人のうち兄の真家に息女安姫を妻わせて譲り、女沼の郷に居住した。前掲妻沼町誌は、実盛の息実途（斎藤五）の子実家は「長井庄西野郷ニ住ス宮道兼仗国平ノ女を室ヲトシ長井庄総領トナル」とする系図を載せる。ちなみに国平に関して諸書に引用される建久八年（一一九七）銘錫杖は歓喜院の所蔵で、写真と銘文が新編埼玉県史（資料編九、平成元年）に掲載されていて、「宮道国平平氏」、「藤原実家」らの名が確認される。県史は「銘文は後刻か」とするが、推定の理由や後刻の年代には触れていない。

3、斎藤氏、中原氏、宮道氏と近江勢多との関係

長井斎藤は前述のとおり河合斎藤の祖助宗から実遠の代に分流して成立した。この助宗から勢多斎藤が分流し、一説に実直は成実の実子という深い関係である。ところが、この勢多は「勢多斎藤と呼

ばれながらもどこかわからない。あるいは近江だろうか」と「系図研究の基礎知識」という大著を出された近藤安太郎氏でさえ思案投げ首の様子であるが[10]、仮に近江とすれば実盛系統と近江は近接の関係を推定できるが、今のところ調査はここまでである。

河合斎藤氏系図

助宗（河合斎藤）┬実遠（左馬允）―実直（斎藤太）―実盛（斎藤別当）（長井斎藤）
　　　　　　　　└成実（左衛門尉）―実信（武者所内舎人）―実景（摂政内舎人）（勢多斎藤）

むすび

右三点の調査を経て推論を試みると、第一は中世初期の鎌倉期以来連綿と当地に居住し、当地の祭祀および支配と深く関わってきた神宮寺斎藤氏系譜の要にある斎藤伊勢守は、同家所伝の「歴代記」は祖先を十二世紀中ごろ保元平治の乱で勇名を馳せた平氏の武将斎藤別当実盛とし、当地に下った斎藤盛輝の嫡男弥佐が司《し》家《か》跡《せき》（注、神職社家職をさすか）を継ぎ盛勝と改名、この時より武門から神職社家になったと伝える。

第二は斎藤氏が当地に来住した理由として、先学が挙げる宮道国平との縁故を否定するものではな

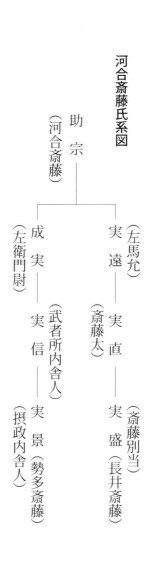

く、事によって斎藤氏は長井庄において国平と直截の関係があったのかとさえ想像する[11]。「歴代記」では斎藤氏祖先は「栗本ノ地に住居ス」と見えるが、栗本を本地としながら、前九年や後三年合戦などの機会に長井庄に移住した可能性もある。しかしながら併せて私は中原親能が頼朝から山本郡地頭を賜わったとすれば、中原氏と「栗本ノ地」という地縁によって形成された縁故の効果が相乗したのかと按ずる。勝敗は武士のならいである。戦いに破れたとはいえ中原氏との関係もあって当地に移住したとすれば、必ずしも「衰運の斎藤一族が以前の縁故で国平を頼って出羽に辿りつき」というような様相ではなかったと想い廻らす。

第三は斎藤氏が当地に移住した鎌倉時代初期の宮司日笠氏の存在はゆるがせに出来ない。したがって斎藤氏が中原氏や宮道氏の縁故によって就任できたのは、実は嶽山頂の衰退していた副川神社と折居宮である愛宕神社と蔵王権現社二社の神主ではなかったかと按ずる。地頭（中原氏）や地頭代（宮道氏）の権力をもってしても（それは世俗の権力であって、しかも鎌倉時代早々には朝廷政府機構がなお複合的に機能したとされる状況では）、副川神社の正統を継いでいた里宮の八幡神社の神主職任命は神祇に関することであってみれば、頼朝の名において再建を果たした八幡神社ではあるが、式内社流であるだけに、いまだ血の臭いが消えやらない武門の影をもつ斎藤氏を早々に神主に就かせることはそれほど容易なことではなかったと見るべきであろう。してみれば、斎藤氏が八幡神社の神主となったのは早くて建武二年（一三三五）に卒した第七代伊勢守盛勝あたりからではなかったかと推察する。それにしても「実盛の系統」と「近江国栗本ノ地」を主張する神主斎藤氏の祖はようやく影絵の如くに見えてきたが、なお歴史の闇の中にある。

第一表　神主斎藤氏初期系譜

代数	斎藤氏伊勢正家系譜	歴代記	備考
	「月のいでは路」文政一〇（一八二六）	嘉永四（一八五一）古書新書写改	（出所）＊月のいでは路 ・その他資料
一	（上祖八）盛勝	（元祖）宮太夫盛勝 ○齋津宮主魂彦命	
二	宮太夫盛政	宮太夫盛勝 ○大宮彦事命	
三	宮太夫盛勝	宮太夫盛應 ○大宮猛彦命	＊太夫平盛勝朝臣（三社）建立はこの代か。 ・元久三（一二〇六）本宮、折居宮神主太夫盛勝再建（由緒録）はこの代か。
四	宮治郎盛□（ママ）	宮次郎盛兼 ○宮代彦事命	
五	伊豆守盛定	伊豆守盛貞 ○盛貞彦霊命	
六	飛騨守盛政 文永一一・三・三去 （一二七四）	飛騨守盛正 ○盛正魂彦命 文永一一・三・三卒去	・宮司日笠重乗（正應三、一二九〇、銘棟札） ・宮司日□□女（元應元、一三一九、銘棟札）
七	伊豆守盛勝 建武元・七・六去 （一三三四）	伊勢守盛勝 ○盛勝彦事命 建武二・七・六去ス （一三三五）	＊此の代戸沢殿より副川社に社領八百刈の田地寄付、再興あり。 ・観応二（一三五一）戸沢殿御再建の節太夫盛勝、六供衆へ知行三十石給る由（由緒記）。

第一節　注

（01）「拠人」は「こにん」又は「よりにん」と読む。江戸時代、宇留井谷地の川向いは矢島、亀田領であったので領境の見張りや護岸の管理を仰せつかったという（『神岡町世帯一覧』神岡町、二〇〇〇、伊藤忠温執筆「久保田領拠人の家」条）。

（02）斎藤間兵衛家に関しては、当地事情に精通される伊藤忠温氏から「神宮寺村古絵図に間兵衛家の田畑が大きく描かれている」「有力な神宮寺斎藤氏の一人」と示教され『北方風土』五五に追記（絵図は後年実見）、今回これを収録する。

・明和二年（一七一五）御本田当高組合帳（前掲『第五集』）

間兵衛当高四石八斗四升七合六勺

（03）個人電話加入件数で見ると、斎藤氏は金葛で四〇件中二三件（斉藤二一件、齊藤二件）、関口で二三件中一八件（斉藤一六件、齋藤一件、斎藤一件）と、神岡町神宮寺地区でも斎藤氏の比率が高い（前掲『神岡町世帯一覧』、一九九九年十一月基準）。ちなみに斎（齋）と斉（齊）は別字で、斎（齋）は「ものいみ、いつく」、斉（齊）は「ひとしい」の意である。

（04）「折居宮」は下居宮とも書き、「おりいのみや」とよむ。本宮と摂社、末社の関係にある別宮を称し通常本宮参拝に関連して参拝する。愛宕社と蔵王権現社をさす。

（05）「太平記」で「中原家一流ノ棟梁、法曹一途ノ碩儒」と云われた中原章房（鎌倉時代前期又は後期の明法家）の系統より熱田太夫判官と称する章兼、章頼が出て、のちの博士家熱田氏の祖となり、章房流は法家中原氏の嫡流となった（『国史大辞典』一〇、中原章房条）。

（06）大津市（当時）は一九六七年旧大津市と栗太郡瀬田町、滋賀郡堅田町が合併して成立。

（07）嶽六所神社由緒（小著『神宮家文書』所収、一九九九）

（08）御内談覚（右同『神宮家文書』所収）

（09）明治二四年八幡宮祠官細谷孫太郎が届出た「神社明細帳」は嶽六所神社の信徒人員は斎藤佐一助一人であった。これに対し明治三七年（一九〇四）八幡神社氏子総代五名が連署して「町全体信徒タリシモノト確信」として佐一助ひとりが信徒であることを否定し、併せて嶽六所神社を「副川神社」と訂正するよう願い出た。この件は政争宗争の匂いがするが、佐一助の届出にはそれなりの由縁があったはずである（第三節第四表注4で再論）。ちなみに神宮寺字宮田の笠置神社祭神は『神宮家文書』一紙（明治二八写雑社綴）では「大宮司日笠重乘」、『神宮寺郷土誌』（大正元年、一九一二）では「大宮司日笠重來」である。

（10）近藤安太郎『系図研究の基礎知識』第二巻、一九八九、加賀武士団条。

（11）宮道国平は斎藤実盛の外甥。神宮寺斎藤氏との関係は実盛を媒介項とするだけで委細は明らかでない。なお猶子は「ゆうし」と読み、相続関係を持たない縁組親子関係をさす。

第二節　中世後期以降の斎藤伊勢守系譜と当社神主

はじめに

前節では鎌倉期を中心に南北朝初年頃までの、いわば中世前期における斎藤伊勢守の系譜と当社神主を考察した。ここでは引き続き中世後期以降における斎藤伊勢守の系譜、棟札文面との関係、当地支配者と当社神主との関係を考察する。

一　中世後期以降の系譜

斎藤伊勢守の第六代以降の系譜は、現在知られている資料によれば第一表のとおりである。これをみて中世、近世いずれも世代間の年数が非常に長いことに気付く。長い方では十二／十三代間が六五年、八／九代間が六四年、六／七代間が六〇年となる。短い方でも十五／十六代間の二年は特別として、九／十代間が二一年、次は十二／十三代間の四八年と飛躍する。これは去年、卒年を基準にした年数であるが、それにしても総じて各世代がこのように長いことは通常は考えにくい。したがって途中の江戸期に二度の断絶があるにしても、中世は言うに及ばず近世においても系譜のどこかに脱漏かそれ故の作為があると見るべきであろう。しかしながら、これを糺すほどの纏った資料がないのも事実である。よって、ここでは第一表を軸に考察を進める。

第一表　斎藤伊勢守中世後期以降系譜

代数	斎藤氏伊勢正家系譜	歴代記	備考
	「月のいでは路」 文政一〇（一八二六）	嘉永四（一八五一） 古書新書写改 ○印は霊号	（出所）＊月のいでは路 ＊＊歴代記 ・その他資料
六	飛騨守盛政 文永一一・三・三去 （一二七四）	飛騨守盛正 ○盛正魂彦命 文永一一・三・三卒去	
七	伊豆守盛勝 建武元・七・六去 （一三三四）	伊勢守盛勝 ○盛勝彦事命 建武二・七・六卒ス	・元応元年（一三一九）棟札 ＊此の代（盛勝）戸沢殿より副川社に社領八百刈の田地寄付、再興あり。
八	宮三郎盛徳 至徳三・六・八去 （一三八六）	宮三郎盛喜 ○大宮城彦命 至徳三・六・八卒ス	・一三五二／五六ころ冨樫氏主従来着 ・一三六六、神宮寺村譲与
九	宮内盛信 文安五・二・二五去 （一四四八）	宮内盛康 ○盛康彦霊神 文安五・二・二〇卒ス	・一四二四、戸沢氏角館へ ・一三九四／一四二八ころ仙北は南部氏所領
一〇	左京盛重 永正六正月二五去 （一五〇九）	左京亮盛重 ○盛重魂彦命 永正六・正月二五卒	・一四六八、金沢城落城 ・平朝臣盛政（長享三、一四八九、八幡宮棟札）

一一	宮太夫盛光 永禄一〇・五・一七去 （一五六七）	宮太夫平盛光 ○大宮武霊命 永禄一〇・五・二五卒	
一二	左門盛次 寛永二・九・一八去 （一六二五）	左門平盛次 ○盛次彦霊神 寛永二・九・一四卒	
一三	殿内盛方 延宝元・四・一九去 （一六七三）	殿内平盛方 ○殿内彦翁命 延宝二・四・一四卒	＊殿内という先祖断絶。其の時二歳なる男子、養育。下社家祠官に仰渡さる。
一四			＊其の子伊勢頭また絶転。
	伊豆守盛光 元文三・一〇・一去 （1738）	伊豆守盛光 ○伊津魂彦命 元文三・一〇・一卒	＊享和七（一八〇三）、丹右衛門が継ぎ宮三郎という。 ＊俗名与平治。同男安房守と改名、八幡宮神主と成る。享保八（一七二三）官途。
一五	伊豆守盛重 安永三・一一・五去 （一七七四）	伊勢守盛重 ○伊勢津彦命 安永三・一一・五卒	＊宝暦一〇（一七六〇）官途
一六	宮之介 安永五去 （一七七六）	宮之亮盛長 ○宮野猛彦命 安永五・三・一〇卒	＊伊勢守嫡男
一七	松之介	松之介盛清 （宮之介二弟）	＊＊寛政年中出奔。

一八	伊勢正盛久 文政九正月二九去 （一八二六）	伊勢守盛久 ○盛久清彦命 文政九正月二九卒	＊＊無官名刑部介。
一九	（当代）左京盛次	伊豆頭盛次 （先ン名ハ伊勢頭ナレ 共上ニ御障リ有テ改名 仰せ付けられ候）	＊＊父盛久実男。無官幼名左京介。直司と云う。 ・弘化二（一八四五）官途
二〇	——	伊豫頭盛應	＊＊盛次嫡子なく養子。無官幼名宮眞司。

注１：第一～五代は第一節掲載。
　２：時代区分は私見により次のとおり。
　　南北朝期　後醍醐天皇吉野遷　（一三三六）～南北朝合一（一三九二）
　　室町期　　南北朝合一　　　　（一三九二）～応仁の乱　（一四六七）
　　戦国期　　応仁の乱起る　　　（一四六七）～信長入京　（一五六八）

1、七代盛勝の神主就任

前節むすびで斎藤氏（伊勢守）が八幡神社の神主に就いたのは第七代伊勢守盛勝あたりからではないかと推測したが、再考すると次のとおりである。

イ、伊勢守家の系図は初代から五代までは没年月日が見えないので、後世の伊勢守家にとって記録を失ったか、伝承又は神話の時代であったと言える。去、卒去の年月日の記録は六代盛政から始まる。

ロ、六代盛政の去とされる文永十一年（一二七四）後の元応元年銘棟札（一三一九）に当時日笠氏が八幡神社宮司であったことが記されているので、盛政が八幡神社の神主であったとすることはできない。よって次の七代盛勝（建武元年又は二年去、一三三四／三五）あたりからの神主就任が想定される。

2、観応年の飛騨守朝臣盛政

南北朝時代（一三三六／九二）の観応年（一三五〇／五二）、戸沢氏よって当社が再建され寄進がなされたとする記述が菅江真澄の『月の出羽路』に見える。神岡町資料編第一集『郷土誌かみおか』一九七四から抜書きすると次のとおり。

○観応元年（一三五〇）飛騨守盛政朝臣建立、御神領として二百石御寄付あり。飛騨守盛政公は戸沢上総介殿ノ御先祖なるよし（月、五三頁）。

○此の代（私注、盛勝）戸沢殿より副川の神社は社領として八百刈の田地寄付あり、また再興あり（月、六三頁）。

○観応二年（一三五一）戸沢殿御再建、この節太夫盛勝並びに六供衆頭へ知行三十石を給る由（由緒録、一一二頁）。

これによって従来観応年に戸沢氏が当社を再建し寄進したとされてきた。しかしながら塩谷順耳編『中世の秋田』によれば、十四世紀初頭以来得宗領に移行したらしい山本郡（現仙北郡）は鎌倉幕府の倒壊によって建武（一三三四）新政府から元弘没収地に指定されたものの、程なく北朝方の武将に再配分されたという（後掲資料一）。ところで建武新政権が崩壊し、室町幕府が成立した建武三年（一三三六）後に山本郡が北朝方の武士に再配分されたとき、当地が誰に与えられたかは明らかでないが、貞治五年（一三六六）和田繁晴が庶子辰戌丸に神宮寺村を「譲與」したことは史料によって確認される（同資料二）。したがって、この建武と貞治の両暦年に挟まれる観応年（一三五〇／五二）頃には当地は和田氏の支配するところであったと按じてもよい。してみれば通常は観応年に戸沢氏が当社を再建し、相当の寄進をしたとする所説は無理がある。さりながら意外性を伴うのも歴史である。かりに史実であると考えられるとすれば、在地性が薄いと指摘される和田氏が当時なお西明寺門屋にいた戸沢氏を地頭代か代官にして当地周辺を支配したと想定するほかないが、今のところ史料によって明らかにされ得ない。

資料一『中世の秋田』塩谷順耳編、一九八二

○当郡（注、山本郡）は、十四世紀初頭以来、得宗領に移行していたらしく、幕府倒壊によって建武（一三三四）新政府から元弘没収地に指定されたとみられるのである。その結果、新たに恩賞として当郡地頭職を得たのは南部師行であつた。だが、わずか二年余にして新政権は崩壊し（一三三六）、師行もまた戦死するや情勢は再び一変する。即ち当郡は北朝与党の武士に再配分された。和田繁晴もその時恩賞にあずかったひとりである。康永元年（一三四二）の渡状によれば、彼は山本郡の中枢部である西根十八郷などを獲得している。

○貞治五年（一三六六）の彼（和田繁晴）の譲状をみると、嫡子秋季には政所職（注、代官のいる所をさすという）のほか西根十八郷、大曲などの主要な所領を伝え、庶子辰戌丸には荒居村のほか神宮寺村（略）の支配を認めている。

資料二 『岩手県中世文書』上巻、岩手県教育委員会編、一九八三

譲與 辰戌丸所
神宮寺村并蒔田村事
右任譲状之旨可令知行 有限御年貢御公事守先例 不 可有懈怠状如件 （花押）
貞治五年十一月廿七日

3、長享年の平朝臣盛政

それでは観応年の戸沢氏の再建と寄進はなぜ資料に見えるのであろうか。地頭代か代官であったとすれば事実ということになるが、実情はもっと複雑に思える。その道筋を推理すると次のとおりである。

イ、当八幡神社の長享三年（一四八九）棟札銘文は、基本形が、これより先元応元年（一三一九）銘文の写し改めである。このとき「元応元季」が「観応元季」と誤記され、棟札中心部に「観応元季歳次巳未云々」と記されたとされてきた（干支は合致）。それにしても銘文の肝である年銘をなぜ誤記したのか、不思議でならない。

ロ、この点につき筆者は元応元年（一三一九）の造営が信憑性をもって確認される以上、それから高々三十余年を経た観応元年（一三五〇）の造営は火災等の罹災がなければ考えにくい。そうであれば、観応元年銘は菅江真澄が採録した「観応元年御神領として二百石御寄附あり」とする伝承（前掲）から、飛騨守盛政朝臣なる人物から破格の寄進があったことを奉祝した寄進の棟札ではないかと按ずる。それ故に元応棟札の書替にとどまったのではないかと考える。

ハ、この写し改めのとき、長享棟札は、頼朝公以下往時八幡神社守護に貢献した人物七名が列挙されている末尾の八人目に「平朝臣盛政」が書き加えられたものであろう。また当八幡神社が誰の祈願所であるか、換言すれば飛騨守盛政が差配するものであることを宣明する意図をもって、「大檀主平朝臣飛騨守盛政棟上御祈願所」が新たに書き加えられた。

ニ、当地に八幡神社が累代戸沢氏の守護をうけたという伝承があるところ（始期不詳）、江戸時代後期に真澄と神宮寺村によって長享棟札の表中央に見える観応元年とが結びつけられた。こうして真澄と神宮寺村が遺した資料は前述のとおり盛政を再建寄付を果たした領主とし、盛勝を神主とする書きぶりとなったのかと解釈する。

二　時代状況と当地の特殊事情

1、時代状況

和田氏の当地支配が確認される十四世紀半ば以降から十五世紀の当地周辺の時代状況は如何なるも

のであったろうか。新野直吉氏は「和田氏は鎌倉幕府の時代に津軽の方で北条氏と親しい関係にあったのではないかと考えられる。そしてその和田氏の領地は、いまの大曲・神岡・協和などの地域に亘っていたと認められる」（前述『秋田の歴史』七八頁）とされ、続いて「和田氏の所領維持がその後どうなったかは不明確であり」とする。

資料三　十四、五世紀当地周辺の支配状況（抜書）

○文和年中（一三五二／一三五六）富樫氏主従神宮寺村に落来る。文和三年（一三五四）宝蔵寺を移す。永徳二年（一三八二）八月に宝蔵寺を建立。嘉慶元年（一三八七）に玉川にはじめて渡舟（『中世大曲の研究』三七頁）。

（私注）和田氏の当地支配の初期の頃、富樫氏主従が加賀国から当地に落ち来った。文和年中（一三五二／一三五六）のことである。当地で富樫氏主従を迎え入れたのは斎藤藤四郎家である。この藤四郎家が当時当地の在地有力者であったとしてよい。

○南部氏が秋田に侵入するのは、この二代（私注、南部守行／義政）にわたってである。まず守行はその勢力を西にのばし、仙北方面に侵入して角館に本拠をもつ戸沢氏を一時支配下に入れた。

（右『県史』四二二頁）。

（私注）守行は応永二三年（一四一六）の上杉禅秀の乱平定で関東管領足利持氏を援助、義政は応永三〇年（一四二三）の前将軍義持と右掲持氏の争いでは持氏を攻撃し、いずれも勝利者に与した。

○応永年中（一三九四／一四二八）は南部氏の所領であった仙北地方は、（私注、その後は）北に秋田氏の蚕食があり、南には小野寺氏の攻撃にあって（略）、これに乗じて、かつて南部氏の被官であった滴石の戸沢氏の一族たる北浦の戸沢氏などが勢力をまして来たものであろう（『中世大曲の研究』六〇頁）。

（私注）安東氏は応永一八年（一四一一）、仙北の苅場野において南部氏と戦い、康正二年（一四五六）にも戦った（右『県史』第一巻四二二頁）。

○金沢右京亮（私注、前掲南部守行三男）が金沢城に拠して仙北一円を支配していたのは、足利義政の長禄（一四五七／六〇）の頃である。小野寺泰道、寛正六年（一四六五）より応仁二年（一四六八）まで四年間、右京亮と戦い金沢城を落城せしめる。この大曲和泉守の去った後入りかわって当地（私注、大曲付近）に来たのは戸沢氏（同、代官の派遣）であった（『中世大曲の研究』一五頁）。

2、当地の特殊事情

仙北の歴史に造詣が深かった榊田淩次郎は、十一世紀半ばに安部、清原の両氏が争った前九年の役においてそもそも清原氏が参戦した原因は当時北浦地方を支配していた安部一族の北浦六郎重任がその支配を西下させ、神宮寺、花館周辺にまで延ばしたことではなかったか、すなわち、「古代より雄物川平原の大動脈たるこの大河の水運を扼されることは清原氏にとって正に黙視し得ざることであった」とする卓見を示されている（『中世大曲の研究』四四／四五頁）。さらにその後、「小野寺氏配下の山北地方は、秋田の先進地帯として、鎌倉末期には貨幣が流通するまでになった」（右『県史』

三九六頁）とすれば、両川の舟運がいよいよ活発化し、つれて当地周辺の軍略的な重要度は格段に高まったものと推測される。

こうしてみると南北朝中期の貞治五年（一三六六）当地の所有を得た和田氏の庶子辰戌丸が当地の支配に腐心したと考えてもよい。在地性が薄いとされる和田氏は当地支配を現地領主にまかせたにしても、その選択は慎重なものだったはずである。当時、小野寺氏は雄勝平鹿から山本に勢力を伸ばしていたし、山本には戸沢、本堂、六郷氏がおり、さらに出羽丘陵を越えてさして遠くないところに由利の諸党が鼎立していた。してみれば和田、南部両氏の時代は当社の祭祀を含む当地の支配はひとまず由緒を誇る斎藤氏に預けられたと推理してもおかしくはない。それでは、この状態がいつまで続いたであろうか。南部氏は応永一八年（一四一一）と康正二年（一四五六）の両度の戦いで安東氏に敗れ、小野寺氏とは寛正六年（一四六五）から応仁二年（一四六八）まで四年の死闘に敗れ、応仁以降は山北を去ったものと推測される。かくして、それでは棟札年銘の長享三年（一四八九）当時の当地支配者は誰であったろうか。南部氏敗退後に早々に戸沢氏の支配に入ったのかが焦点となる。

3、加賀冨樫氏来住一件の再論

冨樫氏の系譜を深く研究された舘残翁《たちざんおう》（一八六七～一九四七）の名著『冨樫氏と加賀一向一揆史料』によれば、冨樫氏は延喜十五年（九一五）鎮守府将軍に宣下された藤原利仁に遡及し、二代の二男叙用《のぶもち》が斎宮頭《さいぐうのかみ》に任用され斎藤と称されて以降、諸国に斎藤氏が栄えたが、三代の同嫡男吉信の弟伊博から分流した六代の子孫が武蔵國長井を本拠とする長井斎藤の斎藤実盛である。

出羽冨樫氏に関しては、同じく右著に収録された所論によれば[注a]、主説として初めて本拠地の野々市《ののいち》（石川県野々市市）に居館を構えた「家国」から十代（惣家代数）後、足利尊氏に従って九州に赴いて武名をあげ、子々孫々加賀守護職を任ずる旨の教書を賜った「高家」の、山代殿・押野殿とならぶ未詳の弟であるとし、宝蔵寺創建の河北郡（村とも）から、能勢殿（能瀬は河北郡英田《あがた》郷の一村）と推定する。その上で、さもなければ「家国」から五代後に当たる「泰家」の、子泰景の四代後の昌景かなど三説を傍説としてあげる。これに対し地元史は昌景を明確に「出羽之冨樫氏」とする[注b]。

これらは新史料の発掘でもなければ容易に決着できないが、舘氏は、誠白が加賀を去った原因は、その師宝山宗珍は法脈から尊皇だったが、加賀は武家方が有勢の地で、一敗地にまみれ、大悟一番して弓箭《きゅうせん》を放ち、禅師と共に身を僻遠の地に避けたるに非ざるかと言う。その可能性なしとしないが、他方では、足利尊氏と直義の兄弟間争闘となった観応の擾乱（観応元・正平五、一三五〇〜文和元・正平七、一三五二）では、冨樫氏を含む加賀の武士団が近親二分した戦闘を強いられ、これが誠白の加賀脱出行の原因とも按じられる。また尊氏直義の宮方（天皇上皇方）の取り合いで旗色が変転し、一時期は尊氏→北朝→宮方があったので、当時北朝方の武家に配分された神宮寺村周辺も必ずしも武家方一辺倒ではなかった事情があったかも知れない。

いずれにしても、以上によれば、当地で冨樫氏を受け入れた斎藤藤四郎、藤四郎との関係は判然としないが当地で神主豪族の地位にあった斎藤伊勢守、加賀国から当地に来住した冨樫氏、さらに実盛外甥の宮道國平、この四者は長井斎藤の斎藤実盛で結節する。

（注a）『冨樫氏と加賀一向一揆史料』一九八三復刻版、および移転した宝蔵寺に関しては『加賀大乗寺史』。冨樫氏略系図の掲載がなければ理解は容易でない。
（注b）『野々市町小史』一九九〇。

三　長享年の大檀主平朝臣飛騨守盛政

これまで長享棟札の「平朝臣盛政」aとは何人かと度々考察されてきた。同じ棟札表面に見える「大檀主平朝臣飛騨守盛政」bとは同一人か別人か、両者はいかなる関係かと論じられてきた。私は諸資料の考察を経て、前者を戦国領主とし後者を神主とする別人説に与してきたが（当節一3）、ここでは重複をおそれず再度検証する。

イ、長享棟札という一つの棟札文面にはたして同姓同名で、かつ別人の名が記されるであろうか。このことは以前から抱いていた疑問である。中世実力世界において戦国領主と神主は権力の内実に相違はあるが、おのずと実力の差があったはずである。とすれば両者は別人が記されたと解するのは不自然である。ただし、この点は上段aを下段bの先祖とすれば納得する。

○飛騨守盛政公は戸沢上総介殿ノ御先祖なるよし（月、五三頁）。

ロ、南北朝期の文和年（一三五二／一三五六）に冨樫氏主従を当地に迎え入れた斎藤氏は、その後戦国時代の長享三年（一四八九）には小領主または神主豪族へと成長していたと考えられ、当社の祭祀は前時代の和田氏および南部氏の支配の時代と同じく斎藤氏に継続されたと推測される。

ハ、応仁二年（一四六八）までの四年間小野寺氏と南部氏が繰り広げた死闘後、仙北から南部氏が駆逐され、小野寺氏によって戸沢氏の一族が大曲に代官として置かれたことに注目すれば、長享年（一四八七／八九）のころ当地は戸沢氏の一元支配であったとするのが常識的である。戸沢氏の勢力は前述のとおり戦国時代に玉川ぞいに伸張し西下する。かくして当時当地が戸沢氏の一元支配であれば、大檀主として当社を「棟上御祈願所」とした「平朝臣飛騨守盛政」とは、台頭が顕著であった戦国領主の戸沢氏である。ちなみに伊藤忠温氏の教示によれば、花館伊豆山神社の戸帳の年銘は「文永二年（一二六五）大旦那戸沢氏」と伝えられるが、文禄二年（一五九三）の可能性が大きいという。これは戸沢氏の勢力は従来一部にあった十三世紀に遡及しないことをさす。

四　近世の斎藤伊勢守系譜

1、伊勢正家系譜

ここでは伊勢正家系譜を基準にして諸資料に見える記述を世代ごとに整理し、第一表の系譜とあわせ考察する。

○十二代左門盛次　寛永二年（一六二五）去

○十三代殿内盛方　延宝元年（一六七三）去

・殿内山、祠官斎藤氏がむかし住たる跡也といふ。（神宮寺邑条、月四七頁）

・殿内代までは八幡社内に八間二十五間の御免地を拝領し、先祖の代から住居してきた。（伊勢

正家系譜条、月六四頁）
・承応年間（一六五二～五五）同氏の子孫は祖先の六社安置の功よりして守護山に仰せ付けられ、又元禄五年（一六九二）杉植立の勤労により付人山に仰せ付けられたること、国主佐竹公の家老小瀬又七郎殿の書付けにより明瞭なり。（嶽六所神社由緒）
○十四代伊豆守盛光元文三年（一七三八）去
・神嶽（注、神宮寺嶽）の後に殿内山と唱えた山の字処があったが、伊豆守幼少の時中絶の事ゆえ今は（文政一〇、一八二七頃）郷山（村の所有管理する山）となる。（伊勢正家系譜条、月六四頁）
○十五代伊豆守盛重安永三年（一七七四）去
・天和の末（一六八四頃）、八幡宮式会当神主に附属して御祭事に出勤せし。（神宮寺村旧記帳）
・この伊豆守（注、十四代）幼名宮三郎と申す。十七歳の時父殿内病死、その砌母方実家三本杉村へ引取り養育す。其時神職なれど俗名は与平治と申し再び神宮寺村に移り、与平治の男官途し安房守と改名し八幡宮の神主と相成り。（注／伊勢正家系譜条、月六三／六四頁。ただし後掲相馬氏家系譜条は二歳説。）
○十六代宮之介安永五年（一七七六）去
・盛重代まで流鏑馬、蟇目（がまめ）等の神事勤行。（伊勢正家系譜条、月六四頁）
・伊勢守嫡男。夭折、絶転。
○十七代松之介（宮之介実弟）

・寛政歳中逐電。松之介盛清出奔致し江戸へ罷り登りその後御公儀の御家人と成りて都築勇次郎と云う。下谷山崎町一丁目に住宅。（「歴代記」）

〇十八代伊勢正盛久文政九年（一八二六）去

・伊勢守まで十八代に及びたれど此の家中絶せり。（伊勢正家系譜条、月六四頁）

・（注、宮三郎がと読めるが誤、年代的には盛久）文化十四（一八一七）上京官途し伊勢頭と成り来たりしが、八幡宮の下社家には安房正添簡あらされはなる事あたはず、かくて八石村の神明宮の祠官にて相続来たり。（相馬氏家系譜条、月七一頁）

〇当代十九代左京盛次

・当代とは真澄が神宮寺村を現地調査した文政九年から翌年（一八二六／二七）頃をさす。

・神宮寺村が真澄に供覧した由緒物の中臣祓假名抄序は神明宮祠官斎藤左京盛次所蔵である。

・今は御同社御祭事に出勤致さず候。当時枝郷八石村神明宮と中瀬龍光宮祠官なり。（神宮寺村旧記帳）

2、社人として明治維新を迎う

伊勢頭は最初の断絶を契機に八幡宮の神主職を退いて社人に就任し、かわって神主となった斎藤安房守のもとで八幡宮の社務をつとめた。また神宮寺村中瀬龍光社や枝郷八石村神明社の祠官を務めた。こうして二度あるいは史料には見えないがそれ以上の断絶を経ながらも、斎藤伊勢頭はともかくも中世以降の長い神職の歴史を維持して明治維新を迎えたが、今日その系譜は当地に連綿する。

○往古の神主は今斎藤伊勢頭と申す社人あり。（由緒録、月一一五頁）
○神宮寺社人斎東伊勢頭先祖、往古より同所鎮守八幡宮の神主職たりしよし。（相馬氏家系譜条、月七一頁）
○往古神主は今は伊勢守と申す社人在りと申し候。右家両度絶転致し候に付き神主職を失い申し候。（旧記帳）

付　記

伊勢守家の古代から現代に至る要略を描いた伊藤忠温氏の好個の記事「式内社時代からの神職か―神岡町神宮寺の斎藤家―」シリーズ名家を訪ねて（秋田民報、本社大仙市大曲、第二九二〇号、昭和五八年八月）が伊藤氏から恵贈されてある。ここで伊藤氏は伊勢守系譜を秋田初代盛勝とし、安房守初代は伊勢守の傍系（分家）とされる（私の仮説一に相当）。地元事情に精通された史家の見立てとして傾聴を要する。なお関係叙述は次のとおり。

・十三代盛方　延宝年間若死、子盛光は母方の実家に引き取られ、神職は一時中断。田畑郷中に差上げ。
・十四代盛光　のちに長じて（神職の）免許を得た。本妻と後妻の間に生まれたと思われる盛重（本妻か）と盛房（後妻か）に跡を継がせた。
・十五代盛重　伊勢守盛重、新たに三間二五間の屋敷を拝領。近郷小社をみる。
○安房守盛房　盛房は安房守の一家を興し、八幡宮の正神主に。

・十六代盛長　若死、絶転（私注、伊勢守家断絶）
・十七代盛清　盛長の弟、跡を継いだが寛政年中江戸へ出奔、のち出世して都筑氏を名乗り公儀の御家人となった。
・以下、三代　他町村からの養子。なお恵贈された記事にある伊藤氏の書き込みによれば、二十代盛応は西板戸（私注、旧南楢岡村）加沢家出身、嘉永六年（一八五三）一月四日保呂羽山羽宇志別神社の守屋家炎上事件で神前焼死、時に二六歳と伝える。
・明治初年　神仏分離令で伊勢守家は神職を辞任。

秋田初代
盛勝―2盛政―3盛応―4盛兼―5盛貞―6盛正―7盛勝
8盛喜―9盛康―10盛重―11盛光―12盛次―13盛方―14盛光
安房守盛房（傍系）
15盛重―16盛長（若死絶転）―17盛清盛長弟・江戸へ）
18盛久（養子）―19盛次―20盛応（養子）―21不明―22不明
23長吉（養子）―24周太郎―25兼男―26金悦

『月の出羽路』『斎藤家文書』他

第三節　斎藤安房守系譜と当社神主

はじめに

伊勢守は江戸時代半ば以降二度断絶し、当社神主職は同じ斎藤氏を名乗る安房守家へ交替した。そこで本節では神主の交替劇と、以降現在にいたる安房守家の系譜を年代によって精粗はあるが、ともかくも系統的に紹介する。

一　神主の交替劇

資料の抜粋一〜六を後掲する。少し煩瑣だが確認しながら見ていきたい。要点は第一表に示す。

1、伊勢守家は二度断絶

近世の伊勢守家は両度（二度）断絶したと伝える（資料二、三）。初回は「殿内断絶」（資料四）、「殿内《でんない》と云いし先祖断絶」（資料五）で、延宝元年（一六七三）十三代殿内の病死をさす（同一）。二度目は十七代松之介盛清が寛政年中（一七八九〜一八〇一）江戸へ出奔し後に御家人になった故である（第二節第一表）。初回の断絶で当社の神主職が安房守家に遷り、以降藩政期は同家が世襲した。

しかし延宝元年の殿内病死によって伊勢守家が直ちに断絶か絶家したと考えるのは速断すぎる。資料一は断絶とか絶家に言及しておらず、「其の時神職なれど」から引き続き神職だったとも読める。十七歳の子を「引取り養育」も考えにくい。十七歳の子がいるのに断絶も納得しがたい。七歳の誤記であろうか。二歳説（資料四、五）にしても、そもそも神主職は家族の協業が欠かせないので遺された子が天涯孤独になったとも考えにくい。母方実家（資料一）か続縁（資料四、五）に預けられたとすれば余程の事情があったに違いない。こうして読み解くと殿内の死によって断絶か絶家したか否かはともかく、伊勢守家が実力を失い当社の神主職から離れざるを得なかったことを推測させる。神宮寺嶽の近くに殿内山《とのじやま》と称される小高い山がある。殿内の代までは同家の山であったが、次代伊豆守の幼少のころ郷中に差上げたと伝えるが実力を失ったことを示唆するものであろう。

さて当時吉田官位の拝領には上京を必要としたが、殿内死没の延宝元年（一六七三）から凡そ八年を費やして新興の安房守家がようやく吉田官位（官頭）の拝領、神主就任、安房正へ改名、藩主への御見目など一連の儀式実現に成功し、天和元年（一六八一）名実ともに当社の神主職を獲得した（資料二、三、四。ただし資料により儀式の順序に異同がある）。

2、安房守先祖

安房守の先祖に関しては資料により次の四説が仮説される。

○一説／殿内の子与兵治の男（息）とする説（資料一）

伊勢守十三代
殿内盛方 ―┬― 十七歳子
　　　　　│　与兵治
　　　　　│　（のち伊勢伊豆守） ―┬― 男
　　　　　　　　　　　　　　　　　　安房守

○二説／与兵治とのみする説（資料二）

先の神主家断絶／与兵治 ―― 安房頭
（伊勢守）　　　　　　　　安房正

○三説／矢嶋貝別当村の兵治とする説（資料三）

伊勢守家絶電／兵治 ―― 安房頭
　　　　　　矢嶋貝別当村の者

○四説／矢嶋領貝別当村の与兵治とするが、義民清七に連座して当地に移り当地名門の斎藤新五郎家の娘と結婚し安房守家をたてた傳之丞とする説（資料四）

矢嶋領貝別当村傳之丞（義民清七連座）
殿内家守断絶／與兵治新五郎娘と見合う ―― 安房正（重衛門致す）

一説は伊勢守家から出た男系が安房守へ改名したとだけ云う。実際は分家の創設を含意するものであろうが、分家に由緒ある当社の神主職まで譲ったとは考えにくく、何か実態を隠しているようである。二説と三説は基本的に同じとしてよい。資料二、三はいずれも村の公的な書上なので義民清七に関係する記述を略したと考えられ、その略し方の違いであろう。その点、四説の資料四は私的な系図の書込のゆえにか率直である。真実を伝えているようである。ちなみに資料五の相馬氏系譜は菅江真澄『月の出羽路』に収録されたものだが、義民連座に一切ふれていない。これに関連して思うことは、一部に真澄の遺した著作を手放しで「第一級の資料」と評価する向きがあるが、真澄は偉大であったことは紛れもない事実としても、既に識者が指摘するとおり、この一事から推しても彼の著述は有形無形の制約下で成されたことに留意しておく必要があろう。

さて資料四を精読すると傳之丞について、義民清七連座↓神宮寺村に替り（逃げ込み）↓斎藤新五郎へ頼り住す↓新五郎娘と見合（結婚の意）↓與兵治と改名↓郷中諸役↓禰宜↓吉田官頭安房正↓神主↓御見目の社家と具体的に順序立った経過が認められ、「これ重衛門の致せし由」と結んでいるところを考えれば、かなり史実を反映していると見てよい。また傳之丞の義民清七事件における彼の役どころと性格、性状にも踏み込んでいるので、相応の真実を知る者の書込と了解してよさそうである。こうして按ずるに安房守先祖は四説が妥当のように思える。なお義民清七については、ぬめひろし著『小さなむらの歩いてきた足跡』一九九六が詳しい。ここでは粗筋《あらすじ》を後掲別稿に抄出する。この間の事情をさらに推察できる資料として明治二年（一八六九）四月付「御内談覚」（小著『神宮家文書』）がある。この文書は当時村々まで通達された国の神仏分離方針の実施対応をめぐって当地八幡宮別当と村役人の間で交わされた合意事項をまとめ、役所に提出したものである。

当時（注、ただ今）神主役仕り候斎藤安房儀ハ、元禄年中、神宮寺村八幡の六句と申し唱え候在家の内斎藤新五郎の浪人へ、同村肝煎重右衛門勤仕中に相頼み、神主役相勤メ、当斎藤安房まで四五代にも相成ると申す可きかな（釈文）

ここでは斎藤安房の儀を元禄年中（一六八八〜一七〇四）の事としているが小異としてよい。肝心なのは明治二年頃の村の認識として、斎藤安房の祖先は当社の社守のため付置かれたと伝承される六供（六家をさす）の一である斎藤新五郎家の浪人であるとする点である。この浪人は何を意味するか私は容易に理解できなかったが、義民に連座して村に逃げ込んだ与兵治とすれば納得がいく。さらに右文書は「以前は諸方在々より御神事の度、社家相頼み候て差し支えなく、神楽式《かぐらしき》相整え罷り在り申し候」と続く。これによれば殿内の死後は常在の神主がおらず、神事の度に近所在々の社家に依頼していたが、それでも神楽式を続けていたと読める。こうした状況で時宜よろしく村肝煎の重右衛門が村の有力者である斎藤新五郎家の意を汲んで斎藤安房守の神主就任を取り計らったのであろう。

第一表　八幡神社神主交替前後の動向

事項＼資料	一／伊勢正家系譜（月の出羽路）	二／由緒録　三／旧記帳	四／相馬家文書　五／相馬氏家系譜（月の出羽路）
伊勢守家断絶	殿内、一六七三年病死（子十七歳）	両度断絶	殿内家断絶（男子二歳）
子の養育	母方実家の三本杉村へ引取		遠月村小兵衛
安房守先祖	与平治（幼名宮三郎、のち伊豆守）の男	・俗名与平治（平治） ・矢嶋貝別当村の者（資料三）	・矢嶋領貝別当村傳之丞 ・改名與兵治 ・斎藤新五郎娘に見合う
神主就任、他	官途、安房守と改名、神主	一六八一年神主、安房正（頭）、吉田官位（資料三）、御見目	・郷中諸役 ・禰宜 ・一六八一年吉田官頭、安房正、御見目
御免地拝領	・殿内代迄／八間廿五間 ・安房守／三間廿五間	―	―
先の神主、祠官	―	・一六八四年御祭事に伊勢正末子出勤せしが、又断絶 ・一八〇二年他より継ぐ ・今は八石村神明宮、中瀬竜光宮祠官	・重衛門指図 ・子（成長して上京）、下社家祠官、その子また絶転 ・一八〇三年楢岡村丹右ヱ門が継ぐ

3、安房守と修験の関係

真澄が当地を現地調査したのは文政九年(一八二六)から翌年である。その頃「斎藤安房頭の仮栖《かすみ》の村は神宮寺村、大浦村、福嶋村、蒲村、長山村(敗村《すたれむら》たり)、荒床村(敗村たり)、二子沢村(敗村となる)、宮田村、右八カ村なり、この内廃邑三村あり、今は五村たり」とある(資料六の記述に続く)。ところで仮栖は多くは霞と記され、修験者と間に祈祷と謝儀(米、金銭などの奉納)という特別の関係で結ばれた信仰者のいる範囲つまり受持ちの檀那場《だんなば》をさす。伊勢守に替わった新興の安房守が修験と関係のあったことは、この「仮栖」という表現からわずかに推測されるが、このたび義民清七事件の顛末に修験の影響があったことが判明するにつれ傳之丞のちの与兵治、つまり初代安房守盛房の周辺に修験があったと推測される。

したがって『神岡町史』一四六頁のいう、「この時期(注、天和元年ころ)、神宮寺八幡宮の神主斎藤氏が修験との関係を深めつつ神宮寺八幡宮のカスミ場拡大を策するなど、かつてないほどの活発な活動を行なっており」という指摘はおよそ妥当なものであろう。しかしながらこれに続けて式内社であった副川神社の北上再建の理由に言及し、「その膝もとたる神宮寺嶽に大友氏の支配と保呂羽山波宇志別神社の影響をうけた副川神社が再興されることは大友氏=保呂羽山波宇志別神社と斎藤氏=神宮寺八幡宮の激しい対立をひきおこすことは必至である。そこで、藩の許可を得る形で副川神社移転が浮上したと推測することは可能ではあるまいか」とまで推論している。ところが時代は下るが霞とされた村々をよく観察すると神宮寺村の本村とその枝郷に限られており、狭小化していたその頃の当地八幡神社の信仰領域を出るものでないことに気付く。そうであれば、すでに社家大頭《しゃけおおとう》の職にあった大友氏と漸く当地八幡神社の神主職を得た斎藤安房守との間に、「激しい対立をひきおこす」という事態は典拠が示されるならぱ兎も角、通常ではとても考えられない。自治体の町史としてはいささか推論のし過ぎと言うほかない。放置すれば所々に引用されかねないので敢えて付言する（注）。

（注）塩谷順耳「羽後式内社と保呂羽山信仰」（『東北霊山と修験道』山岳宗教史研究叢書7、一九八一）によれば、仙北郡六郷の諏訪社に伝わる斉藤文書中の『大友・守屋口上書』から（注、『秋田県史』資料編近世下所収）、両家が社家大頭になった時点は天和年間（一七世紀後半）以前に求められるが、それは国内三社が設定される凡そ三〇年前である。

二　安房守家系譜

安房守家の系譜は資料六（『月の出羽路』）の他は見当らない。その他の資料とあわせ要点を第二表に示すが、次のとおりである。当代（五代）盛喜以降は不明、ようやく斎藤左一之助と周之助の名が前掲『神宮家文書』に見えるが、盛喜と左一之助の関係、左一之助と周之助の関係は明らかにし得ない（憶測では周之助は左一之助の改名か）。安房守家文書というようなものに接することが出来れば五代までを検証し、以降を補正したいと願ってきたが、そうした文書に出会えていない。明治二年の前掲「御内談覚」に「当斎藤安房まで四五代」とする記述は注目されるが決め手にならない。

第二表　安房守家歴世累代

○延宝九年（一六八一）官途安房守　（一代盛房）
○享保八年（一七二三）官途土佐守　（二代光寛）
・社人斎藤土佐守（「宝暦十一年（一七六一）御尋之次第」）
・土佐守　当高四石三斗七升壱合弐勺（村文書「明和二年（一七六五）御本田当高組合帳」）
○寛保三年（一七四三）官途長門守　（三代盛運）
○寛政元年（一七八九）官途安房正　（四代盛方）
・安房正とあり（村文書「文政十歳（一八二八）御伝馬屋敷」）
○文政五年（一八二二）官途安房頭　（当代盛喜）
○　安房守　（左一之助）
（周之助）

表注①／文化十年《一八一三》波宇志別神社社家の大友直枝が開いた家塾の「授業門人姓名録」は九十一名の冒頭に「斎藤矢衛は、神宮寺村の八幡宮六所大明神の神主で、御社領が五石である」と記す（新野直吉編著『波宇志別の近世国学』）。六所大明神は嶽山頂神社をさすが矢衛と右累代との関係ば不明。

注②／また、同「家塾出席帳」（文政九年《一八二六》十二月十日～同十二年三月十一日）は「斎藤伊勢正、文政九年十二月、文政十年一月出席」「斎藤安房、文政十年四月出席」と記す。ただし、この両名の入門は不明である。

注③／慶応四年奥羽鎮撫副総督澤為量は当地滞在中、八月八日より九月十三日まで斎藤左一之助に日参祈願を命じ長州藩桂太郎、佐竹公名代小野寺衛門も日参した（『神宮家文書』）。ただし澤卿の滞在は八月十二日から九月十日まで。

注④／還俗の八幡神社別当は周之助に随って明治三年三月より四年六月まで皇典学（神道をさす）を研究した（右同）。

さて安房守は屋敷を御免地《ごめんち》（三間二十五間）として拝領し住居《すまい》してきたが、以前の伊勢守殿内の代までは八間二十五間であったというから大幅の減少である（資料一）。これには事情があったと見るべきであろう。事情とは殿内代まで屋敷は八幡宮社地内にあったが（資料一）、安永五年（一七七六）以降連年続いた洪水で、ついに天明元年（一七八一）八幡神社の社地が欠ける事態となった（旧南外村「相馬家文書」）。このため同年当社は当時麻糸畑であった現社地へ移転したのだが、このとき別当花蔵院は社地続きへ移転したのに対して、安房守の屋敷はおそらく洪水によって一部欠けたが移転しなかったからであろう（「文政十歳御伝馬屋敷」）。なお殿内没後間もない延宝九年「神宮寺村打直検地帳」は「弥宜屋敷、一反四畝十弐歩（注、四三二坪）」と記す。右八間二十五間（二〇〇坪）と異なるが事情は不明である。

明治三年当社では神仏分離が施行され、以降神主はそれまでの永年世襲から短期間にかなりの変動があった。断片的ながら諸資料から拾うと第三表のとおりである（ただし明治三五年以降は再三の探索にもかかわらず関係文書に出会えず今のところ不明）。このような仔細な追求調査はいささか奇異に映る怖れがあるが、一地方神社の明治初期神仏分離に伴う神職社家、祭祀者の激げしい異動例として一般性をもつかと考えるからである。

他方、当社では珍重にも神女の系譜が連綿した。神祇と神女の起源は天岩戸《あめのいわと》神話で岩戸の前で演じた天宇受売神《あめのうずめのかみ》（紀）に遡及し、両者には深い関係が存するが、北方の小社にも関わらず、その始めの年代は不明としても、いつの年代からか当社には神女が付置され、連綿と存続した。先年、筆者は佐竹氏が常陸・秋田時代に信仰した正八幡に付置され神女鶴を考察したことがあるが（『名族佐竹氏の神祇と信仰』二〇一九）、このような神女（ここでは神子）の在来神社における付置は、秋田寺内古四王神社周辺の神社の事例以外には仄聞しない。よって、ここでは今後の研究に向け、真澄が採録した系譜及び神道裁許を第四表に掲載する。

第三表　明治初年以降当社神主の変遷

明治	出所資料	神主、祠官、社司、社掌
以前	月の出羽路、地元史料	別当花蔵院、神主斎藤左一介
3年　3月	口上	別当復飾神勤願
4月	御内談覚	旧別当は神主、斎藤安房は嶽六所神社神主へ振分け
7月	祠官申付候事（秋田県）	祠官神宮正
4年	神符献上社一覧（県神社神道史）	神主神宮正
5年　7月	祠官申付候事	祠官神宮正
8月	神官改正により祠官解任	解任祠官神宮正
6年　8月	祠官申付候事（秋田県）	祠官神宮正
7年	郷社列格	
8年	県祠官掌一覧（県神社神道史）	祠官国定雄
5月	神官改正により祠官解任	解任祠官神宮正
10月	兼補権訓導（八幡社祠官）	祠官神宮正
10年　5月	補訓導（八幡社祠官）	祠官神宮正
14年	御昼行在所	細谷孫太郎宅
10月	県社列格	
15年　9月	御願文書	祠官細谷孫太郎
9月	願通	祠掌神宮正
20年　9月	復帰依願	祠官欠員
9月	願通	祠官神宮正

24年	旧神社明細帳写	祠官細谷孫太郎
10月	八幡神社宝物什器調	祠官神宮正、祠掌代々木宮次
27年	神職に関する件（府県社）	社司1人社掌若干人
28年 8月	大勇講御中宛て	社司神宮正、社掌代々木宮次
11月	桂太郎宛文書	社掌代々木宮次
30年 8月	氏子総代改選御届	社司神宮正、社掌代々木宮次
31年 5月	兵士御守護進上願	社司神宮正
34年 1月		正没（以降代々木氏社司カ）
35年 2月	兼補（内小友村成島神社社掌）	社掌神宮勝興
37年 4月	神社明細帳訂正願	氏子総代

注1／本表は閲覧できた資料によって作成したもので、精確性には限界があることに注意を要する。

注2／西暦は明治2（1869）～明治37（1904）。

注3／神社管理の上下関係はおよそ次のとおり。現在は宮司＞禰宜である。

○神仏習合時代　別当＞神主
○明治初期から同27年神職に関する件まで　祠官＞祠掌
○明治27年以降　社司＞社掌

注4／細谷孫太郎は神宮寺村の有力者（もと長百姓）で、京都に遊学して神道を修学したと伝え、邸内に御社（祇園社カ）を勧請して信仰し、明治十四年天皇御幸では村内有力者の協力を得て邸内に昼行在所を設置して奉迎するなどの功績から、一時期当社祠官に就任したが、明治24旧神社明細調で副川神社の信徒は斎藤左一之助一人と報告、この報告は今にして必ずしも誤りではないが、当時当社八幡神社の昇格を企図していた村意とは合わず、明治37年氏子総代より「訂正願」提出の事態となり、細谷氏の祠官は短期に終わったようである（委細は高橋冨治『神宮寺郷土覚書』1968）。

第四表　祠官佐佐木氏家系譜及び神道裁許

代数	系譜、神道裁許 月のいでは路、 佐々木家文書（注）	備　　考 神道裁許年月日
初	○天児屋根命十一世○雷大臣ノ三男道麿七世ニ七世ノ後胤○熊速、其子○速友、大織冠ノ御子○意美麿、其御子○清麿二世奉仕、在女、○友子、神護景雲3（769）（略）副河神社奉仕	・天児屋根命は天孫皇臨に陪従した神、後裔氏族が中臣氏で神事に奉仕 ・大織冠は藤原（中臣）鎌足 ・意美麿（おみまろ）
次	○房女	延暦23（804）京より下し家継がす 大同2（807）坂上田村丸八幡宮建立ありて房女神主ニ奉仕
	以降、歴代不明	
	巫子大貳（神道裁許）	正徳3（1713）・7・18
	神子（神道裁許）	寛保3（1743）・5・3
	神子（神道裁許）	安永5（1776）・4・16
	神子大貳（神道裁許）	寛政10（1798）・4・13
	下社人佐々木宮之進家内共（切支丹調）	享和3（1803）5月佐々木家相違有之間敷もの也
	下社人佐々木三河正藤原定元（神道裁許）	文化8（1811）・4・21
	下社人佐々木和泉頭藤原定倫（神道裁許）	嘉永元（1848）・4・15
	神子大貳（神道裁許）	嘉永元（1848）・4・15
	下社人佐々木三河正家内共（切支丹調）	安政3（1856）辰12月佐々木家相違有之間敷もの也

（注）巫子大貳（神道裁許）以下の欄は高橋冨治「神宮寺郷土覚書」（昭和43）所収の佐々木家文書による。

三　安房守家裔孫の栄光

明治以後の安房守家の系譜は必ずしも正確でないことを怖れるが、筆者が把握し得たところでは第一図のとおりである。このように近年に至るまで仔細に立入った調査と発表はプライバシィーの点から注意を要するし、ためらいも覚える。しかしながら他方では累代神祇に奉仕してきた全国の社家が明治初期の神仏分離で衰退し、転身を余儀なくされた社会風潮の中で、安房守家はときの最前線の新しい分野に転身し活躍できた好例として記録にとどめ、後世に伝えたいと願う心情もひとしおである。

さて安房守家は左一之助の代で明治維新となった。長男竹之助に子がなかったのか、妻リヨの実家である隣村花館の加賀谷馬之助の実弟時郎（じろう）を養子に迎えた。時郎は優れた資質に恵まれていたのであろう、横手中学（一期らしいが不定）から新潟医専にすすみ医者となって一時当地で開業したが、当時九州小倉にいた伯母夫婦（夫が炭坑の大幹部）のすすめで、大正十年頃当地を去った。このとき嶽神社祭礼の事は母の実家で、かつ安房守創家から深い血筋関係にあった斎藤新五郎家に託すことになった。ちなみに明治前まで安房守家は八幡神社と嶽六所神社両社の神主であったが、明治三年の神仏分離とそれに伴う八幡神社別当（花蔵院）の還俗によって以降は八幡神社神主は旧別当が、嶽六所神社神主は安房守家に振り分けられていた。したがって後者の嶽六所神社の別当職（管理）を託したことを意味する。神職位は当時八幡神社社司であった佐々木氏に委譲したのであろう。時郎は当地を離れて以降、日本産業資本勃興期の最前線にあたる九州の炭坑病院、八幡製鉄病院において医療、保健衛生の分野で大活躍されたようである。また時郎氏女《むすめ》は新日本製鉄の、私が鉄鋼連盟在勤中に高名を承知していた嶺次男副社長の令夫人であった。その裔孫も社会的な活躍をなされていて、当地を離れたとは申せ実に栄光の系譜である。

1、斎藤安房守当主斎藤辰彦氏のご示教

斎藤辰彦氏から書状（平成九年九月付）、賀状（平成十年元旦）、数回の電話で賜ったご教示の要点は次のとおりである（第一図との重複を除く）。

○父時郎は新潟医専卒業、一時神宮寺で開業、結婚、大正十年頃九州に移転、その際先代新五郎氏に嶽神社祭礼の事をお願いしたようである。

○昭和四十五年頃昌氏から嶽神社の建替工事をするに当たって始めて先祖のことを知る。昭和五十年頃嶽神社に参拝、昭和五十八年奥津城《おくつき》を建立、以来お盆にほとんど毎年御参、五年前から闘病中。

○以上のような次第で私の手許には安房守等に関する文献等は何もない。

　碑面　斎藤安房守之奥津城

　　昭和五十八年十一月一日　斎藤辰彦建之

2、斎藤新五郎家当主斎藤昌氏のご教示

平成九年、十年と数回自宅を訪ねて賜ったご教示の要点は次のとおりである。

○嶽六所神社

・嶽講中／時郎氏の依頼で当家が別当として管理している。昔日は安房守が社日を執行、梵天の布、御初穂、灯明などの上がり（供物）は大したものであった。
・梵天奉納／前は二五〜二六本、今は一五〜一六本。諸道具をはこぶ人をあつめ頼むのが大変。出入りの人、ボランティアにも依頼、あと当家で酒宴。
・嶽社殿改修／斎藤新三郎氏、斎藤実氏などと連絡をとって当家が進めた。昭和四十四年役場で保安林解除の手続きをしたが山頂で製材不可能につき断念、中河原のグラウンドからヘリであげた。

○羽黒講中
新五郎、新三郎、市兵衛、茂吉、高橋由郎（今井氏）の各家、これに昭和三十五年高橋忠亮氏が入った。世話役は一年交代の持回り。以前は「あずまや」があったが今は休憩所がある。三十三観音は老人クラブのおばあさん連が世話している。

○諸品
・神棚／八幡神の御立像あり。像高は一尺余、太めの僧形なり。木製か他かは不明。銘文なし。
（注）八幡菩薩像か。
・棟札／今回家建替で出てきた明治二六年（火事）建替棟札に斎藤新五郎年六十二歳とあった。祭主名はなかった。この新五郎は先々代。今も土蔵一つあるが八幡宮棟札はない。
（注）八幡宮の再建修復では従来別当が棟札一枚を入れていたが、明和二年（一七六五）以降はこのほか神主が時に一枚入れるようになった経緯から、次の八幡宮棟札が明治二八年ころ斎藤安房家に蔵さ

れていた模様である（『神宮家文書』）。しかし後事を託された斎藤新五郎家には現存しないという事をさす。

・明和二年（一七六五）　佐竹義敦公再興棟札
・寛政六年（一七九四）　佐竹義和修覆棟札
・文化十三年（一八一六）佐竹徳寿公建替棟札
・天保十一年（一八四〇）佐竹義厚葺替棟札
・嘉永五年（一八六一）　佐竹義厚葺替棟札

○掛軸
・神系図一軸（神々の系統図、正月に掛けるという）
　文政七甲申年仲春吉旦　富樫氏□秀謹書之
・田村神社（神道管長平山省斎敬書）　（注）研究一で再論する。

田　村　神　社	平朝臣盛政	藤原知房
	仲原親能	道野知弘
（異）（異）（異）（異）	宮道國平	僧秀西

注①／坂上田村麿を主祭神とし、八幡神社古棟札中の六氏を伴神とする軸である。「神道管長」から明治初期の制作と推認されるが、このような由緒ある体裁の軸が今に祀られていることは注目される。なお（異）は異体字を示す。

注②／宮道氏は国平の当時「平姓武蔵国播羅郡の名族」であるが（第一節）、平成十四年八月京都勧修寺を訪ねた折り、たまたま近くの宮道神社に参拝でき、由緒碑から宮道氏は宇治郡を本拠とした氏族であることが判明した。

第一図　栄光の安房守家関係系譜

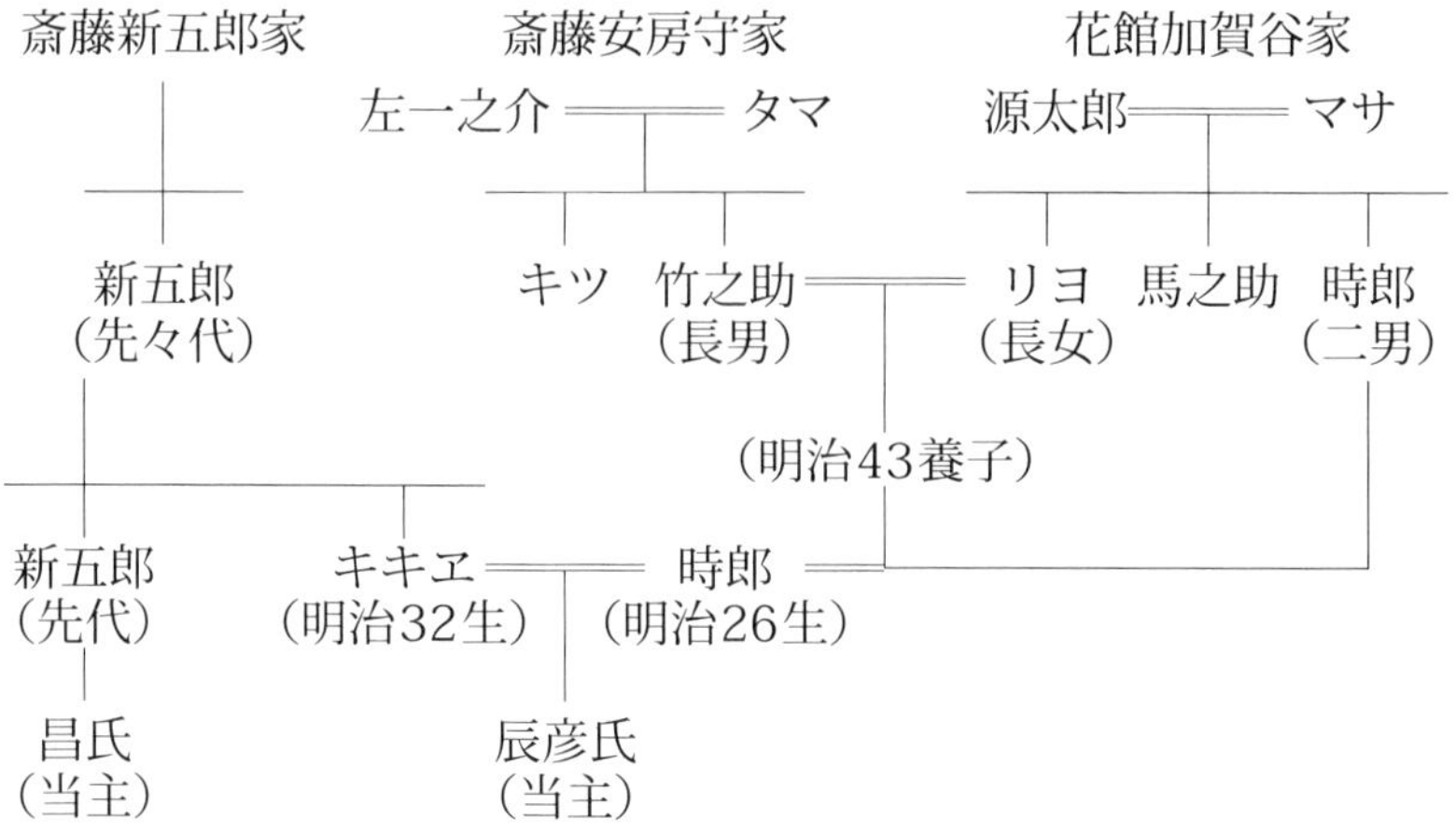

（注）本図は斎藤辰彦氏、斎藤昌氏からの聞取り、新潟大学医学部及び秋田県医学史研究の第一人者石田秀一氏への照会、並びに花館在住の郷土史家千葉久兵衛氏の教示などを基に作成。但し聞取り及び照会は平成9、10年ころである。責任はすべて当方にある。

・源太郎／明治6年花館村伍長総代、同8年戸長総代、同九及び10年伍長総代、同24年助役（『写真に見る花館の歴史』、千葉氏の教授）。

・馬之助／明治15年生、昭和17年没。墓石は花館長福寺に有り。横堀小学校（旧仙北町北小学校）11代校長（大正9年3月～大正15年6月）。（千葉氏の教授）

・時郎／明治26年生、昭和38年70歳没。花館小学校向い加賀谷馬之助実弟、新潟医専大正6年5月卒業、第四回生。一時神宮寺で開業。結婚。当時九州小倉にいた母方の伯母夫婦（伊勢氏）の勧めで大正10年頃九州へ移転、福岡県宗像郡津屋崎町居住（昭和34年）。

・キキヱ／明治32年生、昭和8年35歳没。先代新五郎氏妹。

・キツ／「安房守のばあさん」と敬愛され八幡神社境内の御蔵、神明社に住す、昭和16、17年ころ頃没す。

・当主大姉／大正6年秋田生、元新日本製鉄副社長、君津製鉄所長嶺次男氏夫人。

・当主姉／大正12年九州生、医者ふなつ氏夫人。医系家族。

・当主／昭和3年九州生、建設関係で活躍。息は東大卒、大手商社勤務。

むすび

以上、ここまで三節に及んで当社の神主職を歴代襲継してきた斎藤伊勢守家、同安房守家を考察してきた。これによって資料の制約から精粗はあるが、一地方八幡神社の神主系譜をそれなりに明らかにし得たと考える。当地域にとどまらず周辺や仙北三郡の歴史研究にも何らか貢献するところがあろうと思う。これを日本史の視点から俯瞰すれば、大げさな言い振りになるが、中世における一地方の神祇祭祀と支配統治の関係、近世における一地方社家の有り様などの研究に裨益するはずである。

資料一　斎藤氏伊勢正家《いせのかみけ》系譜（「月の出羽路」『菅江真澄全集七』）

○十三代殿内盛方　　延宝元年（一六七三）去

○十四代伊豆守盛光　元文三年（一七三八）去

この伊豆守、幼名を宮三郎と申す、十七歳のとき父殿内病死、其のみぎり母方実家の三本杉村（私注、当地地内）へ引取り養育す、其の時神職なれど俗名は与平治と申し、再び神宮寺村に移り、与平治の男官途し安房守と改名し八幡宮の神主と相成り、

・殿内代まで八幡の社内に八間に廿五間の御免地拝領いたし先祖の代より住居し来たり候所、今は安房守の屋敷と成り、郷中より公儀へお願い申し上げ候処、三間に廿五間処御免地拝領に相成り住居仕り来たり候、

資料二　神宮寺郷古記由緒録（「月の出羽路」『菅江真澄全集七』）
○この安房頭《あわのかみ》、先祖は俗名与平治と申し候由、天和元年（一六八一）先の神主の家断絶に付き願い申し上げ神主職となり安房正と号す、同年屋形様へ御見目相済む
○往古の神主は今斎藤伊勢頭と申す社人あり、この家両度断絶致し候て神主職も失い申し候由、天和の末（一六八四）に八幡宮御祭事に、この伊勢正末子出勤せしが、又この家断絶いたし候て、享和二年（一八〇二）他よりこの家を継ぎ申し候、今は同社の御祭事に出勤致さず候、当時（私注、今）枝郷八石村神明宮の祠官と相成り申し候

資料三　神主当代斎藤安房頭盛喜条（『神宮寺村旧記帳』文政九年惣改）
○この安房頭の先祖は矢嶋貝別当村より参りし者にて俗名を平治と申す者にて候由、天和元年（一六八一）先の神主斎藤伊勢頭家絶電に付き、この者神主の職に願い申し上げ候て、斎藤安房頭と号す、吉田官位致させ、それより屋形様へ御見目相仰付けられ候、
○往古神主は今は伊勢頭と申す社人ありと申し候、右家両度断絶いたし候に付き、神主職も失い申し候由、
○天和の末（一六八四）八幡宮式会《しきえ》に当神主に付属して御祭事に出勤せしが、又家跡絶て享和年中（一八〇一～〇四）他よりこの家を継ぎ、今は同社の御祭事に出勤致さず候、当時（注、今）枝郷八石村神明宮と中瀬竜光宮の祠官なり、

資料四『相馬家文書』（神宮寺八石相馬家）

○斎藤安房正先代は矢嶋領貝別当村傳之丞と云う者の由、寛文年中（一六六一〜七三）本郷大沢村清七と云う者、郷内役方悪しき事見い出し、奏乱に及び、国主生駒主殿頭江戸ご在住なれば、則ち江戸表へ披露あるべしとてこの傳之丞、長兵衛と云う者二人をかたらい云々（いわゆる「清七訴状」に連座）、

○この傳之丞、神宮寺村に替り斎藤新五郎と云う者へたより住す、其の頃新五郎娘あり、それへ見合い與兵治と名付く、郷中の諸用役を致せし由に候、

○其の頃八幡宮神主斎藤殿内家断絶に及び、男子二歳なる者一人残りし由、これは続縁の遠月村（私注、当地地内）小兵衛に長く預けらる、後に伊豆守なり、

○殿内断絶ゆえこの與兵治八幡宮禰宜となす、則ち天和元年（一六八一）吉田官頭安房正となり神主となす、同年則ち御見目の社家となる、これ重衛門の致せし由、

資料五　相馬氏家系譜（「月の出羽路」『菅江真澄全集七』）

○神宮寺村社人斎《まま》東伊勢頭先祖、往古より同所鎮守八幡宮の神主職たりし由。殿内と云いし先祖断絶、其の時二歳なる男子一人残りしかば、続縁なれば遠月村の小兵衛家に養育し成長なして上京し、吉田に於て八幡宮の下社家祠官に仰渡され、三月三日流鏑馬の役たり、

○其の子伊勢頭また絶転し、享和三年（一八〇三）楢岡村なる丹右ヱ門というもの此の家を継ぎ宮三郎という。文化四年（一八〇七）上京官途し伊勢頭と成りしが、八幡宮の下社家には安房正添《てん》

箇《かん》あらざればなる事あたわず、かくて八石村の神明宮祠官にて相続来り、

（注）初めの断絶後、伊勢守後継は「吉田に於て八幡宮の下社家祠官に仰渡され」たのであるが、二度目の絶転では文化四年（一八〇七）官途を果たしたものの、安房正から添簡（添状）が得られなかったため八幡宮の下社家に就任できなかったと読める。「今は同社の御祭事に出勤致さず候」（資料二、三）とはこの事を意味するか。このため枝郷八石村の神明宮などの祠官を勤めたのであろう。

資料六　八幡宮ノ神主斎藤氏歴世累代（「月の出羽路」『菅江真澄全集七』）

○延宝九年（一六八一）官途斎藤安房守（『郷土誌かみおか』注によれば一代盛房、以下同）
○享保八年（一七二三）官途斎藤土佐守（二代光寛）
○寛保三年（一七四三）官途斎藤長門守（四代盛運）
○寛政元年（一七八九）官途斎藤安房正（四代盛方）
○文政五年（一八二二）官途斎藤安房頭（当代盛喜）

（注）延宝九年（一六八一）は同年九月に天和に改暦されているので天和元年と同年である。

（別稿）義民清七の真相

（前掲ぬめひろし『小さなむらの歩いてきた足跡』抜粋）

江戸時代中期、矢島藩生駒氏の知行地大沢郷宿村では代官名主の不正な物成（年貢）徴収や共有郷山の不正売買によって村民は困窮していた。この不正は元禄五年（一六九二）から続いていた。これ

に耐えかねた豪農の息子進藤清七、百姓伝之丞らは矢島の御会所（旗本役所、陣屋）へ訴え出たが埒《らち》があかず、ついに生駒氏の江戸屋敷へ訴え出るため宝永元年（一七〇四）四月江戸へ上った（注、ただし、この年は必ずしも確定的でないと仄聞する）。有名な矢島の仁左衛門一揆から二十七年下った年である。清七らの四十ケ条と伝えられる訴状はどうにか江戸屋敷御役中へ届けることに成功したが、詮議ではどうしたわけか清七はいくら尋ねられても一言も口を開けず、清七の訴状はうそにということになってしまった。居合わせた伝之丞も尋ねられたが一言も口をきかず、ついに伝之丞は清七にだまされとして訴状は誤りの証文であると認めた。そのころ郷里大沢郷では修験山伏が大勢集まって清七口止めの修法《ずほう》を何日も行なっていた。この不可解な事態は実は不正な代官名主やその場しのぎの藩役人の思惑、それに子の命や家の存続を願う清七の父の衷情などか複雑にからまった結果であろう。清七は斬首され、首ははるばる故郷に送られて追分の地に首塚が築かれた。今も「義民清七」として追悼供養が続けられている。後に伝之丞は秋田領神宮寺に与兵治と名を変え八幡宮の禰宜になった。

第四節　紀州野上八幡宮からの移転説の検討

はじめに

一九九八年四月浦和市（当時）在住の吉川徹氏から私は、労作『由利地方中世史拾遺』一九八六を恵贈された。同著の中で神宮寺八幡と長井斎藤氏について調べてあると添状に記されてあった。当時私は当地域の歴史研究に取りかかった頃で、身近な関心事である当地八幡神社の由緒や宝物について当家文書などを整理閲覧し、論考の作成に取り組んでいた[01]。ちなみに地域史の研究は身の周りの関心事から起こるとするのが当時から変わらぬ私の信条である[02]。

私は吉川氏の労作を一気に通読再読し、ことに当社と長井斎藤氏ついて考察した所収論文の「室町期由利地方における斎藤氏」を精読して、ただただ吃驚仰天《びっくりぎょうてん》するばかりであった。理由の第一は本論の初出が本荘市文化財保護協会発行の『鶴舞』第四十一号、一九八〇であるとし、追考論文が同第五十一号、一九八六に掲載予定と記されてあったからである。当方が取り組む十八年も前に当八幡神社に関して、いわゆる郷土史研究のレベルをはるかに凌駕する精密な先行研究が「在野」を標榜する氏によってなされ、以降も関係研究が継続されていることに一入《ひとしお》の感慨を覚えたからである。そして、その事に当方が少しも気付かなかったことは正直いって衝撃的であった。理由の第二は駆使されている史料の多さ、論理展開の緻密さ、大胆に描かれる史想の豊かさ、それにゆるぎない論文の作成手法に接して、しみじみと己が浅学を知ったからである。以来、私は氏を畏敬し、当社に関する拙稿を作成するごとに氏に送付して教授を願ってきた[03]。

その後、私は当社神主と密接に関係する神宮寺斎藤氏の系譜について研究を開始し、地元の先学である伊藤忠温氏の助力を得て、其の一（『北方風土』四一、第一節収録）、其の二（『同』四二、第二節収録）、其の三完（『同』五一、第三節収録）と続いたが、当社神主の移転元とされる紀州野上八幡に関しては資料が限られ、充分に検討できない憾みがあった。

その後、私は平成十五（二〇〇三）年度の一年間、伊勢の皇學館大学で神道学を専攻したのだが、あるとき学友に野上八幡宮宮司の薮眞夫氏の子息兄弟がおられることを知った。今にして奇しきご縁と思う。早速右の事情を話すと、同年十一月大部の『野上町誌』（和歌山県海草郡野上町、一九八五）と、『野上八幡宮誌』（同宮刊行、執筆編集森本喜代一氏、一九九七）の二冊が当方に恵贈された。さらに二〇〇四年一月、先に当方からお送りしていた前掲小論（其の一）に対する懇切な所感およびご教授が、森本喜代一氏から宮司薮眞夫氏を経由して当方に恵贈された。こうして野上八幡宮の由緒と周辺事情は現状知り得る限りでかなり明らかになった。よって本論の主要な成果は私に属するものでないことを確認し、その上で若しも過誤があるとすれば偏に私の責任であることを明言し考察に入った。

一　神宮寺長井斎藤氏に関する吉川氏の所説

1、所説の粗筋と根拠

初めに吉川氏の所説の要点を見てみよう。

イ　衰運の長井斉藤氏が宮道国平を頼って神宮寺付近に下向し、神官の地位を国平から与えられたといわれている。このように長井斉藤氏は鎌倉時代初期から仙北郡神宮寺に移住し、この地方の豪族となっていったと推定される。そして長井斉藤重高は、この神宮寺の長井斉藤氏の子孫ではあるまいか。しかしながら神宮寺の長井斉藤氏がいつ由利地方へ進出したのか、またいつ仁賀保領主になったかは明らかではない。（前掲拾遺、八八頁）

ロ　仙北神宮寺の名族長井斉藤氏は、いつの頃か不明であるが、由利地方へ進出し、仁賀保領主になった。室町中期の頃（応仁元年〈一四六七〉九月中旬との伝えがある）、時の領主斉藤重高を旗頭として由利十二頭が寄騎した。（右同、九〇頁）

つぎに、同氏がこのような新しい所説を立てられた根拠は次のようである。

ハ　津軽斉藤系図は、その出自を紀州小川としている。紀州小川は岩清水八幡宮の神領である野上（和歌山県海草郡野上町）内の一邑で野上八幡神社の近傍に位置している。このことから、津軽斉藤氏の祖先は、岩清水八幡宮の末社野上八幡神社に仕えていたが、何かの事情で同じ末社の出羽仙北の神宮寺八幡神社に仕えることとなり、神官長井斉藤一族となったと考えるならば、両伝

承は出自についても結びつけられる。（右同、九〇頁）

2、所説の委細

つぎに、長文にわたるが、前掲吉川氏論文「室町期由利地方における斎藤氏」から出来るだけ忠実に所説の委細を抄出する。なお「斎藤」は論文に従い引用では「斉藤」とする。括弧内の小見出しは編者が付す。

イ　仁賀保領主長井斉藤氏に関して

①本荘市誌編纂委員会編「由利十二頭記」所収の小林緑郎氏所蔵「羽州由利十二等記」をもとに、これを修正すると、応仁元年（一四六七）以前から長井斉藤氏が仁賀保領主であり、その後に信濃から仁賀保へ小笠原大和守が下向したと解読できる。

②小松春松氏所蔵「由利十二頭伝記」との関係では、既に打矢義雄氏が『鶴舞』誌上で指摘の通り、右小林本と小松本は仁賀保方面の人の手になることを推定し、うち最終記事と行文体裁から小林本の方が成立が古いことを示唆していることを併せ考えると、小林本の記述が仁賀保方面の原伝承に最も近く、伝写される間に小川喜久三氏所蔵「羽州由利伝来十二頭記」の注記となり、さらに小松本に変形していったと考える。

③よって小林本が伝えるとおり仁賀保方面の原伝承は、

・十二頭は仁賀保領主長井斉藤重高を旗頭《はたがしら》とする寄騎《よりき》で、その年代は応仁元年九月中旬との伝えがある（九〇頁）。寄騎とは与力すなわち一揆の盟約をさし、由利衆の一揆盟約がこの頃成立したと想定する（九七頁）。

・その後信濃の武将が由利地方へ下向し、（十六世紀前半の頃、九〇頁）小笠原大和守が替わって仁賀保領主となった。

ロ　長井斉藤氏の出自に関して

④鎮守府将軍藤原利仁の子叙用が斉宮頭に任ぜられ、斉宮頭藤原を略して斉宮叙用と呼ばれた。その子孫は加賀、越前疋田、越前吉原、美濃等に分かれるが、越前吉原の一族斉藤実盛は、武蔵国長井庄（埼玉県大里郡妻沼《めぬま》町）に移住し、長井斉藤実盛と称した。これが長井斉藤氏のおこりである。

⑤実盛は初め平治の乱に源義朝に仕えて功を挙げたが、後に平宗盛に仕え、木曽義仲の軍と北陸路に戦って討死した。斉藤実盛の家来であった宮道《みやじ》国平は平氏滅亡後源頼朝に仕え、文治五年（一一八九）大河兼任の乱が起ると工藤行光・由利維平らとともに奥州に出陣した。

ハ　長井斉藤氏の神宮寺下向に関して

⑥乱の平定後、建久元年（一一九〇）源頼朝は神宮寺八幡神社を修築した。この八幡神社はもと源義家が後三年の役に出羽出兵の際、式内社副川神社に接して私に源氏の守護神石清水八幡宮を勧請したのが起源ではないかと推定する。

⑦建久元年（一一九〇）源頼朝は神宮寺八幡神社を修築のとき、宮道国平は中原親能とともに奉行をつとめ、この後、国平は神宮寺八幡神社の管理と周辺の村々の支配を頼朝から委ねられたと考えられている。そして、衰運の長井斉藤氏が宮道国平を頼って神宮寺付近に下向し、神官

の地位を与えられたという。

⑧このように長井斉藤氏は鎌倉時代初期から仙北郡神宮寺に移住し、この地方の豪族となっていったと推定される。そして長井斉藤重高は、この神宮寺の長井斉藤氏の子孫ではあるまいか。しかしながら神宮寺の長井斉藤氏がいつ由利地方へ進出したのか、またいつ仁賀保領主になったかは明らかではない。

二　津軽地方の伝承に関して

⑨青森県南津軽郡岩楯町斉藤氏所蔵の「津軽・斉藤系図」（次掲）もまた、斉藤氏が一時仁賀保領主であったと伝える。

⑩これによれば斉藤氏の出自は紀州小川である。後に出羽十二国（すなわち由利十二頭）の一つにかぶ（すなわち仁賀保）領主となった。斉藤修理進のとき（吉川氏の考察によれば実は五代斉藤民部の代、すなわち室町中期又はそれ以後の十六世紀前半頃と推定する）、兵乱のため仁賀保を去り、秋田へ出てついで津軽へ移った。津軽石川地方に定住し、時の支配者南部氏に仕えたが、間もなく南部氏に替って同地の支配者となった板垣氏の配下となった。

⑪両伝承（小林本、津軽斉藤系図）は斉藤氏の出自に関する記事は一致せず（長井斉藤、紀州小川）、仁賀保領主となった時期も明らかでないが、仁賀保領主としての活躍時期と退去の時期が一致しており、同一事実に関する記憶に基づくことを示すように思われる。

○津軽・斎藤系図（抄出）

一斎藤と名乗事

本来ハ紀州の小川ヲ名乗る、さりなからすゑすゑの次第不入間、それそれの出所をおほゆる也、たとへハ出羽十二国の下に、又にかぶと申す地有、それよりわかる也、其の時のにかぶ殿をハ斎藤修理進と申せしが、出羽の内兵乱なれば、にかぶなとさたかならさるより、秋田へ出て津軽へ参り、石河を切り明けるも程なく、南部より板垣殿に進ぜ為せられ候、是非に不及、家風になる、右の修理進よりの伝、

○─○─斎藤修理進　藤原宗慶
　　└同総領蔵人頭藤原忠慶

これより分始まる次第（略）

出所　岩手県教育委員会編『岩手県中世文書』下巻、一九八三

ホ　長井斉藤重高、斉藤修理進に関して

⑫長井斉藤氏が一時期、仁賀保領主であったという伝承は事実と認めてよいのではあるまいか。長井斉藤重高と斉藤修理進については、この二人が同一人物であるとする積極的な材料は見当らないが、またあながちそれを否定することも出来ないように思われる。

へ　神主斉藤氏の移転に関して

⑬津軽斉藤系図は、その出自を紀州小川としている。紀州小川は石清水八幡宮の神領である野上荘（和歌山県海草郡野上町）内の一邑で野上八幡神社の近傍に位置している。

⑭このことから津軽斉藤氏の祖先は石清水八幡宮末社の野上八幡神社に仕えていたが、何かの事情で同じ末社の出羽仙北の神宮寺八幡神社に仕えることとなり、神官長井斉藤氏の一族となったと考えるならば、両伝承は出自についても結びつけられる。

二　研究初期の私見

如上の吉川氏所論に対し、私の初期研究である前掲小論（其の一、二）では、「1神宮寺斎藤氏は長井斎藤氏の系譜」「2棟札からの検討」「3当地の伝承」「4当地頭民部殿」の考察を経て、今後の可能性として次の如く小括した。

すなわち、先に見たとおり神主伊勢守は実盛の系統を主張する。また中世南北朝期加賀国から落ち来った冨樫氏主従を当地で迎えた斎藤藤四郎家には実盛後胤の伝承がある。こうした事をもって神宮寺斎藤氏はひとまず長井斎藤氏の系譜と推断される。さらに神主斎藤氏の祖は近江国栗本を本所とするらしいと推定できたが、ここからは今のところ仁賀保、津軽斉藤氏、野上八幡神社の影が直截には見えてこない。しかしながら吉川氏指摘のとおり、先学は神宮寺斎藤氏について「国平からの系譜を連綿と受け継ぐ領主層」へ発展したことを示唆する[04]。また戦いに破れた平氏系斎藤氏が十二世紀末頃から出羽など北国を新地として移住したらしい。私の父方曾祖父の生家である斎藤助右衛門家（旧西仙北町円行寺坂繋）に伝わる系図は木曽義仲に破れ武蔵国児玉郡から移住したと伝えるが、長井斎藤氏の武蔵国大里郡長井庄と児玉郡は現埼玉県の北部に位置し距離的に近い。坂繋は仙北平野北部から由利地方に抜ける街道筋に所在し、武門から転じた斉藤助右衛門家は代々豪農を誇った家柄である[05]。したがって、こうした平氏系斎藤諸氏の中からか、或いは国平からの系譜を連綿と受け継ぐ領主層へ発展した神宮寺斎藤氏から、仁賀保へ進出した一族が出なかったとは言えない。長井斉藤重高に冠される領主とは、極言すれば侍大将の程度だったとも推定されるので、それだけ可能性は高まると考えてよい[06]。しかしながら（再度であるが）、これまでの歴史研究の示すところでは、由利十二頭（党）は由利氏の子孫とされる滝沢氏等をのぞいてほとんど信濃国小笠原、大井、根井の流派とされ、長井斉藤重高の仁賀保氏もこれに属することに異論を挟まない従来の見解をいかに打破するかという課題がのこることも事実である[07]。

三　森本喜代一氏の教示、他

1、森本氏の教示ならびに諸調査

小川八幡宮、小川荘

○鎌倉時代初期に石清水八幡別宮が小川に創建されていたかが重要なポイントであるが、この点は肯定される（森本氏）。

○小川は小河とも書く。平安末期～鎌倉初期には石清水八幡宮領野上荘内の佐々小河村と見える。鎌倉期には北隣の柴目村と並称され、神野真国荘《かんのまぶにのしょう》内に含まれた（『角川日本地名大辞典』和歌山県）。

○小川は海草郡野上町（現在、紀美野町）にあり、小川八幡宮は同町福井に鎮座する（紀美野町HP）。

○由緒書によれば小川八幡宮は同社欽明天皇の代（五四〇～五七一）宇津尊島より大和比木嶺に移り、それより紀州国へ移り生石山下、小川に造営した。一条院の代（九八七～一〇一〇）石清水八幡の別宮となり、放生会その他の神事は同社の例に準じた（森本氏）。他方、永祚元年（九八九）生石神社を勧請して小川荘の氏神としたが、小川八幡が小川の氏神であることに変わりはなかった（森本氏）。

○（十三世紀後半）小川の地は小川八幡宮の別当であったらしい玄親律師（根来の僧）の下で、柴目とともに石清水八幡領であった。（出羽との関係では）、今後玄親律師の解明が必要となろう（森本氏）。出羽との関係とは吉川氏の前述「何かの事情で同じ末社の出羽仙北の神宮寺八幡神社に仕えることとなり」をさすと推察される（私注）。

○或いは斎藤氏は石清水の御神霊を拝受して、小川の宮に安置し来ったとも想像される。また野上八幡宮の創建のとき葛葉郷（私注、後述野上八幡検知職の本地、京都の一郷か）から野上に来た人と同じように創建の労役に従ったのではないかと空想する（森本氏）。

○承久二年（一二二〇）石清水八幡検校藤原祐清が娘得子に譲渡した地名に「紀伊国小川、柴目、（略）」などとある（「石清水文書」、文書では得寿姫）。得子はのち後鳥羽上皇の皇后となり美福門院と称された。野上八幡宮の社地は美福門院の領有地であった（森本氏）。

○小川八幡の神宮寺創建の記録はないが、別当寺として存在し、山号を応神山とした（森本氏）。

○神職については確かな記録がない。『紀伊続風土記』に見える神職馬場伊織は天保年代（一八三〇）からの神職である（森本氏）。

野上八幡宮、野上荘

○野上荘は平安期~室町期に見える荘園名。野上八幡宮は右野上町（現在、紀美野町）小畑に鎮座する（『角川日本地名大辞典』和歌山県、紀美野町HP）。

○神功皇后が三韓遠征の帰途誉田皇子（後の応仁天皇）と共に当地に逗留の故をもって、欽明天皇（五五〇年代）の宣命によって、応仁天皇の霊を勧請し、八幡宮を建立した（「社前資料」）。

○永延元年（九八七）石清水八幡宮の別宮となる。治安二年（一〇二二）以前野上荘は石清水八幡護国寺の根本の荘園（租税免除）となる。万寿二年（一〇二五）紀伊国三分一をもって大造営、同四年放生会その他神事一切を石清水八幡宮の社例に准じて行うべしとして、石清水から神職葛葉氏を検知職に補任、熟田二百十町歩を以て神領とし、当宮を中心とした荘園統治が行なわれた（「社前資料」、『野上八幡宮誌』）。

○葛葉氏は武内宿禰を祖とする僧行教（石清水八幡の創祀者）の三男紀今守の子孫と伝え、検知職（別宮の神事執行の最高責任職）を代々継ぎ（応仁の乱後は補任行なわれず、以降神職として明治維新まで連綿として勤仕した（『野上八幡宮誌』）。

○中世期では右検知職のもとに別当職（武部氏一人）、神職（検知職を含め九人）、供僧（創建当初からの本供僧六人、新供僧二十人）、神子託言（一人）、神楽役（神人）二十四名などであった。別当職は検知職の補佐役として事務統制の中心的存在であったが、八幡宮保護の武力面を担当、祭礼では放生会流鏑馬の浄祓と国家安全の祓えを勤めたらしい（『野上八幡宮誌』、『野上町誌』）。
○天文十年（一五四一）根来衆により全社焼失、弘治三年（一五五七）真賢上人により再建が開始された（「社前資料」）。以降の当社復興の原動力は真賢上人の熱情と宮仲間の誠心が結集して、野上の風土を作り上げたのではないかと思う（森本氏）。一説に永禄（一五五八～七〇）から元亀年間（一五七〇～七三）にかけて、本願寺の僧真賢らが再興、同時に本願寺と神宮寺を建てたが、この両寺は明治の神仏分離のとき廃絶した（『郷土資料事典』三十、和歌山県）。
○八幡宮本殿、拝殿および摂社の三本殿、さらに太刀一腰が国宝指定されるなど多数の重要文化財を所蔵する（「社前資料」）。
○最も大事な事は野上には往古から「神に仕える美風」があるということである（森本氏）。

小川と野上の関係

○小川（河）荘は平安時代に暫時であるが、神野真国庄に属して鳥羽院領から神護寺領となったものの、往古より高野寺領として高野山の支配下にあった。他方、野上荘は石清水八幡領であり続け（『野上町誌』）、「東限は応神山として、現代の西福井（佐々小河）と奥佐々（佐々村）が含まれた」（森本氏）。
○小川の地と石清水末社（野上）の関係は吾々でも明言できない。小川八幡と野上八幡はいずれも石清水八幡の別宮であったが、野上八幡から出羽へ移住したとする論は小川八幡からの移住と考えられる（森本氏）。

中原家文書

恵贈された『野上八幡宮誌』に掲載されてある同社年表に引用された「中原家文書」に私は注目し、この中原家が鎌倉時代に法務官僚として活躍した中原一門の系統であるならば、とくに中原親能と猶子能直との関係が知られるならば、本論の目的は一挙に達せられるのではないかと期待し、二〇〇七年八月大阪府高槻市居住の森本喜代一氏宛てにお尋ねの書状を出状したのであるが、なんと氏は二〇〇五年八月ご逝去されておられることをご長男から知らされ、私は驚愕し心から御霊の安からんことをご祈念申し上げた。この究明は諦めきれず調査を続けたが、京都から下向した中原氏が荘官として荘内に支配を及ぼしたに違いないが、中原親能らとの関係までは明らかにし得なかった。

現在の海南市原野に住する中原氏は、当荘（注、野上荘をさす）が開発された時荘官として京都から下向したとも伝えられる旧家で、北山山守職・下殿村番頭職に関する文書を相伝している。北山山守職は当荘北山の管理にあたるもので、（略）下殿村番頭職は野上八幡神社の宮座における同村の総代をさす（『角川日本地名大辞典』和歌山県）。

2、森本氏見解の要点

如上のような森本氏の見解などから推察される要点は次のとおりである。

イ　小川、野上の両八幡は斎藤氏が紀州から移転した時期と目される鎌倉時代初期には石清水八幡の別宮であった。したがって移転の可能性があろう。

ロ　出羽への移転があったとすれば小川八幡からの移転の可能性が高い。ただし小川八幡については別途の研究を要する。

ハ　小川、野上の両八幡に斎藤氏との関係を示す直接の史料はないが、否定する史料も見えない。こうした中で出羽（由利）仁賀保から移転した津軽斎藤氏が自らの出自を紀州小川とする伝承の意味は重い。

ニ　中原氏を称する一門が野上荘の開発当初から荘官として現地にあったことは斎藤氏の移住を考える上でなお考察されてよい。

むすび

本節では吉川氏の所説をかなり明らかにし得たと思う。これに対する検討、検証は野上八幡宮に最も精通されておられる森本氏の懇切なる教授を得ても、なお至難であることが如上の叙述からも推知される。史実の探求は容易でないことを痛感する。にもかかわらず京洛の岩清水八幡、紀州の野上又は小川八幡、当地出羽の当社が歴史の糸で結ばれているのではないかという吉川氏の所説は限界を含めかなり明らかにし得たと思う。神宮寺長井斎藤氏が紀州から移転したとすれば、斎藤実盛を始祖として武蔵国長井荘に起こったとされる長井斎藤氏と紀州野上八幡との関係はさらに研究を要する課題である。さりながら本論は野上八幡宮宮司薮氏ご子息とのご縁から現状知り得る限り最高の教授を森本氏からいただいて、当地と私にとって抜き差しならない吉川氏の所説について再度検討を試みることが出来たところに意義を認め、私は得心する。森本氏の教授は最初にして最後の貴重な教授となった。吉川氏の所論は日本を西から東へ、南から北へと往来し、本州最北の津軽にまで痕跡をとどめた神主豪族斎藤氏の去来ともかかわっていて、史実探求を超える歴史のロマンを覚えさせる。むすびに関連して、掉尾になるが関係二題を記したいと思う。

「伊勢での学友」

私の、伊勢での神道学専攻の学友に、薮野上八幡宮宮司のご子息兄弟がおられたことは先述したが、当時、兄洋平氏と弟雄二氏はともに偉丈夫の礼儀正しい好青年であった。毎朝皇學館大学正門に向かう坂道を、修練用の衣裳を詰めた黒カバンを手にし姿勢正しく上って行くお二人の風情は今にして印象深いものがある。洋平氏は後に累代の紀州野上八幡宮の宮司に就任され、長く賀状を頂戴していたが、いまだご参拝できていない。雄二氏は(仄聞の当時)首都圏の由緒ある大社に勤仕されておられるようだったが、このような清々しい神職によって勤仕される神々はきっと国土の平安と人々の仕合せを守り給い幸え給うて下さるに違いない。

「後鳥羽天皇の宣示」

二〇〇七年(平成十九)七月、佐竹氏累代の文物を収蔵展示する「千秋文庫」が主催する古文書研究会(中世文書の研究、月二回)に参加していた私は、講師の本郷和人東大情報学環部准教授(現在東大史料編纂所教授、著作・テレビ出演で大活躍中)から、文治二年(一一八六)四月廿五日付後鳥羽天皇の宣示(『又続宝簡集』)を学んだ。それは野上庄内の「佐佐小河村」で押領や刃傷事件を起こした神護寺僧（有名な文覚上人の弟子）に仔細を弁明させよとの命令で、この講義で図らずも当時の野上庄および佐佐小河村、神野真国庄の状況を学んだ。長井斎藤氏の関係までは見えなかったが望外の学習となった。これに関連し私は森本氏が指摘された「承久二年（一二二〇）石清水八幡検校祐清が娘得子、即ち後鳥羽上皇皇后の美福門院に譲渡した地名に「紀伊国小川、柴目（略）」を想起し、野上八幡宮の社地が美福門院の領地であったことを改めて承知した。

第四節　注

（01）『秋大史学』四四、一九九八・三に掲載された小論「神宮寺八幡宮之由緒並びに参詣祈願之事」がご縁であった。

（02）この信条は決して独りよがりのものではない。戦後の地方史研究を先導された有力な一人である木村礎の「地方史研究の背景と現況」（木村礎・林英夫編『地方史研究の方法』新生社、一九六八）に同趣旨が記されてある。なお右両氏編『地方史研究の新方法』八木書店、二〇〇〇では近年の地方史研究のあるべき新方法が示されていて座右に置いている。

（03）とくに追考論文「由利十二頭記諸本の成立とそれらの系統―由利十二頭記に関する一素論―」では、諸異本二十六をあげ、その構成、記事分析からその成立と系統を逐い、結論として小林本（後掲）が祖本に最も近いが、小林本でも慶長期の記事においてすら、すでに年代の錯誤が生じているとする緻密な調査研究手法に刮目させられた。また打矢義雄氏等の先行研究に対する律儀な引用手法はとかく自他の成果を混同しがちな風潮の中で一陣の清風に接する思いであった。

(04)加藤民夫「神岡町」『角川地名大事典』5秋田県、一九八〇。

神宮寺村には宮道氏とその一門が深く根をおろしていた。一四世紀中頃、神宮寺村をはじめとする山本郡内の数十か郷地頭であつたと記された加藤氏も(新渡戸文書)、またこの頃、当地に曹洞宗宝蔵寺を開き十五世紀まで館を構えていたと伝えられる冨樫内城氏(大曲内城由緒記)も斎藤一族である。(略)神宮寺村に国平からの系譜を連綿と受け継ぐ領主層が深く根をはっていたさまがうかがえる。

(05)『斉藤助右衛門家系図』(西仙北町円行寺坂繋)

先祖は武蔵の国児玉郡一城の士斉藤主殿守兼貞、寿永二年(一一八三)七月木曽義仲のために打ち亡ぼされたり(兼貞没元久二年、一二〇五)。当代二四代(平成元年)。

(06)戦国末期の段階で岩屋八百四十五石・石沢三百九十八石という程度の勢力で、最も大きな仁賀保や矢島でも、慶長期の史料から逆算して千五百~三千石ぐらいのものと認められるから、世に有名な由利十二頭の大きさは「侍大将」という程度のものであったろうという(新野直吉『秋田の歴史』平成元、七五頁)。これに対して私は由利郡の領域の広さ、温暖な気候から比較的高いと見込まれる生産性から、十二分の一(十二頭)にしてももっと大規模ではなかったかと考えるが、それでも新野氏の推定をはるかに超えるものではなかったであろう。

(07)『秋田県史』第一巻、一九七七、四二四頁。

第五章　神宮寺住僧の系譜
——神宮寺文書などの考察——

はじめに

神宮寺は神仏習合思想によって奈良時代の八世紀、まず地方から出現した。大仙市神宮寺では式内社副川神社を継いだ八幡神社に神宮寺が付置されたが、そうした経過の故にか副川神社そのものが古代に社僧によって開基されたという伝承をもつ[01]。全国の神宮寺数が最大になった江戸時代過半、幕府の調査で把握された神宮寺は全国で三九六ケ寺あった[02]。そのうち地名にまで転化した箇所は近年の調査では全国に十八所あるが[03]、由来を古代式内社か式内社流神社に付置された神宮寺に求められるところは少ない[04]。当地では神奈備の嶽山《だけやま》に対する地元神の信仰に始まり、古代には式内社の副川神社、中世には式内社流の八幡神社という形態で神社が連綿し、北方の地としては早い時期に神宮寺が発達したという際立った特徴をもつ。

社僧は神宮寺の主役であるが、仏式をもって祭神に奉仕した。八幡系や権現系の神社では別当と称され、神主に優位して社務を差配した[05]。当地では真言宗華蔵院《けぞういん》（おおむね初期は華蔵院、後期は花蔵院。本書では資史料に従い混用する）が神宮寺として八幡神社の別当を勤めた。在俗の八幡神社神主は代々世襲であったが、出家の花蔵院社僧に世襲はありえず師から法弟へと法脈によって継承された[06]。こうした当地神宮寺の法流と社僧系譜の究明をめざす本章では伝承や資史料の中から事実を発掘整理し相互の諸関係を考察する。この分野の研究は有名神宮寺以外は県内外でも殆ど行なわれておらず、当地の事例によってこれまで主として神仏習合思想、神仏分離史料から進められてきた地方神宮寺の研究に何らか新しい光明をもたらしたい。

一　花蔵院と系図資料

当地の神宮寺という地名は室町初期の貞治《じょうじ》五年（一三六六）の譲状が文書上の初出である[07]。当時、今の仙北郡北西部を支配していた和田繁晴がこの譲状で庶子に譲渡した神宮寺村とは他の地名の比定からも当地に間違いないとされる[08]。こうした地名定着の相当前に当地には神宮寺が営まれたはずである。以降時に無住があったが、ともかく数百年間連綿し、明治三年（一八七〇）神仏分離によって廃寺となった。

花蔵院に関する近世前の一次資料はないが、八幡神社の中世棟札が参考になるほか、近世後期以降であれば菅江真澄の「月の出羽路」（以下「月」）や、神宮寺村から真澄に提供され「月」に収録された「神宮寺郷古記由緒録」（同「由緒録」）などの地元資料がある。さらに寛延四年（一七五一）本寺変更のとき書き改められた相承次第（系図）と関係史料が『花蔵院文書』に収録されてある[09]。このような花蔵院の系図資料につき秋田の神社寺院調査を精力的に推進された佐藤久治氏の分析を要約して引用すると次のとおりである[10]。天台宗とか大同、観応年はのちに検証される。

Ａ　天台宗時代のもの　―（系図）なし　―（大同から観応年）
Ｂ　真言宗仁和寺流時代のもの　―（系図）断片的にあり　―（観応年以降）
Ｃ　真言宗松橋流時代のもの　―（系図）系統的なものあり　―（寛延四年以降）

二　三論宗から真言宗へ

1、伝承の三論宗時代

「月」によれば往古、平鹿郡弥沢木山《やさわぎ》（伊夜沢樹山）奥の小猿沢に古い三論宗の寺があった。小猿山神宮寺（又は神宮密寺）華蔵院と云い、寺の有った小猿沢を神宮寺沢と呼んだが、今は神宮沢と呼ぶ。平鹿郡大森町（現横手市）の八沢木である。ここには今も神宮沢という字名があるが、大猿沢とか小猿沢という字名は残っていない。三論宗は奈良時代の南都六宗とされる学問仏教の一つである[11]。このような三論宗が弥沢木山の奥に扶植されたとする「月」の記述は実証できないが、伝承として受けとめておく。小猿山という山号は小猿沢という地名にちなんだものであろうが、奈良仏教には山号がなかったので[12]、三論宗から転宗以降のものであろう。また華蔵院という寺号は密教系に多く見られ、これまた転宗以降のものであろう。八沢木での当初の寺号は失われた可能性がある。

佐藤久治氏は山号の猿（または後の山号である去河山の「去」）に注目され、山王信仰との関係から天台宗を推定するが[13]、これだけでは当否を決めがたい。神宮寺は多く天台宗か真言宗に属したとか、山北地方で奈良仏教が天台宗から真言宗へ転じたとする伝承を考え併せると[14]、いっとき天台宗の時代があったとしても不思議ではないが、三論宗が真言宗に吸収されたことを重視し、ここでは直に真言宗へ移行したと按じておく。いずれにしても八沢木時代の法流と住僧の系譜は伝承の中にある。

2、保呂羽山神宮寺の創建

初期神宮寺の創建事情につき逵日出典《つじひでのり》氏は、「神の苦悩（宿業としての神身であること自体）を仏力を加えることによって救い、神威を一段と発揮させる（神もまた仏法を悦び歓迎する）。そのために神宮寺を建立する」とした上で、次の興味ある見解を示す。すなわち、①農耕生活の安定（風雨順調、五穀豊穣、疫病除去など）が結果される　②神宮寺創建の推進力は地方の豪族層である　③神宮寺創建に関与した仏徒はことごとく山岳修行者であり、中には官僧もいるが、これとても山岳修行の経験者である[15]。

この指摘は律令制下での初期神宮寺の創建に言及したものだが、こうした事情は時代は下るが弥沢木山で真言宗に転じた神宮密寺花蔵院にも該当し、ここでの神宮寺創建はこのような事情ではなかったかと推察される。つまり、真澄は『雪の出羽路』で、神宮沢にあった古館は大友氏上祖藤原吉親の古柵であったという。大友氏は式内社の由緒をもつ保呂羽山羽宇志別神社《ほろはさんはうしわけじんじゃ》の神主守護である。古柵が大友氏の上祖とされる吉親のものであったか否かは実証できないが、それなりの遺構があったのであろう。保呂羽山周辺には古代以来羽宇志別神社を守護した豪族が交代しながらも連綿したことは事実である。また大友氏ないし羽宇志別神社が山岳修行との関係が深かったことも伝承にある。こうして古代末か中世初のころ当該豪族によって神宮寺が創建されたとすることは無理ではない。八沢木のある大森町は古代の雄勝城や雄勝郡衙に近く山北三郡では早くに開けた地である。八沢木の近くで発掘されている古代中世の遺構とされる観音寺遺蹟は注目されてよい[16]。

三　神宮寺の移転と山号院号

山号とは中国の制を模し、寺院は森閑の境地に在らねばならないとする思想によって寺号に冠される別称である。寺号は文字どおり寺名であるが、院号は寺の別院か塔頭に付けられる。小猿山神宮寺華蔵院のように通常山号、寺号、院号の順に称される。

1、八沢木から嶽下の小沢へ

「月」によれば、当地の神宮寺は元来郷の名にあらず、神宮寺華蔵院の名によって副河嶽が神宮寺嶽と呼ばれたことに因むという。これまで華蔵院が八沢木から嶽下の小沢《こさわ》へ移転した時期として、「月」に記された観応年中（一三五〇～五二）までは小猿山神宮密寺と申されたという伝承によって、南北朝期の観応年のころとされてきた。ところが「神宮寺」といういささか尋常でない寺名が定着して村名となるまでに相応の年数を要したとすれば、前掲貞治五年（一三六六）よりも少なくとも数十年前には移転していなければならないことに気付く。そうであれば移転は鎌倉時代中ごろ（一二五〇代）かと考えられるが、憶測の域をでない。移転の事情を推測すると次のとおりである。

イ　八沢木から峠を越えて楢岡川を下ると、当時当地の主集落（瀬戸村とか千童村と称されたらしい）があった嶽下の小沢につく。近世保呂羽山詣での秋田口は山麓の宮脇から当地をへて羽州街道へでる道筋で、宮脇には神楽殿（室町時代創建）が存することを考えれば古くから往来があったといえる[17]。

ロ　嶽山頂の副川神社が式内社とされ（延喜式完成、延長五年・九二七）、小沢の里宮で例祭が挙行されるなどによって神社体制が整備され、中世に入ると本格的な神仏習合思想の浸透や頼朝による八幡神社の移転再興があって神宮寺を必要とした[18]。こうした中で当時八沢木で衰退していた華蔵院が小沢に移転し、小沢では山号の小猿山と寺号の神宮寺又は神宮密寺を引き継いだと考えることが出来る。

ハ　他方、近年に至って気付いたのだが、如上のとおり当地の神宮寺が保呂羽山周辺からの移転とし、また以降は保呂羽山に神宮寺は見えないので、移転当時、羽宇志別神社では神宮寺を不要とした宗教環境だった筈だが、今のところ委細は明らかにし得ない。なお八沢木と山を隔てた旧外小友村に「十二ケ沢神宮寺沢」という小字名があるが、これが何を含意するかは不明である。

2、嶽下の小沢から隠れ里へ

神宮寺村の本村はやがて狭隘な嶽下の小沢を去り、雄物川をこえて今の家並みがある北部対岸の、雄物川と玉川の氾濫原中の小高地に移動した。当初の八幡神社は村北東部を流れる玉川近傍の、秋田城に通ずる官道ぞいにあったはずと考えるが、建久元年（一一九〇）頼朝によって再興されたとき本村東南部の隠れ里と云われた地に遷移した。以降、この地が安永年間（一七七二～八一）の川欠によって本村東部の谷が岡と呼ばれた現在地に移転するまで社地であった。隠れ里に再興された八幡神社が神仏習合思想の浸透によって神宮寺を必要とするにつれ、嶽下の小沢で困窮していた華蔵院がいつの頃か八幡神社境内に移転し、雄物川（当時は仙北河）辺の小沢を去ったことをもって山号を「去《きょ》河山《かわさん》」と改めたと推測される[19]。ちなみに真澄が「月の出羽路」に収録した「斎藤氏伊勢正家系譜」によれば、「七代伊豆守盛勝（建武元、一三三四）の代に戸沢殿より副川神社に八百刈の田地寄付あり、小猿山神宮寺華蔵院へ神馬ひかせ」から、建久元年の戦国領主戸沢氏の当地支配はあり得ないが、戸沢氏の当地初期支配の年代には、遅くとも神宮寺が付置されていたことを伝える。

四　真言宗仁和寺末

花蔵院の初期住僧として仁和寺系の僧が伝承される。

1、初期住僧

○開基鈍運

「月」によれば、大宝元年（七〇一）に仁和寺の副僧鈍運が副河神社を開基し自ら社僧になったとか、「神宮家文書」所収の秋田県訓令によって作成、提出された一紙（明治三一、三四）は延喜年間（九〇一～九二三）のころ仁和寺山内の尊寿院大僧正鈍運が移転し住したという。ところが仁和寺の創建は仁和四年（八八八）で大宝元年の仁和寺僧の開基はありえないし、延喜年中の移転も無理であろう。また尊寿院初代は寛遍（一一六六没）なので尊寿院でもありえない。こうして鈍運は伝承の開基と云うほかない。

○二代秀西

同じく「月」によれば、小猿山神宮密寺二代の僧秀西は八幡宮社僧になったという。開基の例から推して二代秀西が実質の開山であろう。年代の差から鈍運は法流系譜上の師とみられる。八幡神社の元応元年（一三一九）、長享三年（一四八九）銘棟札は神社に貢献した人物として源頼朝、中原親能らと並んで僧秀西の名をあげるので、秀西は実在の僧として当地に来住したと考えられる。年代をどこに置くか難しいが、正応三年（一二九〇）棟札には見えないので、鎌倉末期の一三〇〇年ころと推察される。

○信西

神宮家文書一紙（明治三一、三四）によれば、仁和寺山内の菩提院小僧正信西が移転住したという。代数とか移転の年月日は不明である。「此の里に止リテ寺ヲ造リ住シ神宮寺ト号ス、正平七年（一三五二）迁化《せんげ》」は妙に具体的で、時代的にも華蔵院が当地に移転して暫らく経たころと見合う。なにがしかの史実の反映を思わせるが、残念ながら資料出所が明らかでない。

2、下向僧

由緒録は「宝暦年巳前は京都より住僧の下向もあり」として二人の僧をあげる。華蔵院が松橋流に転派した寛延四年は宝暦（一七五一～六四）に改元された年であるので、このころまでは仁和寺より住僧の下向があったという意味である。どれほど史実を反映したものかは不明であるが、釈文にして示す。

○玄応法印

玄応法印が下向された。今花蔵院の墓をげの坊という。夏に仙北地方で「わらわやみ」が流行《はや》ると、この病の本復を願って法印の石塔を縄で結び締めて祈念すると、病が全快したことがあった。（注、げの坊は今に存し宝筺印塔が一基あるが、締められた石塔であるかは分からない。）

○快糸法印

快糸と申す法印も下向された。咽（けむり）法印ともいった（注、「のど」法印を称したかも知れない）。この法印が住職しているとき、年々人を捕食《とりくら》う「かっぱ」を生捕って厳しく説教して放してやったことがあり、以降当地では水死の者は一人としてない。（注、かっぱの一件で当地には水死者がないという伝承が今もある。）

3、所縁の僧

花蔵院所縁の僧として覚篤、盛蓮、快遍を掲げる。この三僧は実在の僧である。

○大勧進僧覚篤

八幡神社の正応三年（一二九〇）棟札に大勧進僧覚篤とある。八幡宮再興を勧進して名を遺したのだが、この記述から華蔵院住ではないと判断される。この頃は八幡宮に別当が置かれていたであろうが、著名の覚篤に勧進を託したことになる。

○宮別当盛蓮

同じく長享三年（一四八九）棟札に、大檀那宮別当盛蓮とある。「宮別当」を文字どおり受け取れば当八幡宮別当ということになるが、なお断定しがたい。この盛蓮は八幡神社再興を勧進し大檀那として名を遺したが、当別当であれば系譜にのるべき僧である。

○大阿闍梨快遍

岩手県早池峰《はやちね》神社の慶長十七年（一六一二）棟札に願主の快遍は「本国仙北神宮寺住」「武蔵国倉田明星院常住」とある。また別当岳妙泉寺の文書には「本国出羽仙北神宮寺」と記されている。出羽仙北神宮寺とは通常当地をさすとしてよい。快遍の名は華蔵院系図にないが、仁和寺系として華蔵院と住僧の往来があったとされる羽後町杉宮の旧吉祥院の系譜に見える。先年筆者は当時仁和寺御用であった倉田明星院（埼玉県桶川市）とその兼帯する無量寺（同伊奈町）において明星院住職のご教導を得て快遍の五輪塔に出会った。明星院の快遍は真言宗法流の要所に名をとどめる高僧である。何らか華蔵院の系譜に関係すると思えるが、なおなおの研究課題である[20]。

五　転派動揺

1、転派の事情

地元資料である文政九年惣改《そうあらため》神宮寺村旧記帳に、寛延四年（一七五一）泰応法印の代に久保田宝鏡院の客末寺となったが、その節、「一村の長《おとな》の者の内宝鏡院末山たりしことを延引《のべひき》の由にて村中大に騒ぎ立て、長共《おとなども》二ツの相談と相成り騒動せる由。さりながら終に同寺の末山と相成候」とある。同じく地元資料である八石相馬文書は、「此の相談に四郎左エ門一人不同心にありしと云う」と伝える。本寺替えは異論のある中で強行されたのであるが、異論の理由は何だったのであろうか。伝統の保守か、それとも強圧的な本寺替えに対する反発かなどと推察されるが決めがたい。似たような騒動は他にもある。佐藤久治『秋田の密教寺院』は、湯殿山大日坊が本寺であった行福院（秋田市）では宝鏡院に本寺替えのとき騒動が起こったと伝える。ここで先年著者が宝鏡院文書を解読したときに綴った感慨を思い出す。すなわち、「佐竹氏と特別の関係をもつが故に常陸から当藩へ移住し、またそれ故に当藩において特別の権威を保持した寺院が、それぞれに由緒ある在来の寺院をなぎ倒すがごとくに支配統制化していった事情はもう少し体系的に明らかにされなければならない」[21]。

ところで宝鏡院とは常陸太田から水戸、秋田と佐竹氏に従った佐竹氏の祈願所で、同じく秋田入りした一乗院と領内の新義真言宗を二分し、これに優位し藩内では天徳寺につぐ寺格を与えられた。山号は如意山、本寺は京都醍醐の真言宗松橋流の無量寿院である。騒動の発端は宝鏡院廿五世宥昏が法弟泰応に花蔵院の住職を相続させたことにある。それまで京都から僧の下向が度々あったかは不定としても、仁和寺末として慣例化されていた仁和寺系の直弟子相続がこのとき廃止されたことが騒動の発端になったと推察される。

さて前掲佐藤氏は寛延三年（一七五〇）宝鏡院へ再入院し、宝鏡院二五世となった宥農は実は宥昏ではなかろうか、そうであれば神宮寺華蔵院からの入院であると推定される。宥昏が花蔵院住であった確証は未見であるが、精査すると遍照寺二九世から宝鏡院二五世へ移転していて、宥昬はおそらく若いころ華蔵院に住したのであろう。ところで宥昬の師は宥元僧都である。宥昬が寛延四年（一七五一）泰応に授与した伝法潅頂において自己の師資相承の正当性を主張する一節の中で、「本庄八幡寺宥元僧都に随って具支潅頂の印可を蒙る」と自分の履歴を披瀝している（花蔵院文書）。本庄八幡寺とは本荘市亀井山八幡寺をいい、宥元は八幡社別当である。八世宥元は延享二年（一七四五）没であるが、その弟子快元に注目する必要がある。

すなわち、快元は杉宮吉祥院六五世（改め快春）となったのであるが、この時、「六四世快英は吉祥院が直弟子相続であった寺の慣例を廃して、久保田藩が住職を任命したことに抵抗し、法流書をもち出して上洛し、御所（仁和寺）に訴える。安永三年（一七七四）藩は関所破りの罪名ではりつけにする」という痛ましい事件が起こった[22]。同じく宥元の弟子である宥昬が一村騒動のなかで花蔵院を仁和寺末から藩の人事管理下にある宝鏡院の末寺に本寺替えしたのと同工異曲である。宥元とその法弟の宥昬と快元は藩の宗教施策に忠実なグループであったようである。こうした事柄はこの調査によって初めて明らかにされた事象である。

2、事態の収拾

このような騒動は地元では解決できず、また法親王を門跡とする仁和寺末寺の処分は藩庁でも慎重に対処せざるを得なかったに違いない。宝鏡院宥昬は神宮寺村役人との話し合いによって江戸四箇寺へ願い出て裁決を求めることにした。当時江戸表に訴えることは至難のはずだが、そうせざるを得ない余程の事情があったと考えられる。江戸四箇寺とは江戸の真言宗新義派寺院の触頭をつとめた弥勒寺（本所）、知足院（湯島）、円福寺（愛宕）、真福寺（愛宕）であるが、こういう係争では出羽国を仕切ったのであろう[23]。騒動の結末は宥昬の花押のある次の文書によって伝えられる（花蔵院文書）。

花蔵院の事。午三月中、当寺末寺願いに付き江戸四箇寺へ願い候ところ、当寺末寺に相違無く仰せ付けられ候。之れに依って此の度、花蔵院住泰応、法流の相続を相極め、当院末寺たること分明なり。（略）

寛延四年辛未四月十一日　如意山宝鏡院第二五世法印宥昬　（花押）

こうして相承の正当性を勝ち得た宥昬は、間髪を措かず一連の相続手続きをとった。すなわち寛延四年（一七五一）四月十一日の同日付で大阿闍梨法院宥昬の名において、泰応に対し、①両部大法の印可　②一印契に二つの真言を唱える一印二明の大事　③伝法潅頂の密印をそれぞれ伝授し、相続を完璧なものとした[24]。さらに格式の保持と反対派村人の得心をねらったものか、すかさず色衣御免を願い出たもののようで、宝暦五年（一七五五）に泰応は御所から色衣の着用が認められ、のちに弥勒寺（前掲本所弥勒寺か）から追副《ついふく》によって色衣は香色（黄ばんだ薄赤色）と違っせられた。このような経過を経た本寺替え騒動は、寛政七年（一七九五）幕府の寺院本末調査によって江戸四箇寺が寺社奉行へ差出した出羽国新義真言宗本末において宝鏡院は本寺が醍醐無量寿院、花蔵院は宝鏡院末寺とされ、末寺の中では唯一で一段格上の客末寺と見られてよい表記がなされたことによって漸く結末した[25]。

六　宝鏡院客末（注26、系図a、bは付一掲載）

1、初期松橋流と宝鏡院の関係

松橋流祖　　　松橋流二十世

○（系図a）定海――元海――一海――（略）――尭雅――尭円

宥繁（以降宝鏡院）――宥像――宥深――宥貞――宥惟――宥對

一海（治承三、一一七九没）は醍醐三宝院で定海から職位潅頂を、また定海から三宝院流を相承していた元海から醍醐無量寿院で松橋の心印をそれぞれ授けられ、以降無量寿院に住し松橋流を開いた。宝鏡院との関係は尭円（初め一雅、寛永一三／一六三六没）より宥繁に嗣法され、以降宝鏡院に松橋流が相続されたとされる。ただし尭円と宥繁は年代的にズレがあるので直伝は有りえない。

ちなみに宝鏡院と浅からぬ関係の一乗院は文亀二年（一五〇二）、常陸佐竹十七代義舜を開基として常陸に開創され、開山海義は天文九年（一五四〇）醍醐山尭雅（松橋流十九世）を請じ松橋流を授かり、三世宥義また尭雅より秘儀を伝授されたという。

宥義は俗姓佐竹氏、のちに家康の命によって慶長十五年（一六一〇）、真言宗豊山《ぶざん》派総本山長谷寺《はせじ》第三世、同派第三世能化（管長職）に就任した高僧である。

（宝鏡院世代）

○宥繁　十四世、寛文十二年（一六七二）入院。（『秋田の密教寺院』、以下同）。

○宥像　十五世、延宝八年（一六八〇）遍照寺十四世より入院。仮名尭印。秋田生れ。菊地氏。

○宥深　十六世、元禄六年（一六九三）没。

○宥貞　十七世、東清寺（又は遍照寺）より入院。

○宥惟　十八世、元禄十年（一六九七）遍照寺十九世より入院。

2、宝鏡院二五世宥昬に至る二法流

○（系図ａ）義豊―宥對（以降宝鏡院）―宥成―宥光―宥意―宥音―宥彦―宥昬

○（系図ｂ）善宥―宗誘―旱恵―寛覚―龍賢―勝慧―宥周―宥成―宥元―宥昬

系図ａは宝鏡院十九世宥對が雲龍院比丘義豊からの嗣法を示す。宥對の宝鏡院前住は宥惟であるが、宥對は前住と異なる系譜から松橋流を継いだようである。雲龍院は泉湧寺（京都市今熊野町）の塔頭で、寛永七年（一六三〇）初代如周が前掲尭円から嗣法し以降松橋流である。以降の宝鏡院世代は次のとおりである。

（宝鏡院世代、系図ａ）

○宥對

十九世、義処公の命により宝永元年（一七〇四）遍照寺二〇世より入院。仮名一音。享保三年

（一七一八）没。当社宝永三年（一七〇六）再興棟札に遷宮導師如意山現住宥對とある。
○宥成　二〇世、宝永三年（一七〇六）遍照寺二一世より入院。
○宥光　二一世、享保一三年（一七二八）没。
○宥意　二二世、享保一三年（一七二八）遍照寺二三世より入院。
○宥音　二三世、享保一四年（一七二九）遍照寺二四世より入院。
○宥彦　二四世、遍照寺二六世より入院。寛延三年（一七五〇）没。

系図ｂは宥昬に至る別の系図を示す。このうち進退が確認できるのは亀井山八幡寺住（本荘市）宥元と、宝鏡院二〇世宥成の二人である。この系図は宥元を宥昬の師とする点で正確である。ところが宥周は宥成の師と推測されるものの、善宥―宗誘―早恵―寛覚―龍賢―勝慧の系統は法名にバラツキがあり、一定の法流と思えない。あるいは宥昬前の花蔵院の系譜の一部を示すものかも知れない。それにしても宝永三年（一七〇六）当社再興棟札に記名され実在確かな華蔵院宥積の名はどこにもない。
（注）宥昬の「昬」は「晨」の字と同じという（諸橋轍次『大漢和辞典』）。よって「ゆうしん」と読む。

3、宥昬以降花蔵院の系譜

○（系図ｂ）宥昬―泰応―寛（観）賢―教導―教道―寛隆―宥智（知）―尊融―尊常
花蔵院住僧の系譜は本寺替えを敢行した宥昬―泰応代以降、漸く明らかとなる。

○宥昏

寛延三年（一七五〇）宝鏡院へ再入院し二五世となる。寛延四年（一七五一）大阿闍梨法印宥昏は泰応へ前掲印可等を伝授。

○泰応

寛延四年（一七五一）宥昏より前掲印可等を伝授さる。宝暦五年（一七五五）泰応御方、色衣御免を賜る。

○寛賢

明和二年（一七六五）当社再興棟札に遷宮導師別当華蔵院現主寛賢とある。

○教導

寛政六年（一七九四）当社修復遷宮棟札、享和三年（一八〇三）当社建替遷宮棟札に各、遷宮導師華蔵院住阿闍梨法印教導とある。

○教道

前掲神宮家文書一紙に御初穂、教道とある。

○寛隆

天保十一年（一八四〇）当社葺替遷宮棟札に遷宮導師華蔵院法印寛隆とある。明治三年譲証に天保年度、宝鏡院三四世宥識より花蔵院寛隆が歓喜尊天を譲受さるとある（神宮家文書）。

○宥智

文久元年（一八六一）四月二四日、花蔵院にて寂。当家墓地に円塔墓あり。

○尊融

文久元年（一八六一）五月当社屋根替遷宮棟札に遷宮導師華蔵院法印尊融とある。その経歴は嘉永二年（一八四九）西木村小山田の真山寺へ、安政二年（一八五五）華蔵院へ、慶応二年（一八六六）久保田休下町の金乗院へ、明治五年（一八七二）琴丘町鯉川の玉蔵院へ入る（当時四三歳）（『秋田の密教寺院』二六二、二七七、一九九、一二八各頁）。

（注）安政二年の華蔵院入院が事実とすれば、病中にあった宥智の後住を想定する外ない。なお慶応四年九月戊辰戦争秋田戦線で劣勢の政府軍鼓舞のため城内祭神の大八幡は城外に出たが、その供奉僧に金乗院尊融がいたと推察される（第七章）。また宝鏡院三七世宥米（快品とも、右『同』一五六頁）は諸寺を経て文久三年（一八六三）宝鏡院に入院、のち金乗院の尊法（尊融の誤読か誤植か）と宝鏡院住職の地位を争って勝ったという（右『同』一九一頁）。逆に敗れた尊融は秋府を離れ、鯉川の玉蔵院へ入ったものか。

○尊常

花蔵院最後の住持尊常は文政六年（一八二三）九月生、南秋田郡八柳村（現秋田市外旭川の一部）三浦久兵衛の長男である。八柳村は古四王神社の神田と関係し、早くから開けた地とされる。一九歳のとき宝鏡院三四世宥識の下に入門した。入院の動機や事情、その後の委細は第六章、研究七で再論する。

むすび

北方の一地方神宮寺であるが、花蔵院の歴史は伝承の古代から明治初期の神仏分離、廃寺まで連綿と存続した。この間、古代の様子はなお伝承の中にあるが、中世以降の法流と住僧の系譜は真澄の地誌資料と当地棟札や地元諸資料の交叉によって、それなりに明らかにされた。第一に法流では三論宗から真言宗に転宗し、仁和寺末となったのであるが、江戸時代中期、藩政の意向のもとに一村騒動の中で藩主佐竹氏の祈願寺として藩内真言宗で権威を揮っていた宝鏡院末に本寺替えされた。この顛末によって久保田藩における寺院対策とか本末寺の再編成というゆるがせに出来ない問題の一端を示すことが出来た。

第二に住僧の系譜はなお明らかでない箇所があるが、断片的な伝承ではあるが、古代中世からも何人かの僧の事跡を拾うことができた。これは一地方寺院としては珍しい例であろう。とくに快遍は岩手県早池峰神社の棟札と埼玉県二寺の五輪塔という動かしがたい物証にその名を遺している。早池峰神社別当の岳妙泉寺快遍は藩主南部氏の尊崇厚く中興とされ、また明星院快遍は真言宗法流系譜の要所に名をとどめる高僧である。今後当地神宮寺との関係の存否や相関がさらに明らかにされる必要があるが、次第によっては当地神宮寺の意義もまた見なおされることであろう。

第三に当地神宮寺住僧の系譜が系図によって追跡できるのは江戸時代中期、松橋流に転派して以降のことであるが、転派に伴う系図書替えのすさまじさを示すことが出来た。住僧の系譜は門末を支配する宗門宗派の依って立つ基盤であれば書替えも止むを得ないものがあるとしても、系譜上不都合の前住はすべて抹消されることに今さらに驚かされる。住僧系譜の研究では注意を要することである。それにしても、ほとんど日本仏教史と重複するほどの長い歴史をもつ神宮寺は神仏習合思想、神仏分離史料など特定領域からの研究はあるが、もっと各地の、それも地方の神宮寺そのものに即した研究が求められる。本章がその一つでありたいと願うものである[27]。

注

(01) 後述では副河神社開基に仁和寺鈍運をあげる資料があるが、これは後世の創建伝承であつて、副川神社に付設の神宮寺が在ったということではない。
(02) 『江戸幕府寺院本末帳集成』下、一九八一、二六八頁以下。天明~寛政年間、各宗本山が幕府に提出した本末帳の集成（水戸彰考館文庫本）。
(03) 『現代地名よみかた大辞典』一九八五、六九四四頁。収録総数三二万件。
(04) 『日本神社総覧』一九九二、四一四頁以下。吉田東伍『増補大日本地名辞書索引』一九八二、一七二頁以下。
(05) 『神道事典』一九九九、一五〇頁。
(06) 石清水八幡では半僧半俗の宮寺制が確立（『国史大辞典7』一九八六、七九九頁）とか、妻帯世襲を公認された社僧が社務組織を掌握（『神道辞典』一九九四、一〇八頁）とあるが、これは大社を祀る名族のことであろう。
(07) 角川『日本地名大辞典5 秋田県』一九八〇、三五六頁。譲状は『岩手県中世文書』上、

一九八三、一〇一頁。
(08) 塩谷順耳編『中世の秋田』一九八二、四六頁。
(09) 小著『花蔵院文書』一九九五、文書十六通所収。
(10) 佐藤久治『秋田の密教寺院』一九七六、二七六頁。
(11) 三論（竜樹の中論・十二門論、提婆の百論）を聖典に大乗を説く仏教、のち真言宗に吸収された。定額を預かった出羽国観音寺（貞観七、八六五）、同国山本郡安隆寺（貞観一二、八七〇）では講じられたかもしれない。
(12)『密教辞典』一九九一、二六四頁。
(13) 注10『秋田の密教寺院』二七六頁。
(14) 横手市の明江山遍照院開祖は三論を宗としたが（『雪の出羽路』華厳院条）、のち真言宗へ、羽後町の三輪山吉祥院は法相宗から天台宗へ、さらに南北朝か室町期の頃真言宗へ（『三輪神社と吉祥院』一九五六、三頁）それぞれ転宗。
(15) 逵日出典『神仏習合』一九八九、五三頁。（なお如上の指摘のうち②、③に対しては後にこれに限定されないとの批判が生じ、著者はその批判に納得する。）
(16)『大森町郷土史』一九八一、三三頁以下。
○神宮沢てふ処に古館あり。そは大友氏上祖藤原吉親の古柵《ふるき》にして、四方《よも》に堀めぐり三処に台築《たかく》て馬場《うまば》跡あり。（『雪の出羽路』）
(17) 八沢木村は（峠を越えると）楢岡川の舟運で神宮寺村付近で雄物川と結ばれていた（『秋田県の地名』一九九七、二九七頁）。

（18）小論「神宮寺八幡宮並びに参詣祈願之事」『秋大史学』四四、九頁。
（19）小論「神宮寺嶽・八幡神社・宝蔵寺の歴史」『嶽雄』第五号、一九九九。
（20）小論「早池峰神社棟札文面一件の事」『出羽路』一二五号。
（21）小論「宝鏡院文書の事」『北方風土』三八、一九九五、二三頁以下。
（22）注10『秋田の密教寺院』三二二頁、三六七頁。佐々木義一郎『三輪神社と吉祥院』一九五六、二五頁は快元は藩の方針通り寺社奉行から任命されたと推定する。
（23）「新義真言宗触頭取捌記」（『新義真言宗史料』一九八一、五二頁以下。
（24）①は智恵を表す金剛界、慈悲を表す胎蔵界の諸法（金剛頂経、大日経他）の授与証明をいう。②の一印は塔形印、二明は金剛界・胎蔵界の大日如来真言をいう。③は阿闍梨となる者に密教の最奥秘密を伝える法式、阿闍梨位潅頂ともいう。
（25）寛永九年（一六三二）幕府の命によって各宗本山が寺社奉行に提出した寺院本末帳（原本は水戸彰考館蔵。「江戸幕府寺院本末帳集成」一九八一）のうち、同本末帳五十八に綴られた「出羽国新義真言宗本末牒」に花蔵院が見える（一八〇四頁以下）。これによって花蔵院が宝鏡院の末寺であったこと、並びに記載の位置関係から客末寺であったという伝承が推認される（ただし原本は未見）。

秋田久保田
一　宝鏡院　　本寺醍醐無量寿院
末寺
東門院（秋田郡寺内村）　遍照寺（同郡久保田）

蓮乗院（同郡久保田）　　金乗院（同所）
安楽院（同所）　　喜蔵院（同所）
花蔵院（仙北郡神宮寺村）

(26) 系図a、bとも著者家所蔵。作成年代は系図aは転派一件の寛延四年（一七五一）、系図bは明治三年（一八七〇）と推定される。

(27) 本章は小論「神宮寺花蔵院に於ける法流及び住僧系譜の研究」を所要の改編修文の上、収録したものである。右小論は地元の『秋大史学』に出稿したのだが、「自家系譜の称揚を疑う」という理由で却下され、小著『玄応坊屋敷由緒私記』二〇〇二に収録したものである。本章を閲覧すれば、決してそういう類のものでないことは一目瞭然である。

補稿　玄応坊屋敷由緒

当神宮寺は古代式内社の副川神社を継ぐ八幡神社に付属され、寺号を神宮寺または神宮密寺とし、花蔵院（または華蔵院）と称されたのであるが、その花蔵院の一画がいつの頃からか地元の人々に「げの坊」と呼ばれるようになった。この「げの坊」は「玄応坊屋敷」を簡略化した訛りのようである。江戸時代終期の文政四年（一八二一）に五間八間、四十坪ほどの屋敷跡だった。この屋敷跡はそれなりの由緒が認められたものか、文政四年幕府から派遣されて久保田藩に入った御目衆（御目代ともいう）一行に対して、村が用意し藩が了承した問答要領の中にも書き込まれている。

しかしながら、すでに文政四年当時、これに先立つ安永五～六年（一七七六～七七）と続いた大洪水による川欠で花蔵院寺地や八幡神社々地を含むこの地一帯の多くが流出してしまい、天明元年（一七八一）にはこれらの寺社や寺内除地にあった数軒（移転後の配置図から六軒位か）の民家はこれより東の新しい現在地に移転していた。以降、「玄応坊屋敷」は荒れるにまかせ寂れる一方となったが、おそらく昭和初年代までは由緒を伝えた大木の玄応坊杉も今はなく、土地の人々の伝承も薄れていて、わずかに宝篋印塔《ほうきょういんとう》一基が遺されてあるだけである。後代のために以下に関係資料を抜粋する。

1、八幡宮江御目衆御参詣之日記（文政四年、一八二一）

右日記に収録された、「御目代様御通行ニ付神宮寺村江仰せ渡され候御書付、左の通り」とある中に、次の記述がある。目代に尋ねられることを想定し、あらかじめ藩役人から渡されたものであろう。

元応坊屋敷　五間ニ八間　旧跡也

○元応坊屋敷／「玄応坊」が正しい。玄応坊と称される屋敷跡がこのころ所在し、広さが五間八間で四十坪ほどあったということであろう（玄応坊が在住した当時の敷地の広さはこれとは別であろう）。

○玄応坊杉／明治二十年代初のことか、夜中に強い風が吹くときは（玄応坊杉から）ゴーという音がして何時倒れるか分からないのでとても怖かったという話しを、昭和二十年代初めの頃私は子供心に聞いているし、昭和二十三十年代にはまだこの杉の株跡のほんの一部があって、墓参りのときはお水を差し上げ、拝礼する習わしになっていた。

2、宝篋印塔

墓の中央にかなり風化した御影石づくりの宝篋印塔が一基ある。建立の年代銘が不刻なのは残念だが、墓石の裏側に「願以此功徳《ねがわくはこのくどくをもってく》　普及於一切《あまねくいっさいにおよぼし》　我等興衆生《われらとしゅじょうと》　皆倶成佛道《みなともにぶつどうをじょうぜん》」と、真言宗であれ禅宗であれ広く仏教で用いる回向文《えこうもん》の一節が目視判読できる。先年、墓地改修の折りに尋ねた石工業者によれば、この墓石は「さくら御影《みかげ》」と称し、瀬戸内海の御影付近で採石され、北前船で運ばれてきたものではないか、秋田では捜せばあるが貴重な石ということだった。

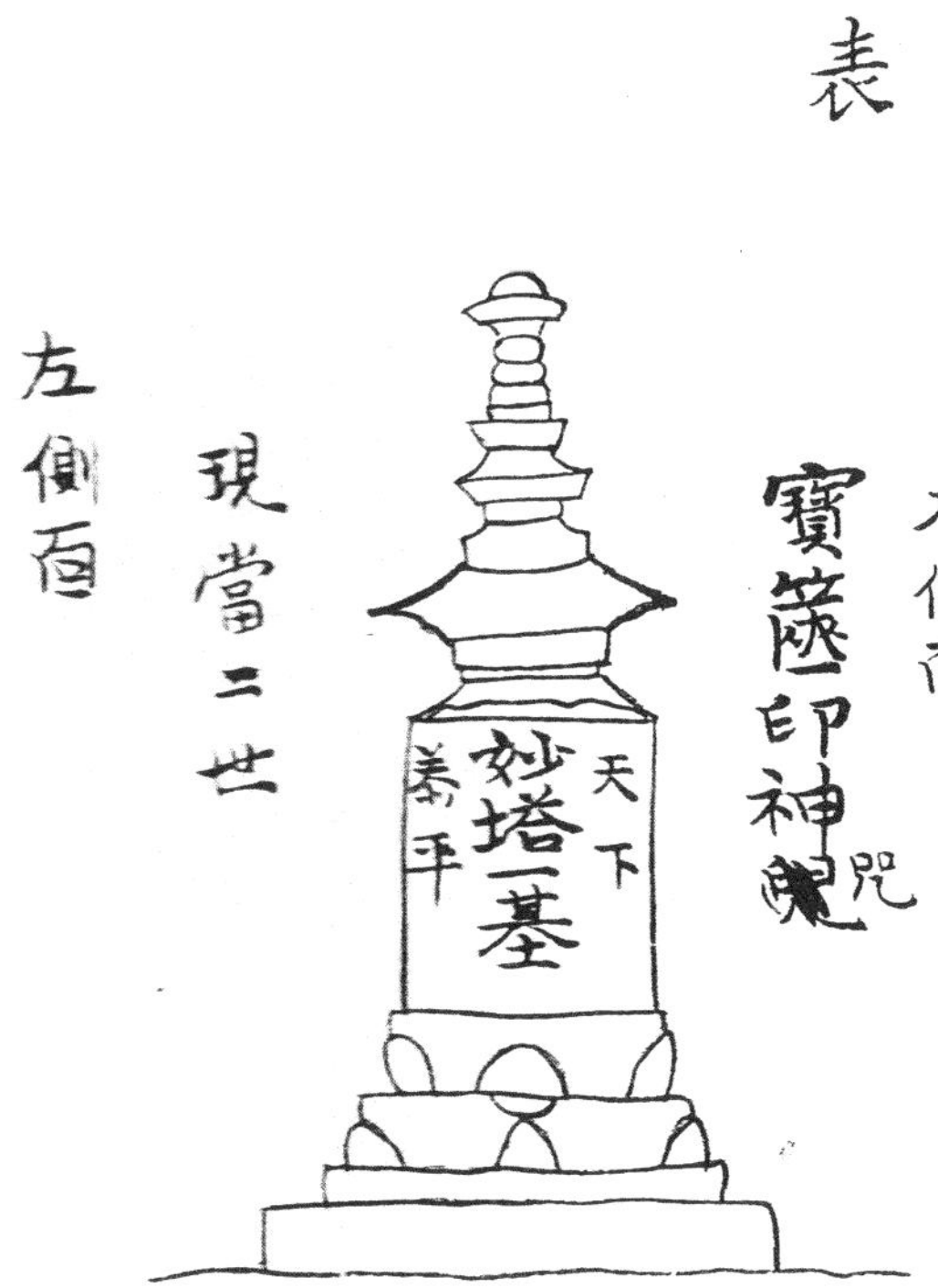

（祖父政治郎書写）

3、玄応坊塚碑銘

神岡町教育委員会（当時）が「玄応坊塚碑」として建立した銘文は次のとおり。

八幡神社別当神宮密寺の住僧代々の墓所。安永（一七七六～七七）の川欠けまで、この付近に八幡神社や神宮密寺があった。庭のオンコに水をかけて、遠く京の本山の火事を消したり、流行病《はやりやまい》を祈祷によって平癒させたりするなど数々の奇跡譚がある名僧の墓。曹洞宗の源翁心昭（示現寺）、備州退休寺玄翁の事蹟など、古来ゲンノウ坊に関して語られるものがなぜか諸方に多い。地元ではなまって「ゲノボ」といっている。

（注）たまたま坊名の「玄応坊」が同じなので右銘文になったのであろうが、この塚は奇跡譚がある名僧の墓というわけではない。

4、登記簿謄本

地番　神岡町神宮寺字神宮寺三〇二番

地目　墓地

地積　十一坪　五五㎡

所有者　神宮正から神宮滋（平成一〇年八月一三日付け所有権保存登記）

（注）父邦彦没後の相続によって平成一〇年（一九九八）、滋名で所有権の保存登記がされた。正以来、勝興、政治郎、邦彦の三代を経て登記されたことになるが、のんびりしたものである。なお所有権の移転登記ではなく、保存登記であった。なお、「登記簿謄本」まで立ち入るのは次代への記録伝達である。

第六章　神宮寺住僧の神祇潅頂——授与された印信の考察——

はじめに

神宮寺花蔵院《けぞういん》の系譜を継ぐ筆者家に神祇潅頂許可《こか》の印信《いんじん》一式が伝来し、筆者が所蔵する。神祇潅頂とは何かは後考するが、要すれば真言密教系の神道の総称とされる両部神道において密教の伝法潅頂にならって執行された神道伝授の儀式をいう。廃寺によって神宮寺花蔵院の最後の住僧となった尊常が、京都智積院に上山中に授与された四通の印信《いんじん》（注、証明書）である。このような神祇潅頂を許可する印信が地域の歴史研究で取り上げられることは珍しい。よって、この許可の印信と周辺事情を研究し、もって神宮寺花蔵院が長い歴史の最終段階で奉じた神祇とは如何なるものだったのかを究明したい。

この文書は筆者が翻刻作成した『花蔵院文書』一九九五（私家版）に陰影と共に収録されてあるが、編集当時は文書中の梵字《ぼんじ》の読解に振り回されて、十分に読解出来ない憾《うら》みがあった（のち一九九七改訂版作成）。以来関心を寄せていたが、弘仁寺道場とはどこか容易に判らなかった。ところが第五章に収録した住僧系譜の調査に取り組む中で、委細は後述するが、二〇〇二年正月、弘仁寺とは奈良県の弘仁寺であることが同寺高井良教住職のご教示によって確認できた。さらに、このような神祇潅頂文書を門外漢が大過なく読解するには手引書が欠かせないが、同年二月、永禄五年（一五六二）書写本とされる「神道潅頂授与作法」（国学院大学蔵）の翻刻資料と解題に接することができた[01]。インターネットの情報検索で捜し当てたのだが、その威力には感服するほかない。

一　神宮寺花蔵院

1、神宮寺

神宮寺は全国で八世紀に十六寺、九世紀に八寺が創建され、これら八～九世紀に出現した神宮寺は一般に初期神宮寺と称され、十世紀以降に本地垂迹説の流布につれて出現した神宮寺と区別される（第五章）。

いずれにしても神宮寺の住僧は僧体で神前読経など仏式をもって天津神《あまつかみ》や国津神《くにつかみ》の天神地祇《てんじんちぎ》や仏菩薩の化現である権現を祀った。こうした中で花蔵院最後の住持となった尊常が伝授された神祇潅頂が注目される。

2、花蔵院は両部神道

明治維新前後の神仏分離や廃仏毀釈の世相、ならびに諸国村々まで浸透された布告、達をもとに村役人から廃寺還俗を慫慂《しょうよう》された尊常は、一八七一年（明治三）四月花蔵院の廃寺を決意し、復飾改名して、神勤を願い出た[02]。同年四月付神祇方御役所に宛てた口上によれば、冒頭に「私先代より両部にて神勤まかり在り候ところ、先般御一新につき僧躰にては神勤相成り難き旨の御布告につき」云々という下りがある（釈文）。これによって尊常と、少なくとも前住の尊融が両部神道を奉じていたことが判る。おそらくこれ以前より両部神道だったと考えられるが、いつの代から両部神道を奉じたかは不詳である。では両部神道とは如何なる神道であったであろうか、少し長文に及ぶが定評ある『神道事典』で見てみよう[03]。

両部神道は神仏習合の神道説のなかで、仏家《ぶっけ》によって唱えられた仏家神道の一であった。仏家神道のなかでは両部神道と称された密教系の神道説が有力であった。両部神道は形成の前期（平安末から鎌倉中後期）では天台密教との関係が深く、後期（鎌倉後期から南北朝期）では真言密教の影響が強かった。天台密教系の神道はのちに山王神道（又は山王一実神道）と呼ばれるようになったため、真言密教系の神道が両部神道をさす用語となった。両部神道の名は、室町期に活躍した吉田神道の祖、吉田兼倶《かねとも》が「両部習合神道」をもって、「金胎《こんたい》両界を以て内外両宮と習い、諸尊を以て諸神とす」とした定義による。両部神道の諸流として三輪山の大御輪寺を経て起こった三輪流神道、室生寺を経て起こった御流神道（大師流神道）、近世に葛城高貴寺の慈雲尊者が唱えた雲伝神道などがあったが、いずれも明治の神仏分離令によって完全に否定され、両部神道は歴史の表面から姿を消した。

二　花蔵院尊常

1、宝鏡院から智積院へ

尊常の略歴を再度自筆履歴によって見てみよう[04]。文政六年（一八二三）九月二十一日生、俗姓三浦氏、南秋田郡八柳村（現秋田市外旭川八柳）、三浦久兵衛の長男である。天保三年（一八三二）四月、九歳にして秋田佐竹氏の祈願寺で、久保田城の北東隣接地（手形町）にあった真言宗宝鏡院の三十四世宥識に入門した。宥識の宝鏡院入りは文政十三年（一八三〇）なので、入院二年目の宥識膝下に雛僧《すうそう》（幼少の小僧）として上山したことになる。宥識の下で天保十年（一八三九）七月まで七年四ケ月仏学を研究、天保十年八月から同十三年三月まで二年八ケ月は井ノ口縫殿に随い漢学を研究した[05]。漢学研究中も宝鏡院止住であったであろう。

さらに自筆履歴によれば、久保田で十年余り修行研学したのち、尊常は当時諸国から真言宗学僧が雲集した京都の新義真言宗智山派本山の智積院に上山した。時に天保十三年（一八四二）十二月、十九歳であった。以降、四十四歳まで春秋二十五年を修行にあて側進になった。側進とは如何なる僧位役職か智積院を訪ねて尋ねたが未詳である。当時、秋田から京洛に出る修行は本人の資質のほか、宝鏡院や生家の援助など恵まれた者にしか出来なかったろうと察せられるが、その間の事情は明らかでない。ちなみに県内の社寺調査を精力的に進められた佐藤久治氏の『秋田の密教寺院』によれば、智積院への入院が記述されている僧は数人しかおらず、それも二十年をこえる在住は破格である[06]。ただし自筆履歴には、奈良の弘仁寺で神祇潅頂を授与されたことは記されていない。維新後の神仏分離を経て敢えて記さなかったのかと憶測するが、本意は不明である。県立図書館に所蔵される宝鏡院文書を調査しても、若年にして宝鏡院を出た尊常の名があるはずもない。そこで筆者は智積院に照会し、さらに智積院に投宿して尋ねたが杳《よう》として分からない。

2、授与された神祇潅頂

尊常へ授与された神祇潅頂を証明する一連の文書は後掲のとおり、神祇潅頂初重、第二重、第三重、惣許可《そうこか》の印信（全ての許可、一切の奥義）の四通で、日付はいずれも嘉永二年（一八四九）四月八日である。神祇潅頂とは神仏習合思想の主流とされ、かつ真言密教系の神道説の総称とされる前述の両部神道において、密教の伝法潅頂に準じて執行される神道伝授の法式をいい、神道潅頂とも称され、伊勢潅頂、日本書紀伝授の日本紀潅頂、麗気記（れいきき、両部神道の基本書）伝授の麗気潅頂などの種類があるという[07]。ここではまだ潅頂の種類は特定できないが、尊常は第一段階の初重から惣許可に至る両部神道の全過程を伝授された。こうして尊常は智積院在住中の嘉永二年、二十七歳時に弘仁寺で神祇潅頂一式を授与された。

ちなみに四通とも、「右、添上郡如意山弘仁寺道場に於て神祇潅頂を尊常に授与し畢《おわ》んぬ」（釈文）とあり、授与者は「神祇大阿闍梨苾蒭真昶」である（注、苾蒭とは僧侶の雅称）。この弘仁寺とはどこか謎であった。添上郡は大和国の一郡で、奈良市虚空蔵町に高野山真言宗の古刹弘仁寺が存することまでは判明していたが、山号の虚空蔵山が文書の如意山と異なった故である。二〇〇二年正月書状による照会と同年三月同寺参詣を経て、高井良教住職から江戸時代に如意山と称されていたこと、また今でも使用している集印状印に「如意山」の刻字があることが教示され、添上郡如意山弘仁寺は同寺に間違いないとされた。併せて当時神祇潅頂道場が開かれていたか、真昶という僧が在住したかという筆者の照会に対しては昭和年代に庫裏が焼失していて不明とのことであった。

3、花蔵院入院

慶応三年（一八六七）六月ごろ、尊常は四十四歳にして久保田に戻り、程なく花蔵院住職となった。正確な晋住（しんじゅう、上山とも）時期が不明だったが、歓喜尊天像の譲証から翌年の明治元年八月だったことが判った（第七章補稿一）。当時、維新動乱の渦中にあった智積院は文久三年（一八六三）ごろから土佐藩兵が二〇数棟の学寮を屯所としたため講学が衰え、僧徒らが四散したとされ[08]、このことが帰国の有力な原因になったであろうことは推察に難くない。本山で永々修行を積んだ尊常がなぜ経済的に裕福でもない花蔵院に入院したのか、事情は不明である。長く久保田を離れたこと、出身寺の宝鏡院の座は実質佐竹氏の任命であったこと、師の宥識が嘉永三年（一八五〇）遷化していたことなどが指摘できるが、弘仁寺で授与された神祇潅頂が明らかになったことで、八幡宮別当として適任だという事情と貧乏寺ながら相応の格式があった花蔵院に落ちついたものかと推察する。

三　潅頂文書を読む

1、神祇潅頂

神祇潅頂を再考すると、潅頂とはサンスクリット（梵）語のアビシェーカの漢訳で頂に水を潅《そそ》ぐという意味である。密教では仏が備える五種の智恵（五智）を表す五瓶の水を受者の頭上に潅ぐことをいう。潅頂によって仏の智恵を受け継ぐが、これには在家の信者と仏をさらに深い縁で結ぶ結縁潅《けちえんかん》頂《じょう》と行者が受ける伝法潅頂《でんぽうかんじょう》がある。尊常が授与された潅頂は言うまでもなく伝法潅頂でる。伝法とは日本古来の天つ神国つ神である神祇を仏式で祀る式則の伝授ということである。

四通の文書は一通一枚づつの奉書紙（注、コーゾでつくった厚手で上等な和紙、大小あるが凡そ縦三七×横四五センチ）で、主文の字粒はおよそ一・五センチ角、各通は幅およそ六～七センチの折状である。肝心の文書の真偽を検討すると、尊常は異なる書体を遺していて照合は難しいが、少なくとも尊常の筆ではない。また四通の文書にある授与者の「真昶」の字体は主文と同筆の上、真昶の花押がないことに気付く。このような例は他の潅頂史料にも例があり別段異とすることではなさそうであるが、なお検証を経る必要があろう。

2、釈文（しゃくぶん）

○第一文書

神祇潅頂初重
外五古印《げごこいん》し、明らかにアと曰《い》う
智拳印《ちけんいん》し、明らかにバンと曰《い》う
八葉印《はちよういん》し、明らかにフウムと曰《い》う
（金剛の）合掌す
本覚法身《ほんがくほっしん》に南無《なむ》す、（本身《ほんしん》は）本有如来《ほんゆうにょらい》なり
自性心《じしょうしん》は壇内の護摩《ごま》道場にあり
千刃破《ちはやぶ》る吾が心より奈《な》す業《わざ》を何《いずれ》の神か余所《よそ》に見るべき
右、添上《そえがみ》郡如意山弘仁寺《にょいざんこうにんじ》道場に於いて神祇潅頂を尊常に授与し畢《おわ》んぬ
嘉永二（一八四九）巳酉年四月八日　張宿《ちょうしゅく》月曜
神祇大阿闍梨苾蒭《だいあじゃりれいすう》　真祀《しんちょう》

・初重／潅頂の第一段階、アバン（不生、鑁）をいう。
・外五古印／金剛智大日如来が結ぶ印相。五智金剛を表す。外縛五古印、智塔印ともいう。
・智拳印／金剛界大日如来の結ぶ印をいう。唯一法身の印。弘法大師の即身成仏の印はこれである。
・八葉印／両掌を開き、両人差し指、両小指を接して立て、八葉蓮華花の開いたような形を表す印

をいう。
・ア／阿。梵語字母の初音、胎蔵界大日如来を表す種子。なお種子《しゅじ》は諸尊を表す種字をいう。
・バン／鑁。金剛界大日如来を表す種子。
・フウム／吽。梵語字母の終音、よって一切の究極を表す種子。
・千刃破る／霊力が盛ん、のち神にかかる枕ことば。
・張宿、月曜／宿は密教独特の星座、天の運航を分割し二十八宿とする。張宿は全運航の十一番宿、善徳の神をさす。月曜は七曜の一。
・大阿闍梨／密教系の僧の位。阿闍梨とは本来は行くべきものを知る者を意味する。
・苾蒭／れいすう。僧侶の雅称。
・真昶／しんちょう。昶は日が長い、久しい、明らかの意。

○第二文書

神祇潅頂第二重

弥陀定印《みだじょういん》す

慈オーン　マハーメトラ　スバラ

悲オーン　マハーキャルニュヤテ　スバラ

喜オーン　プラールサ　スバラ

捨オーン　マハーバイキャテ　スバラ

前印す

オーン　アミダーテブラ　フーフウム

外五古印《げごこいん》す　キャカラバ

無所不至印《むしょふしいん》す　ア　バン　フウム

右、添上郡如意山弘仁寺道場に於いて神祇潅頂を尊常に授与し畢んぬ

嘉永二（一八四九）巳酉年四月八日　張宿月曜

神祇大阿闍梨苾蒭　真昶

・第二重／潅頂の第二段階をいう。

・弥陀定印／阿弥陀定印とも称す。阿弥陀仏の座像の如き印契。

・前印／染印（ぜんいん）のことか未詳。染印は二手内縛して二中指を直く立てて針の如くになし、右の中指をもって左の中指を押す。

・外五古印／前掲初重。

・無所不至印／胎蔵界大日如来が結ぶ印相、開閉の二種あり、最極深秘の印契。

・オーン／帰依、帰命を表す。密教ではこの一語を発すれば無常の功徳を得るという。

・マハー／大きい、偉大なる。

・スバラ／説法のことば、感嘆詞。

・マハーメトラ／大いなる慈。

・マハーキャルニュヤテ／大いなる悲。
・マハープラールサ／大いなる喜。
・マハーバイキャテ／大いなる捨。
・アミダーテブラ／阿弥陀仏。
・キャカラバ／胎蔵界の五仏（大日、宝幢《ほうとう》、開敷華王《かいしきかおう》、無量寿、天鼓雷音）をいう。
・慈悲喜捨／慈はいつくしみ、悲はあわれみ、喜はよろこび、捨はすてる。

○第三文書

神祇潅頂第三重

師、頌《じゅ》して曰《い》う

諸法《しょほう》に形像《けいぞう》無くば清澄《せいちょう》にして垢濁《くだく》無し、無執《むしゅう》は言説《げんせつ》を離る、但《た》だ因業《いんごう》従《よ》り起れり、是《かく》の如《ごと》くに此法《このほう》を知るものは自性《じしょう》に染汚《せんお》無し、世の為に比《くら》ぶる利《り》無し、汝《なんじ》佛心従《よ》り生ぜり

外縛五古印《げばくごこいん》す

バン　キウーン　タラーク　キリーク　アーク　未加慈救咒《みかじきゅうじゅ》

無所不至印《むしょふしいん》す

アビラウンケン　未加慈救咒

以上

右、添上郡如意山弘仁寺道場に於いて神祇潅頂を尊常に授与し畢んぬ
　嘉永二（一八四九）巳酉年四月八日　張宿月曜
神祇大阿闍梨苾蒭　真昶

・第三重／潅頂の第三段階をいう。
・頌して曰う／大日経第二巻に此の文ありと。
・バンキゥーン　タラーク　キリーク　アーク／金剛界の五仏を表す。大日、阿しゅく、宝生、阿弥陀、不空成就。
・アビラウンケン／胎蔵界大日如来の真言。「諸仏に帰依し奉る、殊に胎蔵界五字の真言を尊せよ」の省略形ともいう。
・未加慈救咒／潅頂式で入壇の弟子に胎蔵界外縛五古印を授けた後、これを念呪せしめて、胎蔵界成就の証とする呪である。

初重部分写

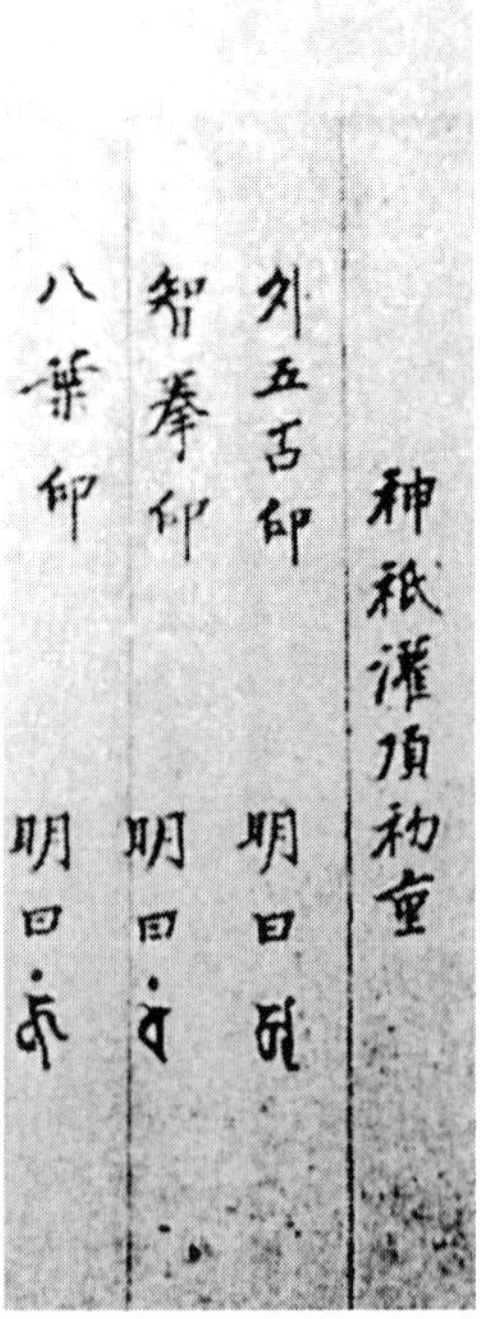

第二重部分写

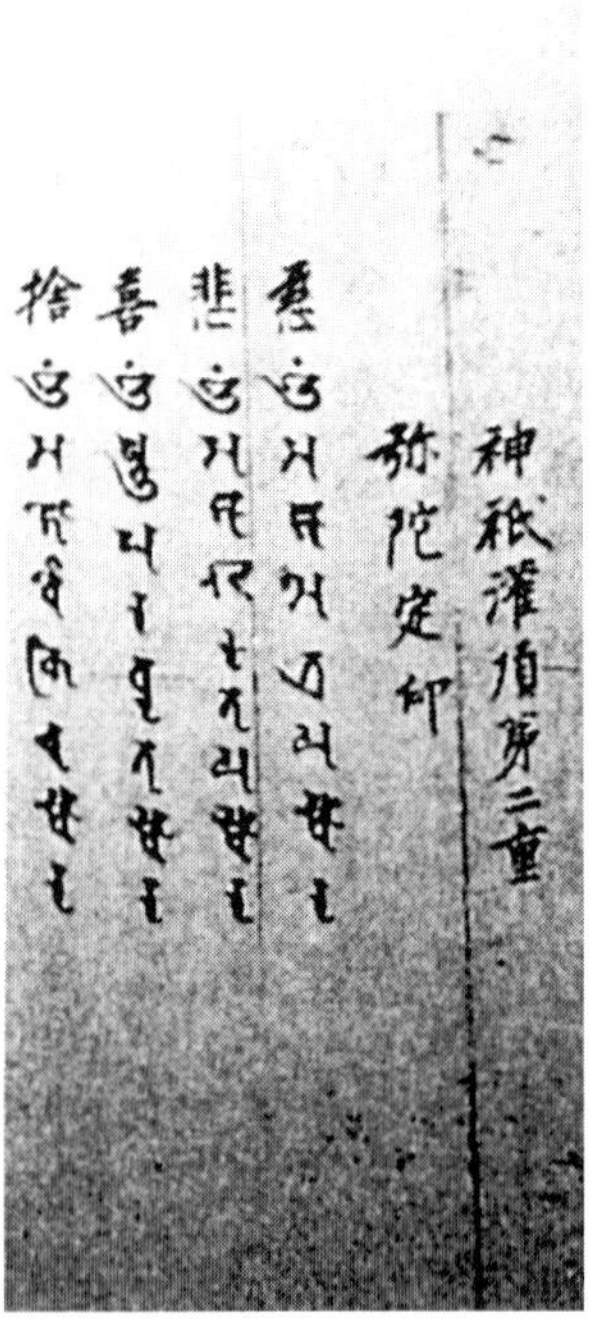

（参考）印相（印契）の例

外五股印

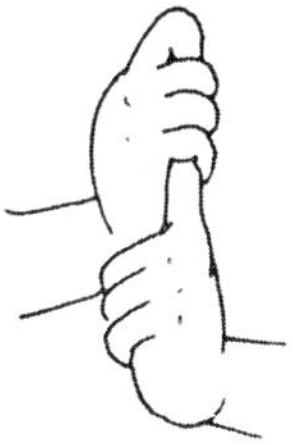
智拳印

無所不至印

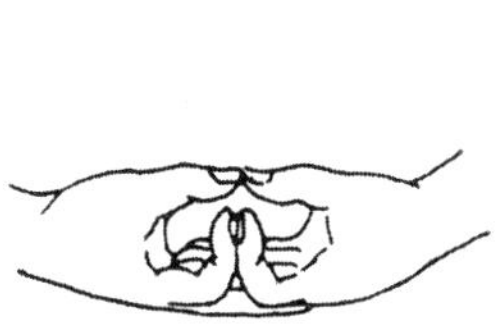
弥陀定印

○第四文書

神祇灌頂惣許可印信
先応身印す　明らかに曰う　オーン　アラァパキャナ
右、添上郡如意山弘仁寺道場に於いて神祇灌頂を尊常に授与し畢んぬ
嘉永二（一八四九）巳酉年四月八日　張宿月曜
神祇大阿闍梨苾蒭　真昶

- 惣許可／灌頂の最終段階をいう。
- 先応身印／未詳、先きに応身印か。応身とは仏が衆生済度のために機に応じて化現する仏身をいう。

・惣許可印信／全ての許可、一切の奥義授与の証明。
・アラパァキャナ／ア（阿）、ラ（羅）、パァ（波）、キャ（者）、ナ（那）は梵字四十二字の最初の五字。智恵殊勝の文殊菩薩を表象する。オーンアラァパキャナは五字呪尊に帰命するの意。

四　授与された神祇潅頂

1、高野大師御流か

神祇潅頂に関してさらに調べると、真言密教では伝法潅頂によって法が師から弟子へと伝授された。こうした伝法潅頂では密教修練のすぐれた行者に対して阿闍梨位を継承させる印可を与えるため、授者が受者の頭上に香水を注ぎかける潅頂の儀式を行なった。阿闍梨位潅頂とも称された。こうした真言密教の伝法潅頂にならって両部神道の諸派で執行された神道伝授の法式を神祇潅頂という。神祇潅頂には前述のとおり伊勢潅頂、日本紀潅頂、麗気潅頂などの種類がある。尊常がいずれの潅頂を授与されたかは不明だが、神祇潅頂道場となった弘仁寺が当時高野山末であったことから按ずれば、御流神道の高野大師御流でなかったかと推察される。

2、弘仁寺道場

「弘仁寺道場」は長く謎であった。添上郡が大和国の一郡であり、奈良市虚空蔵町に高野山真言宗の古刹弘仁寺が存することは調査によって分かっていた。ところが奈良市虚空蔵町が添上郡に属したか分からず、また山号の虚空蔵山（前掲全国寺院名鑑では高井山）が文書に見える如意山と異なったため確信をもって比定できず、数年が過ぎてしまった。漸く二〇〇二年正月書状をもって弘仁寺に照会し、さらに同年三月参詣してお尋ねしたところ、有り難いことに高井良教住職から懇切なご教示を賜った。当方からの問いと、高井住職のご教示を示すと大略次のとおりである。

（1）貴寺の山号は如意山と称されたことがありますか。

現在は虚空蔵山と称しているが、以前（多分、江戸時代ごろ）は如意山を使用していたと考えられる。

・江戸時代に寄進された什物等に「如意山弘仁寺」と記されている。

・現在も主に使用している集印帳の印（古い時代に作られたもの）は「大和国如意山弘仁寺」となっている。添付して下さった印影は次のとおり。

（2）嘉永二年ごろ神祇潅頂の道場が開かれていましたか。

記録がない、庫裏が落雷により消失（昭和十三年）したことなどから、この点は解からない。

（3）嘉永二年ごろ真昶という僧（おそらく住職か）が在住しましたか。

当寺の過去帳、位牌を調べると近い時代に阿闍梨秀栄（天保十年寂）、阿闍梨頼栄（明治十年寂、六七歳）がいるが、真昶は見当らない。

（4）添上郡如意山弘仁寺は貴寺を指しますか。

間違いないと思われる。現在奈良市であるが、以前は添上郡五ヶ谷村にあった。当寺の古い縁起によれば弘仁年間の創建で、年号を寺号に賜った。最近同名の新寺が神戸に出来たこと以外は聞いていない。

こうして文書にある如意山弘仁寺は奈良市の弘仁寺であることが確認されたのであるが、当初住職ではないかと当方が推察した神祇大阿闍梨を名乗る「真昶」は見当らないとされ、あるいは住職とは別に置かれた道場主の可能性が考えられ、今後の課題として残った。なお密教大辞典（改訂増補版、一九六九。「大和志料」引用）や、高井住職から恵贈された同寺発行の冊子「弘仁寺」によれば略史は次のとおりである。

奈良県添上郡五ヵ谷村虚空蔵に在り、古義真言宗に属す。一に虚空蔵寺と云う。本尊は虚空蔵菩薩。大同二年弘法大師明星降臨の地につき伽藍を草創し、弘仁五年落成す。延喜の頃は東大寺末となる。足利氏の頃寺禄一百五十石を有せしも、元亀二年織田氏のために没収せられ、同三年松永の乱に兵火にかかり伽藍焼亡す。寛永六年僧栄全本堂を再建して今日に至る。木造明星菩薩立像は一躯弘法大師の作と伝える。

3、「授与作法」との対照

さて当文書にある次第は神祇潅頂の全儀式とどのような関係にあるだろうか。初重を例にみてみよう。前掲「神道潅頂授与作法」（注01）にある初重を左記細線の内に示す。このうち破線で囲んだ箇所が文書一の次第である。これによって受者、師資（ここでは師と弟子の意か）それぞれに文書には見えない行為があることが分かる。これは初重の例であるが、二重、三重、惣許可と段階が上がるにつれ道場や護摩壇が荘厳され、曼陀羅や神仏具が種々用意された。（空海が恵果から金剛界、胎蔵界の両部を伝授されたとき持参の砂金を全部使い果たしたという故事を引くまでもなく）、潅頂には相当の費用がかかったであろうと憶測される。

先　受者、投花を引き入れる
次　師資《しし》、正覚壇《しょうがくだん》に至る
次　塗香《とこう》、麗水《れいすい》す
次　受者、宝冠を著せしむ
次　五智神水を呑む可し
次　三種の神器を授く可し
先　神璽《しんじ》次　宝□次　内侍所《ないしどころ》
　三種共に受者に持せしむ
次　頌《じゅ》に曰《い》う（引用注、頌文は略）
次　三種口決《こうけつ》、一々読ませ聞けしむ、之を畢《おわ》るののち印可を授くべし
　文書一の次第と同じ

先　外五古印　　帰命ア
次　智拳印　　帰命バン

次　八葉印

次　金剛合掌　　　　　帰命フウムバン

合掌

南無本覚法身、本身本有如来、自性心壇内護摩道場

次　前印　秘歌に曰う

文書一の次第と同じ

ちはやぶるわがこころよりなすわざをいずれのかみがよそにみるべき

次　諸々の神祇の作法、受者の器量を授与すべき者也

・神璽／三種の神器の一つ、八坂にの曲玉をいう。
・内侍所／三種の神器の一つ、八たの鏡の安置された宮中の所で、内侍が奉仕する。

むすび

如上のとおり、のちに当社最後の別当住持となった秋田宝鏡院出自の尊常が、新義真言宗智山派本山の洛中智積院に止住中の嘉永二（一八四九）、大和国弘仁寺道場で授与された神祇潅頂の次第と内容がおおよそ浮き彫りにされ得たと思う。当地八幡宮別当は一地方神宮寺ではあるが、中世初ごろか

ら連綿した別当花蔵院がいつの頃からか両部神道を修し、さらに最後の住職となった尊常がおそらく高野大師御流の潅頂によって正統な神祇潅頂の印可を授かっていたことが明らかになった。

こうした神祇潅頂文書が当家に伝来し（廃仏毀釈の時代状況でも廃棄されず）、これを史料として神仏習合思想の主要な実践的要素である神祇潅頂の次第と内容を研究できることは僥倖である。一地方神宮寺である当地神宮寺のような諸国神宮寺における神道系譜が考察されることは殆ど例を見ず、価値あることである。しかしながら明治初期の神仏分離によって、別当寺ゆえに檀家無しという経済的な脆弱性を危惧する村役人の強い勧めに従わざるを得ない時代状況から、尊常は内心忸怩たるものがあったようだが、明治三年（一八七〇）別当花蔵院は廃寺となった（第七章）。これによって神仏習合思想の具現であった当地の両部神道にも終止符が打たれた。

注

（01）伊藤聡、他「神道潅頂授与作法」（高野山親王院尭栄文庫『研究紀要』第二号、２０００、四三頁以下）

（02）関係文書は小著『神宮家文書』一九七六所収。委細は第七章。

（03）『神道事典』中世・近世の流派と学派四二九～四四九頁。

（04）前掲注02『神宮家文書』所収。自筆履歴は明治二十年までの記事がある。

（05）井ノ口縫（または縫殿か、殿は名の一部）は未詳。秋田藩士で代々漢学を修め、明徳館教授などを勤めた井口（いのくち）一門と推定され、井口糺（天保十四年～明治三十八年）は秋田勤王派の領袖として著名である。なお高祖父勝興（嘉永二年／一八四九生）は当家入り前の明治十七年（一八八四）、「平田派古学者井口糺先生ニ従ヒ国漢学研究」と伝え（『神宮家文書』）、当家と井口家の学問とは所縁がある。

（06）『秋田の密教寺院』によれば次のとおり。
○遊仙寺（仁賀保）遵阿（明治二年入寺）、西京智積院に学修、四五・五〇頁。
○一乗院（秋田）義堂のち運寿、洛東留学十七年、京都智積院運廠門第十座、貞享二年（一六八五）一乗院入院、のち再度洛東に遊び碩学第六座となる、一八五頁。
○梅真院（秋田、宝鏡院同居）識全、嘉永元年（一八四八）入院（又は同年は梅真院）、同五年（一八五二）智積院に留学十一年、二〇二・二〇四頁。

（07）注03『神道事典』四四八頁。

（08）全国寺院名鑑センター編『全国寺院名鑑』一九七六、智積院条。

第七章　神仏分離と廃寺
――神宮寺文書の考察――

はじめに

神仏分離の主要施策の展開を『神道事典』一九九九によって見ると次のとおりである（明治改元は九月八日）。これら諸施策は当然に廃仏毀釈を予定したものではなかったとする所見があるが、不可避の関係であったと筆者は按ずる[01]。本章で考察する史料は神宮寺最後の住持尊常が丹念に書き記した明治初期の神仏分離から廃寺、神勤に至る一連の文書であるが、主要文書は『花蔵院文書』および『神宮家文書』に収録し公開済みである。

○明治元年（一八六八）三月十七日、神祇事務局
　全国の別当、社僧に還俗を命ずる。
○同年三月二八日、神仏判然令
　神仏混淆禁止（仏教風神号廃止、仏像神体禁止、神前仏器具撤廃）
○同年閏四月四日、布告達
　別当、社僧は還俗のうえ神主、社人と称して神社に奉仕すること、仏教信仰により還俗しない

者は神社を退去することを命ずる。

○同四年（一八七一）五月一四日、太政官布告

神社は国家の宗祀、社家職の世襲禁止、一部神職の官吏化促進

一　神仏分離と廃寺還俗

神宮寺は神仏習合思想に基づき神社に付属された寺院であった。それ故に明治新政府の神仏分離政策にまともに晒され、廃仏毀釈の標的となった。社僧は還俗や追放をよぎなくされ、殆どの神宮寺は廃寺か一般寺へ衣替えとなった。こうした中、名著の誉れ高い辻善之助・村上専精・鷲尾順敬の三氏による大著『明治維新神仏分離史料』正続五編（大正一五年～昭和四年）を大宗として、神仏分離史料の収集分析は営々と続けられ成果をあげたが、意外なことに肝心の神宮寺の神仏分離と廃寺の実態はなお十分に明らかでない[02]。それは多くの神宮寺が神仏分離、廃仏毀釈、廃寺という連続した未曾有の大混乱のなかで関係史料を逸したことと無関係ではない。

当地では過激な廃仏毀釈は起こらず、神仏分離から廃寺は整然と行なわれた。最後の住持尊常は京都智積院に二十四年余止住修行した清僧（維新前も後も非妻帯）で筆まめな人であった。かくして当地の神仏分離事情を伝える覚・口上書や関係布告・達をよく筆写し、以降代々当家によく保持されてきた。こうした花蔵院の神仏分離史料を研究することは一地方神宮寺の神仏分離から廃寺にいたる実態を明らかにする上で有意義である。とくに秋田県域を含む北方地域の神宮寺としては初の体系だっ

た関係史料の研究となる。

当地の廃寺還俗

慶応三年（一八六七）六月尊常は京都を離れ、久保田府に戻り、翌年八月花蔵院に入院した。その間、恐らくは城外八柳村の生家を訪ね、久闊を叙したに違いない。当時、維新動乱の渦中にあった智積院では二〇数棟あった学寮に土佐藩兵の屯所が置かれ、講学が衰えたことが帰国の原因の一つであったと推測される。花蔵院に入院した事情は、授与された神祇潅頂から八幡神社別当に適任という事情があったのかと按ずる。その後間もなく明治維新によって国情は一変し、神仏分離政策が矢継ぎ早に進められた。

このような推移の中で神仏分離の国策が当地にも及んだに違いなく、尊常は村肝煎から文書をもって明治二年四月、復飾と神主就任のため本寺である宝鏡院へ申し立て伺いをするよう請託され（後掲文書一）、同年七月には、もし御別当様御不承知に御座候へば神職は他に任せるほかないとまで言い渡された（文書二）。こうした慫慂《しょうよう》は当時熾烈《しれつ》であった神仏分離や廃仏気運が当地にも及んだ故かと推察されるが、他方、別当寺の故に檀家をもたなかった花蔵院に対する郷中の以降の経済負担を怖れたものでもあったであろう。翌三年三月尊常は神祇方役所宛に復飾、改名、神勤を願い出て花蔵院は廃寺となり（文書三）、同年七月秋田県庁から当八幡神社祠官を申付けられ（文書四）、神宮寺花蔵院の系譜は終止符が打たれた。

二　当地神仏習合の様相

1、当社の祭事勤式

史料的に確認できる江戸時代の当地八幡神社の体制は別当（花蔵院）、神主（斎藤氏）、下社人（斎藤氏、佐々木氏）、神子（舞女）、それに六供の構成であった。六供とは八幡神社奉供のため付け置かれた、おそらく中世以来の六戸の家柄をさす。こうした当地八幡神社の神仏分離前の明治初年頃の祭事勤式は第一表のとおりであった。祭事の主役は内陣奉仕か否かで決まるが、別当が神主に優位して神明奉仕した神仏習合の一端が見られる珍しい資料である。

第一表　当地八幡神社の主要祭事勤式

- 正月二日　舞初め／別当本社で勤行、神主舞殿で舞初め。
- 同　七日　初御祈祷／別当内陣で祈念、神主舞殿で神楽。
- 三月三日　弓引初め／別当内陣で祈念、神主下社家舞殿で祈念、下社家弓引初め。
- 六月中　虫祭り／別当内陣で祈念、神主本社で祈念。
- 八月一五日　祭礼／別当内陣で祈念、次に神主下社家本社で祈念、次に神主舞殿で神楽、次に神主内陣に入り神幣を取出し神輿に遷す。神輿に神主下社家神子など御供（注）。

（出典）神宮家所蔵文書（公開のため整理中）

（注）以前神主は内陣に入らなかったが、文政四年五月の目代参詣から入るようになった。このとき内陣入りは前例にしないと藩役人が申渡したのだか以降先例となったのであろう。花蔵院が無住のことがあったためとされる。この時の顛末、神主の座席への執着は小論「国目付、巡見使の神宮寺八幡宮へ参詣日記の事（秋田県文化財保護協会「出羽路」一三）に詳述。これとは別に別当独自の勤行として神前読経があった。

2、別当の両部神道

別当花蔵院はいつの頃からか両部神道であった。委細は第六章で記したが、尊常は京都智積院止住中の嘉永二年（一八四九）四月八日、大和国添上郡弘仁寺で神祇潅頂を授与された両部神道の正統な継受者であった。この日尊常は神祇大阿闍梨真昶から神祇潅頂初重、二重、三重の印信を受け、その上で究極の惣許可の印信を授与された（印信は影印釈文とも『花蔵院文書』収録）。両部神道は真言密教系の中心的な神道説とされ、神仏習合思想の主流である。神祇潅頂とは両部神道において密教の伝法潅頂に準じて執行される神道伝授の法式をいう。弘仁寺は奈良市虚空蔵町に立派な堂宇を構える高野山真言宗の古刹である。こうして花蔵院は両部神道を奉ずる真言密教系の神宮寺であったと云える[03]。

三　戊辰戦争秋田戦線と花蔵院

1、戦勝祈願と祈祷命令

○戊辰の度、奥羽鎮撫副総督澤八公当地ニ滞陣、同年八月八日ヨリ九月十三日迄日参アリ、時ノ神職ニ命シ御神事ヲ奏シ、（略）御稜威《おんみいつ》アリテ、（略）澤殿ニ於テ籾《もみ》三斗搗《つ》キ小餅ニシテ諸民ニ撤与《てつよ》シ（秋田県訓令甲第六十八号ニ基づく取調べ『神宮家文書』）。

○戊辰の役、澤三位ヨリ神主斎藤左一介ニ八幡神社ニ、同じく岳（嶽）ニモ御祈祷ヲ仰せ付けられタリ（右取調べ草稿カ『神宮家文書』）

解説

澤三位は自ら当社に日参した他、神主をもって当社と嶽山上社に祈祷させたことが判る。ここで仏僧が祈祷に招聘されなかったが、神仏分離が事実上始まっていたと見るべきか悩ましい。のち澤公から勝利の小餅が諸民に配られた。ただし帰京の上は「勅額ヲ賜フ御誓文ナリ」は実現しなかった。

2、出先病院

此の節各藩兵隊へ召列《しょうれつ》ニ相成り候医師、自然《じねん》久保田大病院引合い、其の局ニ相詰められ候筈ナガラ、即今当駅花蔵院へ官軍出先病院召し立てられ候間、大病院の規則通リ局々へ相勤めらるゝ様、申し達せられ候事

辰九月六日　　神宮寺　会議所

各藩隊長各中

解説

右は奥羽鎮撫副総督澤為量幕下の神宮寺会議所から「各藩へ廻章」形式で出た達書である。これによって慶応四年九月ごろ花蔵院は戊辰戦争秋田戦線中で官軍出先病院とされていたことが判る（小著『澤為量征討記録』八九頁）。

3、八幡神出陣の供奉僧

九月六日、八幡宮御正体、御三社御神幣御出陣に付き、屋形様御社参在らせられ、御神幸の節御坂下迄御奉送遊ばせられ、同日暮六ツ時戸島村御本陣え御着館在らせられ候、直ちに昼夜を分かたず祈願に誠心を篭め候（澁谷鐵五郎『正八幡母系神女靏女』下巻、四四頁）。

解説

戊辰戦争秋田戦線が風雲急を告げる九月六日、暮六ツ時（午後六時）、正八幡の御神体、御三社（正八幡、大八幡、稲荷）御神幣は秋田城を出て河辺郡戸島村本陣に到着、敵退散の祈祷に明け暮れた。その「警護固」図中に記された正八幡別当の金乗院は花蔵院前住の尊融である（『秋田の密教寺院』二〇〇頁）。

四　花蔵院と村役人の内談

文書一　御内談覚（読み下し文、以下同）

御内談覚

神宮寺村　花　蔵　院

仙北郡神宮寺村真言宗花蔵院、当所正八幡宮別当、往古は神宮寺と申し唱え候。寛延四未年四月中寳鏡院末に相成り申し候。然れば今般太政官御沙汰に付き神宮寺村肝煎より復飾致し、往古に復し、神宮寺号を以て神主誰と唱号《すい》相転じて然る可きと、本寺向きえ申し立て御伺い成さる可しとの申し出に付き、伺書差出し候所、当時御取調べ故、追って御差し揮《ふる》いも之れ在る可しとの事に御座候。就ては神宮寺の儀は悉皆《しっかい》日用相続、神宮寺村助成《すけなり》に御座候。且つ当時神主役仕り候斎藤安房儀ハ、元禄年中神宮寺村八幡之六句と申し唱え候在家之内の、斎藤新五郎浪人が同村肝煎重右衛門が勤仕中相頼み（によって）、神主役相勤メ当斎藤安房まで四五代ニも相成ると申す可き哉、巳前ハ諸方在々より御神事之度、社家相頼み候て差し支え無く、神楽式相整え罷り在り申し候。

一（略）神宮寺神主号ニ唱号を相転じ復飾仕り候えば、郷中申し合せ元禄年中頼合いの八幡宮神主斎藤安房は、神宮寺嶽六所明神の神主にて、八幡宮神主の儀は相除キ申し度く願い奉り候（略）。

巳（注、明治二年）四月

神宮寺村　花　蔵　院
肝煎　　　富樫伝衛門
同　　　　高橋勘九郎

文書の要点

○今般太政官のご沙汰があり、村肝煎から（花蔵院は）復飾し神宮寺神主誰某と唱号を変えてよいかと申立て伺うべしとの申し出によって、本寺筋（宝鏡院）へ伺書を出したところただ今お取り調べの故、追ってご沙汰あるべしとの事であった。
○（花蔵院が）神宮寺神主と唱号を変え復飾なされば、郷中の申合せによって元禄年中に八幡宮神主を願った斎藤安房は嶽六所明神の神主とし、八幡宮神主ではないようにして貰いたい。
○花蔵院は村役人から八幡宮神主と引き替えに改名復飾を慫慂され、斎藤安房は嶽六所明神神主とし八幡宮神主とはしない。

文書の解説

○当文書は「神宮家」神仏分離史料中で最初に登場する最古の日付文書である。明治元年（一八六八）九月奥羽鎮撫副総督澤為量の西南諸藩軍数百名を率いた当地約一カ月の滞陣によって、当地は重負担にあえぎ退却後は放火などの混乱となったが、「神宮寺」の出所進退について花蔵院と村役人の相談によって翌年四月内々の相談覚えとして作成されたのが当文書である。当文書には同年四月付け下書きと思われる文書がある。宛先は神祇局御役所（清書文書は宛先不明）、差出し人は右記花蔵院・肝煎（二名）と並んで御傳馬方（四名）の名がある。文言はほぼ同文である。
○澤副総督は当地滞陣中、神主に八幡神社や式内社のあった神宮寺嶽に連続参拝させ、当地では神祇信仰が高揚したはずだが、過激な廃仏毀釈は見られない。しかし村役人に時代の潮流は神祇であり神宮寺はもはや存立し得ないことを感得させたに違いない。

文書二　恐れ乍ら口上書を以って願い奉り候事

（略）今般太政官より御沙汰に付き正御別当花蔵院様復飾仕り、神主号に成し下され度く願い奉り候。且つ称号の儀は往古に相復し、神主神宮寺誰《ゆう》と成し下され度く願い奉り候。若し御別当様御不承知に御座候えば、元禄年中の頼合い社家斎藤左一之介に神職相任せ候外は御座無く候。左候えば花蔵院様御相続形必死と御廃寺に相成る可きと存じ奉り候。之れに依って往古の御由緒連々御相続の儀を以て神宮寺誰と御轉《おころび》に遊びて然る可き御事に存じ奉り候。右之趣御本寺へ伺い成す可きと存じ奉り候。以上

明治二巳七月

神宮寺村
親郷肝煎　（二名）印

花蔵院様

文書の要点、解説
○今般太政官のご沙汰があり、別当花蔵院は復飾して神主に就任して貰いたい。若し不承知なら、

元禄年中からの社家斎藤左一之介に神職を任せる外ない。そうなれば、花蔵院は相続ならず廃寺に成ってしまう。よって往古の由緒が連々相続の儀もって、神宮寺誰と称号を転じてもよい。これらの主旨を本寺へ伺って貰いたい。

○「もし別当が復飾改名に不承知であれば社家斎藤左一之介に神職を任せる外なく、そうなれば花蔵院は廃寺になる」と強調する。四月段階で内談が成立したのであるが、花蔵院は逡巡したのであろうか駄目押しの強要である。

五　花蔵院の復飾神勤

文書三　口上

仙北郡神宮寺村　八幡神社　別当真言宗　花蔵院印（四行書）

私先代より両部にて神勤罷り在り候所、先般御一新に付き僧躰にては神勤相成り難き旨、御布告に付き復飾仕り、神宮正と改名、古道を以って神勤仕り度く存じ奉り候。此の段宣敷く御許容成し下され度く願い奉り候。以上

明治三年三月

花蔵院

神祇方　御役所

文書の解説

○村役人の強要にも近い慫慂によって（文書二）、花蔵院が神祇方役所に復飾改名を申し出、以降は古道を以って神勤したいと願い出た文書である。同文の明治三年六月付願書が仙北郡梅澤村実蔵院から神祇方御役所に出されている（大石淳「仙北郡梅澤村と神仏分離令」『北方風土』三四）。作文例があったのであろう。なお、ここで言う古道とは当時の用語で復古的な神道をさす。

文書四　辞令

仙北郡神宮寺村八幡神社祠官申し付け候事

明治三年七月　　　秋田県

秋田県管下平民　第五大区五小区

羽後国仙北郡神宮寺村二百七十七番屋敷居住

八幡神社祠官　　　神宮　正

文政九丙戌年三月生

文書の解説

○文書三による復飾、改名、神勤の願いに対して秋田県より発給された復飾、改名を認め、神勤を命じた辞令である。ただし宛先が既に八幡神社祠官である。

六　花蔵院の不安

文書五　御伺記

一別当花蔵院、改名復飾仕り候上は、別段花蔵院寺号相消し候心得に罷り在り候。此の段、御伺い申し上げ候。御答書　伺いの通りたるべき事。

一祈願の事、古道に限り候哉、又は施主の帰依に候はゞ佛道にて相勤め候哉。右両様、御伺い仕り候。御答書　古道に相限る可き事。

一従前の花蔵院、此の度復飾改名、神宮正居宅に御座候。且つ寺面等も別当の御除地にて神宮正地方《じかた》に御座候心得に御座候。御答書　伺いの通りたるべき事。

一神宮寺村において社家両三人之れ在り、従前の官服は着用の人も之れ有りや否や、御取締り形に御伺い申し上げ候。

御答書　白指貫《さしぬき》の浄衣《じょうえ》風打烏帽子《かぜうちえぼし》に限る可き事。

一社木の儀、従前悉皆別当持にて花蔵院復飾改名の上は神宮正に相預り申す可く、此の段御伺い申し上げ候。

御答書　伺いの通りたるべき事。

神宮寺村　神宮　正

午（注、明治三年）閏十月

神祇方　御役所

文書の要点、解説

○明治三年三月村役人の慫慂によって復飾改名の願書（文書三）を差し出したが、神宮正は花蔵院の行く末、神勤の仕方、復飾後の居宅、経済的要素である社木の帰属に不安を抱いていたようである。とくに廃寺をさす、「花蔵院寺号相消し候心得に罷り在り候」には悲壮の覚悟がしのばれるが、なお確認したい揺曳する気持ちが文書作成となったと推測される。

○第二項の施主の帰依があれば佛道で勤めてよいかの問いはその程度の神仏分離の受けとめであったことを示して興味深い。

○第三項の居宅の許容については若干検討を要する。社寺領上知令（明治四年正月五日太政官布告第四）に見る限りでは居宅の言及はない。東清雄から末（私注、明治四年）七月付け、神宮正他一一名宛てに出された廻章（整理中の神宮家文書）では、「社地居宅屋敷とも宮・居宅・墓所相建て居る外、空地御引立に仰せ渡され候間、此の旨御心得成される可く候」とある。ただしなぜか日付は御伺記が右布告、廻章よりも早い。

○第四項の浄衣風打烏帽子の指示は前掲慶応四年閏四月四日太政官達（第二八十）但書に従ったものであろう。

文書六　郷中への願書

一（略）最早正月にも間無く候故、祈念祈祷の用意も仕り度く候えば、御差し揮いに随って夫々の用意も仕り度く候え共、今以て御沙汰も之れ無く何共困り入り申し候。御上の事、何時ともは

かり難き候間、来る正月よりは古道を以て祈念仕り度く、一書を以て願い上げ奉り候。（略）
一郷中安全護摩修行の所は大神楽《だいかぐら》並に湯立《ゆだて》を以て祈念仕り度く、継護摩の所は湯立を以て奏し奉り候。
一家別仁王の（祈祷を行なう）所は古道を以て祈念仕り候。

（略）

神宮　正

壬（注、明治五年）十月

御郷中　御一統中

文書の解説

かくして古道を以て神勤することになったが、祭式の指図がなく困惑してしまったようである。次の文書七は明治五年一〇月段階でも正月の祈念祈祷の仕方が明らかでなく、ともかく神楽、湯立、古道による祈念を行なうこととし、用意を郷中に願い出たことを示す。なお護摩、継護摩（つぎごま）は炉の中で護摩を焚く密教系の修法である。当地には今に「おごま」ということばが健在である。

七　通知通達の経路

文書七　廻章

今般、真言宗復飾神祇組触頭《ふれがしら》仰せ付けられ此の段御吹聴させ候。

一（略、社領寺領絵図面提出の件）
一（略、司民局へ願書申し立ての件）
一（略、下社家等への教諭の件）

午七月（注、明治二年）

東　清雄　印

文書の解説

さて神仏分離政策の地方における具体的な通知や通達はいかなる経路で行なわれたのか、文書七、八はその一端を示す。復飾改名後の神宮正に対する法令通知、取調べ指示は、明治二年七月真言宗神祇組触頭を命ぜられた東清雄から行なわれた。東清雄とは金砂山常蓮院東清寺（秋田市保戸野）誼海（義海）の復飾改名後の名である（『秋田の密教寺院』一九七頁）。

文書八　廻章

当十二日朝御催促、出勤致し候処、建白成され候通り、別当復飾の方、本神主仰せ渡され候。従前の神主、権神主と相称し申す可きの旨、御沙汰に候間、左様御心得　成し下さる可く（略）、

東　清雄　印

未（注、明治四年）正月十七日

神宮　正　殿

文書の解説

文書三に対する回答が文書八である。願いの通り復飾改名後の神宮正は八幡神社本神主、従前の斎藤神主は同権神主（および嶽六所神社神主）とされたことが東清雄から通知された。ただし文書四によれば、明治三年七月秋田県庁より辞令が交付されている（『花蔵院文書』）。

八　その他の経過

1、仏像譲渡

明治三年四月、歓喜尊天像が尊常から信徒講中へ五両を以て譲渡され、譲証が発給された。前掲宝鏡院住三十四世宥識より天保年花蔵院寛隆に譲られ、以降尊常まで伝授された（神宮家蔵「譲証」）、本尊につぐ仏像であった。神仏分離と廃寺を決定する出来事である。委細は補稿一。

2、神符献上社指定

明治四年一月九日、神符献上社制度により秋田県が指定した一八社の中に、近隣の仙北境村唐松神社、仙北六郷村諏訪神社、雄勝杉宮村三輪神社などと並んで当地八幡神社があった（秋田県神社庁『秋田県神社神道史』一九七九、一〇一頁以下）。これは神仏分離以降の神道強化の一策である。

3、神武天皇遥拝式

安丸良夫氏によれば、明治四年三月一五日執行された右遥拝式は府藩県庁では布達の通りに実施されたであろうが村々での実施状況はよくわからないという（『神々の明治維新』一九九八、一三二～一三三頁）。これも神仏分離以降の神道強化の一策である。そこで整理中の神宮家文書から当地の実施状況を伝える覚を示す。品々から最重要の例祭に準じて執行されたと推定される。このような細々したことから史実は積上げられると思うが珍重な史料としてよい。

覚

神武天皇遥拝式御祭典に付き郷中より受取り候品左のとおり。

一榊　三本
一生魚　二尾
一昆布　一本
一御饌　米　一斗
　　粳米　二斗
一花こも　二枚
一大包　一状
一水油　一盃
一烏賊（いか）　八枚
一御酒　上　一本
　　並　一本
一山の物
一はだ紙　六枚
一半紙　一状
一よし　二十本
一割木　二□
一しめ縄　三丈

右の通りに御座候　以上

未（注、明治四年）四月廿日　　　　　　　　　　神宮　正

郷中役人中

4、初期研学および神勤履歴

還俗した仏僧が神職に転ずるには初期研学が急務であったはずだが、不思議なことに前掲『明治維新神仏分離史料』でも一切明らかにされていない。制度の変革のみならずそこに生きた人間の営為の視点からも神仏分離の実態は解明される必要がある。ここでは復飾改名後の神宮正の自筆履歴によって瞥見してみよう（『神宮家文書』）。当時神道学を皇典学と称したが神仏分離の早期から研学に取り組んだ様子がわかる。

○初期研学履歴

・明治三年三月～四年六月（一年四カ月）
　神宮寺村斎藤周之助（注、八幡神社社家）に随い皇典学研究

・明治五年三月～七年二月（都合二年間）
　仙北郡六郷村熊谷政司（同、熊野神社社家）に随い皇典学研究

・明治七年四月　　　平鹿郡横手町神道合議所に於いて皇典学初科講究

・明治十七年十二月　秋田県皇典講究分所三等仮試験合格

・明治廿年九月　　　右同　　　　一等仮試験合格

○初期神勤履歴
・明治三年七月　神宮寺村八幡神社祠官申付（秋田県庁）
・明治五年八月　神官改正により解任せらる（右同）
・明治六年八月　神宮寺村八幡神社祠官申付（秋田県）
・明治八年十一月　北楢岡村熊野神社祠掌兼外小友村八幡神社祠掌申付（右同）

むすび

慶応四年（一八六八）三月一三日付け太政官布告（第百五十三）は王政復古、祭政一致、神祇官再興の理念と全国神社・神職が神祇官へ附属するとの原則を宣言した。以降、神仏分離令と併称される前掲神祇事務局達（第百六十五）、太政官達（第百九十六）などによって神仏分離が推進される中、過激な廃仏毀釈が起こったところも少なくなかった。そうした廃仏毀釈は当地では見られなかったが、当地神宮寺では上知すべき寺地をほとんど有せず、檀家を有せず、また神葬祭の影響もなかったのだが、神宮寺の経営が郷村に依存した形態であったので当時の世相から村役人の意向によって廃寺になったと理解される。当社は前述のとおり別当、神主、下社人、神子、六供という一地方八幡神社にしては整った体制であったにもかかわらず、祭事料はわずか五石であった。花蔵院は南北朝期に加賀国から当地に落ち来った冨樫氏が創建した名刹宝蔵寺に対して、落着早々に滅罪引導の儀を譲ったので檀家をもたなかった。また八幡神社の修復は藩持ちとされ、花蔵院は「悉皆日用相続、神宮寺村助成に御座候」という郷村依存の形態であった（『神宮家文書』）。
この時期、地域民衆の信仰に根ざさないか民衆信仰へ変容できなかった寺院は悉く廃寺になったことを考えれば花蔵院もその類であった。このほか当地には前述した戊辰戦争での疲弊、神祇信仰の高揚があげられるが、廃寺に向かった村役人の意思を決定付けたのは花蔵院の経済的負担の回避であったと推察される。檀家をもたなかった花蔵院の経済的負担を怖れたものであったろう。翌三年三月尊常は神祇方役所宛に復飾、改名、神勤を願い出て、同年七月秋田県庁から当八幡神社祠官を申付けられ花蔵院は廃寺となった。ただし花蔵院堂舎は神宮正の居宅、寺面等も神宮正の地方とし、さらに社木（注、当社周囲土手上の杉の巨木数本／今次大戦で伐採供出、隣接地の杉林）が神宮正の預りとされた（文書五）。

以上のような神仏分離の経過を大筋でたどった寺院や神宮寺は少なくないであろう。本章では一地方神宮寺にしては当初の御内談の段階から順次よく遺された文書によって、これまで多くは論究されて来なかった地方神宮寺の神仏分離の実態に初めて体系だって迫れたと確信する[04]。最後に付言すれば、神仏分離の中心的法令である前掲慶応四年三月二八日太政官達（礼拝対象の神仏分離）は昭和二一年二月内務省訓令によって漸く廃止された[05]。その他の神仏分離諸法令の行方は判然としないが、それにしても大戦後の改革まで関係諸法令が有効であったのであろう。ともあれ奈良時代末以降一千数百年以上を閲した神仏習合がわずか明治初期数年の国家の神仏分離政策によって清算されてしまったと見るか否かは難問であるが、神仏分離史料の研究は過去の詮索であってはならない。神道と仏教の本義をたずね今後に向けた関係究明の一助でありたいものである。

注

（01）村田安穂氏によれば、慶応四年三月一七日神祇事務局より諸社へ達（別当社僧の還俗命令）と同月二八日太政官達（神号神体から仏教色一掃の命令）の二法令をさして神仏分離令といい、後者のみをいう場合もあるという。また右二法令のほか関係達・布告・御沙汰を含むとする説に対しては実施のための説明や補足であるとする（『神仏分離の地方的展開』一九九九、七〜九頁）が、本章ではこれに倣う。なお同年閏四月四日太政官達（別当社僧は還俗の上神主社人などと改称して神勤し、不得心の者は立退くべしとの命令）は本稿と関係が深い。こうした神仏分離政策は廃仏毀釈を予定したものではなかったが、実施の過程で半ば必然的に起こったのが寺堂、仏像、仏具、経巻などの破毀焼棄の行為であった。これを一般に廃仏毀釈というが、筆者は広義には僧侶に対する立ち退きや還俗の強要の他、寺堂の廃止と上知、離檀や神葬祭の強制など広範囲に及ぶと理解する。

（02）前掲『明治維新神仏分離史料』（正続五巻）でも直接に神宮寺の神仏分離を取り上げた例として越後弥彦神社（正編下巻）しか管見に入らず、そのほか熱田神宮（正編中巻）、宇佐八幡宮（続編上巻）、大阪府下神宮寺（同）などに散見する程度である。

（03）ちなみに宝暦一一年（一七六一）巡見使から「神宮寺と申す寺之れ有る筈」と尋ねられ、地元および藩役人を周章《あわ》てさせた一幕があつたと伝える（前掲「出羽路」一三）。

（04）山形県河北町史編纂委員会編『河北町史資料』中巻、二〇〇一に収録された谷地八幡宮別当「円福寺文書」中の神仏分離・復飾神勤文書一八通は注目されるが、分析が付されていない。

（05）阪本健一編『明治以降神社関係法令史料』神社新報社、一九六八、一頁。

補稿一　歓喜尊天像の譲渡

譲　証

一　歓喜尊天　壱厨子

是ハ秋田藩主佐竹公御祈願所、真言宗宝鏡院住三十四世法印宥識ヨリ天保年度神宮寺村花蔵院住法類寛隆カ代ニ譲受タルヲ、文久三年三月中に候、寛隆ヨリ後住法類ナル衆本ニ譲ラレ、衆本転住の際、則ち明治元年八月中、後住法類尊常是ヲ譲受け、敬信致し来たり候へ共、尊常義、時世ニ感スル所アル（に）ヨリ、乃ち復飾致し神官ト相成り候、就テハ神仏混交ナラサル御達ニ依リ、従来信徒ノ結縁アルヲ以て候、歓喜天厨子入ノ侭、貴殿等へ永久相譲リ、今に講中ノ所有ニ帰セシ候所、謝儀として金五両投ジラレ正ニ受領仕り候、其の後苦情来り御座候為メ、譲伝の証依て件の如し

明治三年四月

信徒者――――人々

外　御　講　中　殿

（注）

・文書法量／　縦16×横42㎝

・衆本／花蔵院系図、他には見えない初出の僧名である（『花蔵院文書』）。記述によれば寛隆→衆本

↓尊常であるが、この間、花蔵院系図（B）では寛隆↓宥智↓尊融↓尊常である。宥智は当所で寂し玄応坊墓地（第五章補稿）に円塔墓がある。あるいは尊融の別称か、還俗後の俗名か、いずれにしても不定。

・尊常／当神宮寺晋住（しんじゅう、上山とも）の年月が不明であったが、これによって明治元年八月までに入院したと推定される。

・金五両の受領（の有無カ）に苦情があり、この譲証が発給されたと伝える。

歓喜尊天像カ

（注）不鮮明だが象頭人身の、抱擁する男女神像のように見える。

（出所　伊藤忠温氏恵贈資料）

お聖天社

昭和二十年代の末ころ、お聖天に幔幕が掛かっていた記憶がするので祭礼だったかも知れないが、いつもは閉じっきりの扉が開いていたので、そうと中を覗いたことがある。すると長押の上方に色ははげているが彩色された子供心に妙な絵図を見たことを思い出す。後で誰かに聞いたのかは定かでないが、この絵図は「古事記」の国づくりに登場するイザナギとイザナミの男女神が結び合った媾合（まぐわい）の図だったような気がする。このお聖天が花蔵院と浅からぬ関係があることは明白なのだが、具体的にどんな関係だったのかまでは分からない。社前の左右にある小振りの石灯篭に刻まれた年銘は左側が嘉永己年（一八四九）、右側が安政六年（一八五九）とあるので、石灯篭は花蔵院の廃寺前から所在したことになる。ところが大正十年、美しい向拝付きのお聖天と称される御社（御堂と称されてもよい、明治二十年建立）が現在の大仙市長野に移築されているので、今あるお聖天はそのとき建てられたに違いない。石灯篭は御社のあった跡地に対して横向きなので、石灯篭も移転したのかと謎であったが、近年に至って花蔵院本堂が所在した時には今ある所に旧お聖天があって、廃寺以降、本堂跡地に後に移転する立派なお聖天社を建立したと按ずるのが妥当のようである。いずれにしても、お聖天の横脇には今に残る築山があって、花蔵院の御堂とお聖天の前庭の配置となっている。築山の上には昭和年代にはなお青々と生える一本のオンコの老木があり、また半ば埋まった池の東端には一本のとちの老木があるのだが、これらの老木は何を見てきたのか、尋ねてみたいものである。

○お聖天は大聖歓喜天（インド古代神シヴァ神の子、一般的には象の頭をした男女が抱擁する姿である）をまつる。花蔵院廃寺後は大仙市峰吉川の真言宗高善寺（高寺観音）が招かれて祭祀をしたようである。
○真言宗と歓喜天は関係が深いが、天保年度に宝鏡院宥識より花蔵院寛隆が歓喜尊天を譲り受けた機会に、最初のお聖天社を建立したものであろうか。

補稿二　花蔵院堂宇の流転

明治三年廃寺となった花蔵院の堂宇と寺地は、当局の達に従えば旧別当神宮正の居宅と敷地になった筈である。その後、明治七年花蔵院堂宇は当地初の小学校として開校された「対嶽学校」の校舎に転用された。開校記念誌『神宮寺小学校誌』二〇一二によれば次のとおりである。

明治七年六月二日法令ノ主旨ニ基キ学校ヲ創立ス
一、名称対嶽学校
一、位置字新道神宮寺と云ヘル仏閣ヲ以て一時校舎ニ充テタリシガ、一二年ニシテ新町救荒予備倉ニ改築ヲ加ヘ之ニ充テタリ
一、教員四名（略）

また『神岡町史』二〇〇二によれば、明治七年四月二五日文部省によって学校設立が認可された秋田県下小学校六〇校の中に神宮寺村対嶽校があった。生徒数二〇名。この学校は花蔵院本堂に設置されたと伝える。かくして寺院機能を停止した花蔵院堂宇は小学校に転用されたことが判る。さらに正

没後早々の明治三十四年、堂宇の一部（本堂部分か）は修験を経た神道家として敬仰された人物ではあったが浪費癖があった当家二代勝興が売却した。売渡証書は次のとおり。なお売却後の当家住居はどこだったかに関しては意外と明らかにし得ない。

建物永代売渡証書（神宮家文書「諸事日記留帳」所収）

仙北郡神宮寺村字神宮寺四十七番地　郡村宅地二畝三歩ニ設置ノ建物
一建屋木口葺二階附木造　一棟　此坪十八坪二合　但し別紙書面之通り
内二階坪五坪二合　外廂二所　此坪七坪二合二夕
此附属物
板戸十二枚　障子十枚　襖四枚　炉二個　梯子三　畳八枚　筵八枚
明治三十四年二月六日
仙北郡神宮寺村　売渡人　神宮勝興
同郡同村　佐々木新十郎（注）殿

（注）「大工の棟梁」と伝わる（神宮寺淳（本名細谷純一）『錺屋《かざりや》源太の昔噺』一〇頁）。この建物は後に石川屋旅館とされたか（同一六頁）。なお細谷氏は筆者父と小学同級。委細は小論「同郷の百寿翁を送るの辞」『北方風土』65、二〇一三・六。当旅館は明治三十七年八月開通した奥羽本線神宮寺駅に至る駅通りに昭和四十年代初頃まで所在したと記憶する神宮寺ホテルの先駆かと按ずる。

補稿三　廃寺神宮寺の残照

花蔵院にまつわる筆者の見聞書留や父母など周囲に尋ねた内々の覚書をもとに作成した、十四項の「花蔵院追憶書留」が小著『出羽国仙北郡神宮寺村八幡宮別当玄応坊屋敷由緒私記』二〇〇二に収録してある。内、ここでは紙数の都合で関係の深い五項を摘記する。これによって廃寺になった神宮寺花蔵院が筆者の幼少期まで暫し残像を留めたことが伝わる。

1、花蔵院伝来の印

花蔵院の遺物としてめぼしいものが伝えられていない中で、この伝来の印は確実に花蔵院に由来する品の一つである。木製、陽刻で、印影は縦三〇ミリ、横二八ミリ、彫られている文字は「華蔵院」かは不確かである。市の指定文化財になっている当家所蔵の「文政四辛己年　八幡宮江御目衆御参詣之日記」の表紙に二箇所押印されている。この日記を昭和五四年父邦彦が解読刊行したとき、「此印章は表紙右折目上下に捺されているもので、いつの頃からか華蔵院として使用されてきたものです」と紹介している。

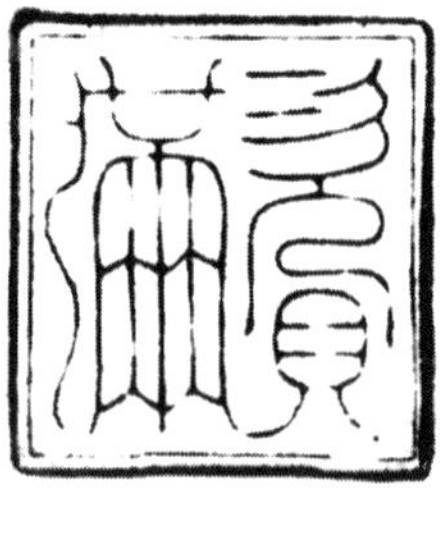

2、花蔵院の井戸

当家東方の小西家宅前の南寄にある井戸を子供の頃みているが、これは花蔵院の生活用の井戸だったと父邦彦から何度か聞いたことがある。井戸の近くの、隣地との境界に小さな柿のような沢山の実がなる一抱え以上の大木があって、秋から初冬に子供らが実を拾ったものだが、その時見たのである。当時井戸の木囲いはあったが、朽ちていて、井戸もほとんど埋まっていた。汚いわずかばかりの水面が少しのぞいて見える程度のものだった。花蔵院の井戸だったと聞いていたので、ここに庫裡（台所）があったと思っていたが、調べてみるとそうでもなく、或いは門前九軒の共用の井戸だったかもしれない。そうなれば、父のいう生活用と合うことになる。この井戸は明治初期、神宮正作成の「花蔵院寺地」（後掲）にも描かれている。

○この井戸の修理掃除に割銭、労役があったと聞く（平成六年元旦、父邦彦談）。

○当家の現在地は庫裡跡とする伝承を聞くが、庫裡と井戸とは密接不可分であることを考えれば、当家の現在地は庫裡跡ではなく、現在地に廃寺後の庫裡が移築されたのでないかと推察する。

3、古い米櫃

子供のころ、当家の米櫃は木造の長方台形で、古く黒ずんでいて米俵ひとつ四斗分がゆうに入る位の大きさであった。ねずみの食いかけや、破損したりで端々が欠けていたりしていたが、上半分が開閉する蓋になっていて、その裏には幕末にあたる文久年の墨書があった。花蔵院からのものと聞いていた。この米櫃は昭和四十四年の家改築時に廃却された。

4、物　置

子供の頃、当家一階は居間・客間と手洗・風呂場・物置が土間で分かれていた。このうち物置は2×2間位の広さで、手前1／3位の所から50センチ程の高床になっていた。この物置の上に二階があり、当初はきちんとした部屋にするつもりだったらしいが、食べるのに追われてゆとりがなかったと聞いた覚えがあるが、ずっと放置されて物置になっていた。この一、二階の物置は当時火の当たる所でもないのに煤黒くなっていて、柱も途中に穴が空いたりしていたので、花蔵院の廃材を使ったものだったかも知れない。この物置は上下階とも昭和四十四年の家改築時に廃却された。

○物置の段差のある上段のところは旧宅の居間だったかも知れない。（平成六年元旦、父邦彦談）

○花蔵院の居間だったと聞いたことがある。（平成八年二月、弟稔談）

5、獅子廻し

例年九月十四、十五日の八幡神社大祭の翌日、獅子廻しがお聖天社前の小路をとおって当家の拝殿にあがって獅子舞いをされた。その時、八幡さんからまず家に来られるのだと祖母ミヨがいささか誇らしげに話すのを聞いている。この獅子廻しの順番は菅江真澄の「月の出羽路」に収録された地元の由緒録に記されているが、花蔵院以来のものらしい。この獅子廻しも昭和三十年ころから拝殿が居住用として塞がったため上にあがらず、拝殿前で簡単に行なうようになり、やがてそれも廃れてしまった。

○古記由緒録（「月の出羽路」）

同十六日は御礼と申すあり。是は神主、下社人、獅々子ともに花蔵院へ入り、それより六供屋

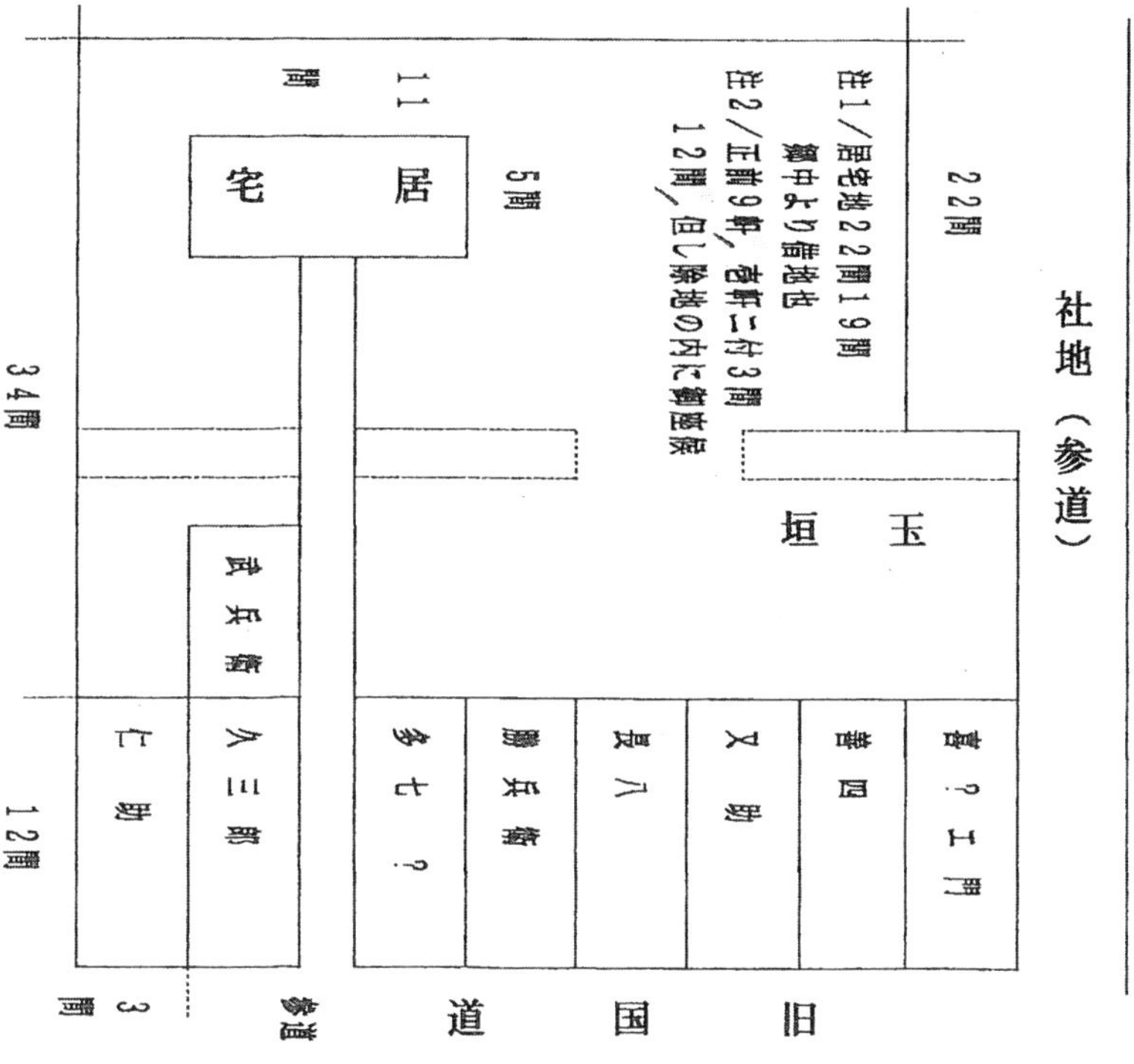

旧花蔵院寺地
（明治七年時、原図父邦彦作成）

舗、並御礼屋敷と申す家あり、この家々にて御祈祷、獅子舞等あり、右の御礼済み候えば村中家毎に御獅子相廻り申し候。

補稿四　照らされた一隅の拙論

二〇〇四年十一月、創刊五〇号の記念号として刊行された『秋大史學』五〇に拙論「一地方神宮寺の明治初期神仏分離史料の研究―出羽国仙北郡神宮寺村花蔵院文書―」が掲載された（注、本章の初出論文）。この小論につき、斯界の権威であられる國學院大学教授の阪本是丸氏が、平成十七年（二〇〇五）三月十二日明治聖徳記念学会の第三十九回例会（於明治神宮社務所講堂）において行なった、「神仏分離・廃仏毀釈の背景について」と題する講演のなかで、次のようなお話をされた。阪本教授によれば、この一節は講演で取り上げた四ツの論点の三番目で、研究者のみならず教養人に広く知られている辻善之助先生等が編まれた『明治維新神仏分離史料』という非常に大きな本があるが、これに関して、少し思うところを述べてみたいとする箇所である。少々長文にわたるが、講演録から転載してみよう。

このほか、神仏分離研究に関してはたくさんあるようでありますが、実際にはさほど多くはありません、ただし、全国の自治体史、何々県史とか何々市史であるとか何々村史でといったものには、たいてい出てきます。しかし、そこでは明治維新に神仏分離で気違い的な国学者だの神主が出てきて、坊主憎し、仏教憎しがために廃仏毀釈を行なった、そこには矢野玄道であるとか大国隆正であるとか、あらゆる有名な国学者を皆ない交ぜにして出している。こういった自治体史がたくさんあります。しかし、研究としてはほとんど使えない。ただ最近、さる二月十八日、中世宗教史研究の最高権威である千々和到先生から、神宮滋さんという秋田の方が「一地方神宮寺の明治初期神仏分離史料の研究」というのを秋田大学の歴史の雑誌に書かれたものがあるということを伺いまして、拝見しました。こういった非常に重要な研究もあるということです。

（引用注）

阪本是丸／さかもとこれまる。國學院大学教授。日本史・神道学者。専攻は近代日本宗教史。

千々和到／ちぢわいたる。東大史料編纂所教授を経て國學院大学教授。日本史学者。専攻は日本中世史。小論「起請文に勧請された神々」小著『名族佐竹氏の神祇と信仰』二〇一九では氏の研究に学んだ。

この一地方神宮寺の神仏分離史料に関する小論は当家（大仙市神宮寺）に伝わる文書によって立論したもので、原稿は『秋大史學』の編集からとくに修正を求める意見もなく、そのまま掲載されたことを記憶する。この一件は自慢話として出したものではなく、一遇にあっても必ずや見る人がおられるものだという感慨を伝えんがためである。この評価は論文内容のほか論文作成にも及ぶと私は理解する。そうであれば、このような論文を書くことが出来た文書を遺してくれた先祖に感謝するとともに、私の論文作成能力もあながち卑下することはないはずだと思い直す。

さて補稿四は、小論「稚拙なる我が稿を送り出すの記」『北方風土』六四、二〇一二・八の一節である。これより先『秋大史學』に掲載された一地方神宮寺の神仏分離一件に関する小論が高名な中央の学者から評価されたことを披瀝し、私の論文出稿を繰り返し没とする秋大史学の査読に対して私の論文作成レベルはそれなりの水準にあることを主張した一節である。ここで私の所見を多少説明すると、明治後秋田の論陣は一時同盟軍に加担した事実を払拭するべく「官軍秋田」を標榜したが、さすがに『秋田県史 維新編』一九六一では素朴な「官軍秋田」論は論述できず、代わって相応の実証論を展開したが、その過程で実は「秋田中心史観」にはまった。この「秋田中心史観」は横手城の政府軍退去に関して、政府軍は戦わずして退去したと批判するのだが、政府軍の秋田在陣は佐竹藩の救済でもなく、まして秋田藩の領土領民の守護のためでもない。ひとえに奥羽鎮撫のためである。そうであれば、横手城にあった澤副総督の身辺警護こそが最重要で、澤副総督がどこに移転しても奥羽鎮撫の旗幟はゆるぎなかったと考えるべきである。この一件で『秋田県史』の「秋田中心史観」は明らかになったのだが、これに若干ながら論及した私の論文がおそらくは査読者の他意と相まって忌避されたということであった。

なお却下された論文は北方風土社森本彌吉会長の地域に根ざす度胸の据わった編集方針により、小論「奥羽鎮撫副総督澤為量に対する秋田藩の応援―慶応四年五月戊辰戦争秋田戦線―」(『北方風土』六四に改編掲載)として発表できた。これが戊辰戦争における「官軍秋田」像を新たな視点から批判再考する契機になれば、深く澤為量に立ち入る研究者として慶賀の至りである。

結　章

如上のとおり本論の各章では、当社と別当神宮寺の北方性を踏まえ、当社と当神宮寺が当地域において如何ように展開したかを考察した。開章で述べたとおり、第一章では副川神社から八幡神社への変転ならびに以降の当社の発展を各年代に伝承された参詣祈願を中心に、第二章では江戸時代に藩へ提出した神主文書に記された由緒と宝物を中心に、それぞれ通史的に考察した。これらで考察した資料はおおむね近世資料であるが、仔細に見れば、第一章の延喜式神名帳は古代の同時代資料であり、副川長者説話は中世以来の伝承を伝える中世または近世文書である。また第二章で考察した神主文書そのものは近世文書であるが、そこに記され今に伝来する宝物は歴史的遺物である。他方、第三章では当社に伝来する中世三棟札の読解の取り組みと、そこから見える中世当地域の歴史を考察したが、当棟札は後代書き替えられたものではなく、紛れなく同時代資料なので、所要の資料批判を経て、相応の信頼が置かれてよい歴史資料である。なお本書では近年の研究動向に従い「資料」と「史料」を厳密に区分しない。

第四章では当社の歴史と一体である神主の系譜を、第五章では神宮寺の歴史と一体である住僧の系譜を、第六章では神宮寺最後の住僧が授与されていた神祇潅頂文書を、それぞれ考察した。また第七章では筆者家に伝来する神宮寺文書によって、当神宮寺終焉の実相を追究した。これらは全て近世資料であるが、第六章の神祇潅頂文書と第七章の神宮寺文書は紛れなく同時代資料である。さらに第一、二、五、七章では必要に応じて補稿をもって論旨を補強した。

こうした資料に関する思案を重ねつゝ、本書の各章と特定研究を著作編集する途次、私は奇しくも本書主題に深く関係する講義とテクストに邂逅した。すなわち私は、二〇一六年度以降國學院大學のオープンカレッジで主に神道学を、時に北東アジア史の講座を毎年度受講してきたが（二〇二〇年度はコロナ渦で閉講）、二〇二一年度は新谷尚紀同大元教授（国立歴史民俗博物館名誉教授）の「民俗伝承学から日本文化を学ぶ―神社の起源と歴史―」Ⅰ、Ⅱ（全十回）であった。慣れないオンライン形式だったので、充分に聴講できたとはいい難いが、指定されたテキストである『神社の起源と歴史』二〇二一によれば、新谷氏は神社の起源と歴史を追跡するに当り、伝統的な遺物資料を分析する遺物考古学や文献史料を分析する文献史学のほかに、これと並立する形で民俗伝承学を提唱される。この民俗伝承学とは日本の歴史と文化を伝承 tranditions と変遷 transitions の両者一体のものとして、立体的で動態的な実相を解明しようという視点と方法に立つ新しい広義の歴史科学であるという（一～一二頁）。

これに接した私は本書主題との関係で何か新しい分析方法が得られないかと、耳をそば立てて聴講したのだが、ついに伝承と変遷の内実を領解（注、りょうげ。納得して飲み込む）できなかった。また民俗伝承学の視点と方法とは、（1）個別情報を断片として扱うだけでなく相互の比較研究という方法をとる、（2）それらの情報を相互連関的な構造的な把握の視点から読み解くという方法をとる（二一頁）という定立（注、ていりつ。論理展開上の判断）に対して、これら（1）および（2）は文献史学では自明のことであり、遺物考古学でも当然の筈であると思えてならず、結局、民俗伝承学とは何かを理解し得なかったことを白状して置かねばならない。そこで本結章を執筆するに当り再度テキストを閲覧し、民俗伝承学とは柳田國男が創始し、折口信夫が深く理解し協力した民間伝承tradition populaireの学問であるとする定立にふれ、柳田も折口も学んだことがない筆者には到底理解は難しいことに気付いたが、さらに精読すれば、民俗伝承学とは民間伝承学の民間に替えて民俗を使い、伝承を対象とする学問であるという意味で、民俗伝承学を名乗るとあるので（一頁）、一応理解することができた。ただし伝承、変遷、民間伝承に付された英語文字が如何ような意義、異同をもつのか、欧米流の文化人類学に全く疎い私には理解できかねた。

さて当社と付設の神宮寺は北方の一地方に所在したにしては、多くは伝承を含むとしても、古代、中世、近世の通時代の由緒などを伝える資料がよく伝来すると評されてよい。こうした視点から本講義とテクストを本書に即して按ずれば、第一章で考察した田村麻呂、保則、義家、義経、頼朝、盛政らの参詣祈願の事例では、いずれも当地に連綿と伝わった民間伝承が近世文書に記述されたことで、その実否は検証を要するとしても、そうした伝承が当地に連綿したことを知り得る。こうした民間伝承が新谷氏のいう民俗伝承に当たるとすれば、当地に絶えることなく伝来した伝承の意義は決して軽いものではない。したがって本書で取り上げた資料は多分に伝承であるとしても、適切な史料批判と考察を経れば、その先に歴史的事実が見えてくる可能性があるはずである。翻って本書各章ならびに後掲する特定研究では果たして適切な史料批判と考察がなされたか、筆者は現状では精一杯取り組んだつもりだが、思わぬ陥穽がなかったか、結章の掉尾ではあるが謙虚に記して、次代の審判に委ねたいと思う。

特定研究

研究一　「鎌倉殿の十三人」中原親能

はじめに

二〇二二年（令和四）、ＮＨＫの日曜大河ドラマ「鎌倉殿の十三人」は年初早々から話題を集めた。ここでは本格的な武家政権を初めて樹立した源頼朝とそれを支えた十三人の御家人、幕僚らの赤裸々な人間模様が、終始頼朝に近侍した北条義時を軸に展開し、意外にも国民的な人気を博した[01]。このドラマを観ていて大いに関心を寄せたのが「十三人」の一人である中原親能《なかはらのちかよし》である。この人物のドラマ登場はのちにビデオ検索から十話と聞くが、うち私が気付いた台詞《せりふ》付きの場面は二度三度であった。中原親能は大仙市神宮寺に痕跡を遺す歴史上の重要な人物である[02]。

一　当地の痕跡

1、当社棟札銘文

当社には中世期の年銘が記された三棟札が所在する。これら三棟札の各表各四段目を右側から抜書きすると第一表のとおりである（読解の「カ」は略す）。

第一表　中世三棟札の関係銘文（各三段目）

一二九〇	一三一九	一四八九
正応棟札	元応棟札	長亨棟札
大檀主源頼朝	同上	同上
中原親能	同上	仲原親能
宮道國平	同上	同上
藤原知房	同上	同上
隠岐長家満	同上	同上
道知弘	同上	同上
	僧秀西	同上
		平朝臣盛政

2、当地資料

当社の再興再建とこれに関係する中原親能らを伝える当地資料は次のとおりである。六供（ろっく）とは元来は密教で仏前に供える六種の供物をさすが、ここでは仏具類神供調進せし家（資料一）、盛政以下六人（資料一、二）、また別資料では「永久社守として（当社に）付け置かれた六人」とし[03]、六供の存置は当社体制の充実を伝える。これらの子孫は断絶しつつも家跡に住むなどの所縁から、現代なお当社氏子総代、例大祭における神輿供奉などで重責を担う（次掲第二表）。

資料一　菅江真澄（「月の出羽路」仙北郡五）

○建久元年（一一九〇）右大将頼朝公再興（「八幡宮由来条」）、

○六供家は平朝臣盛勝、仲原親能、宮道国平、藤原知房、道知弘、僧秀西といへり。此六供家五家断絶して、今残りて藤原知房の後胤のみ、（略）こは八幡宮の御神供調進せし家ども也（「斎藤伊勢正《いせのかみ》家系譜」条）

資料二　当地文書（「神宮寺村旧記帳」）

○延久三年（一〇七二）源義家朝臣再建、建久三年（一一九二）右大将頼朝公再建、

○往古六供衆ト申し唱え候は平朝臣盛政、仲原親能、宮道国平、藤原知房、道知弘、僧秀西。古キ書付（引用注、観応二年（一三五一）戸沢殿再建を記す、現不明）ニ見え候、其の後ハ六供屋敷トアリ、

第二表　六供名

当社中世三棟札	中原親能（仲）
『由緒録』「古き書付に見得候」	中原親能
『同書』六供屋鋪「古き書付に見得候」	七十郎
『同書』「時の六供」、時は『同書』作成の一八二七カ（私注）	角兵衛（七十郎屋敷）
『神宮寺郷土誌』住居屋敷跡大正元／一九一二	斎藤角兵衛
現当主（町名）	斎藤信征氏（新道）

宮道国平	宮道国平	与助	与助（不明）	高橋三内	高橋繁雄氏（新丁）
藤原知房	藤原知房	佐藤右衛門	佐藤右衛門（藤原知房嫡流）	小林佐藤右衛門（里）	小林ヱチ氏（新丁）
隠岐長家満	平朝臣盛政	伊左右衛門	仙波三郎左衛門（伊左右衛門）	斎藤新五郎	斎藤昌氏（中町）
道知弘	道知弘	久右え門	富樫伝市郎（久右エ門屋敷）	富樫寅蔵	富樫貞一氏（裏町）（伝市郎別家）
僧秀西	僧秀西	平左衛門	専右衛門（現細谷経修氏）	細谷名兵衛（専右衛門別家）	細谷時治氏（新丁）（専右衛門別家）

（伊藤氏注）上下の関係は藤原知房↓小林氏を除いて、必ずしもタテにつながるものではない。しかし現在の六供は前代から何らかの縁故、例えば屋敷跡、類葉、ゆずり受などによるものであろう。

私注　本「六供名」の原資料は伊藤忠温氏の作成による。作成は昭和五十年代カ。いずれ当地の「六供」の系統が不明になることを怖れ、貴重な伊藤氏の作成資料を本書に収録する。ただし、調査には限界があることに留意を要する。

二　『吾妻鏡』（前掲注01）上の中原親能ら

源頼朝、中原親能、宮道國平らと当地の接点は奥州合戦とそれに続く兼任の乱である。当合戦では頼朝と共に親能、能直、國平が陸奥国平泉付近まで来陣したが、頼朝は出羽国入りせず、能直と國平の出羽国入りも明らかでない。兼任の乱では頼朝は鎌倉を離れず、親能も出陣しなかった[04]。

1、奥州合戦

a　文治五年（一一八九）七月十九日条

二品（源頼朝）が奥州の（藤原）泰衡を征伐するため出陣された。およそ、鎌倉から出陣した軍勢は一千騎である。鎌倉の出陣より御供した者たち（列挙名一四四人）の内、十四番式部大夫（藤原）親能、五六番大友左近将監能直、一三七番宮六傔仗国平。

2、大河兼任の乱

a　文治六年（一一九〇）一月六日条

奥州の故（藤原）泰衡の郎従であった大河次郎兼任以下が、去年の十二月より叛逆を企て、（略）同国（出羽国）山北郡で挙兵した。

b　文治六年（一一九〇）一月十三日条

（兼任の蜂起に対して）この他、古庄左近将監能直・宮六傔仗国平をはじめ奥州に所領をもつ者たちもほとんど出発した。

c　文治六年（一一九〇）二月十二日条

兼任は平泉の衣河を前にして陣を張り、栗原に向け衣河を越えて合戦した。兼任は防戦したものの、結局敗北し、自身は逐電して跡をくらました。

d　文治六年（一一九〇）三月十日条

兼任は独り進退が窮まり、花山・千福・山本などを経て亀山を越えて栗原寺に出た。そこで樵夫に怪しまれ殺害された。

e　文治六年（一一九〇）四月九日条

古庄左近将監能直と宮六傔仗国平は今まで奥州に滞在し、降伏した者たち以下の事を調査していた。

f　建久元年（一一九〇）九月九日条（四月十一日改元）

古庄左近将監能直が陸奥国から使者を派遣し、（陸奥出羽）両国の者たちの忠・不忠ならびに（大河）兼任の伴党の所領などを報告した。

3、中原親能ら人物像

親能／康治二年（一一四三）～承元二年（一二〇八）

鎌倉初期の公家。父は藤原光能。明法博士中原広季の養子となって中原姓を称したが、のちに藤原姓に復した。幼時、相模国の住人波多野経家の所領大友郷に養われたと推測されている。源頼朝とは年来の知人と見られ、長じて京都に出て斎院次官に任じ源雅頼の家人となった。治承四年（一一八〇）頼朝が挙兵すると平氏の追捕をうけたが、事前に逐電して頼朝の下に奔った[05]。元暦元年（一一八四）一谷合戦では義経に従軍、同年公文所設置にともない寄人に任じ、文治二年（一一八六）京都守護、建久二年（一一九一）政所の公事奉行、同九年鎮西守護人の職をになうなど、鎌倉幕府草創期の幕政に参与して功をあげた。正治元年（一一九九）正月頼朝が没し、訴訟の決裁が頼家の親裁から時政ら十三人の合議制になったとき、親能はその一人に加えられた。同年六月、頼朝の三女三幡が十四歳で没すると妻（波多野経家の三女）がその乳母であった関係から出家、寂忍と号したが、その後も頼家、実朝に仕えた。妻の妹の子近藤能直を養い、大友氏の祖となった（『神奈川県史』別編Ⅰ一九八二）。

・親能の諸国の所領所職は注04瀬野、他に掲出されているが、当地および山北は見えない（私注）。

能直／承安二年（一一七二）～貞応二年（一二二三）。

古庄能成の男。母は波多野経家の娘。藤原（中原）親能の猶子。頼朝の近臣として仕えた。大友氏の祖。なお能直の奥州所領については後掲「むすび」。

・猶子／擬勢的な養子を意味し、親子関係を結ぶが氏は変わらず、養父の財産を相続することはない場合が多い。

国平／生没年未詳。

斎藤実盛の外甥。治承・寿永の内乱で囚人となり上総権介広常に預けられ、広常誅戮の後は中原親能に預けられたが、奥州合戦に際し親能の養子能直を助けて活躍した（文治五年八月九日条）。

・外甥（がいせい）／兄弟姉妹の男の子または他家に嫁した姉妹の産んだ男の子。

兼任／?～建久元年（一一九〇）。

藤原泰衡の郎従。文治五年末に蜂起したが敗れ、敗走中に樵夫（きこり）によって討たれた。

三　先行研究の検討と新たな考察

1、郡地頭説

昭和五十年代半ば以降、秋田の中世史学は長享棟札の銘文に着目し、そこに記された大檀主源頼朝、中原親能、宮道國平の名によって中原を山本郡地頭、宮道を同地頭代（または代官）と推定した。ところが中原と宮道の郡地頭・地頭代に関して推定に用いられる資料は『吾妻鏡』を除けば、なぜか当地神宮寺に限られるという難点がある（第三章第二節）。

2、神社由緒と源家伝承

秋田県「神社明細帳」によれば[03]、由緒に源家（頼義、義家、義光）の関与を記す山北三郡（雄平仙）の神社は少なくないが、由緒はいずれも明証なく、「不詳ト雖モ」「古老ノ云伝ニ曰く」などと伝承である。頼朝関与は当社の外は六郷町（現美郷町）六郷の諏訪神社・熊野神社、大森村（現横手市大森町）剣花八幡神社の三社である。これら三社にしても丹念に地誌を収録した菅江真澄の『月の出羽路』や『雪の出羽路』でも、頼朝・親能・國平らの関係は見えてこない。

3、冨樫氏の当地来住

主従十七騎の当地来住だが（月、冨樫家系譜条）、騎（騎乗の武士）だけとは考えられず、一騎に何人の従者がついたか不定だが、仮に一～二人としても計三十～五十人が来着した勘定になる。これを受け容れ、さらに寺地の提供までを考えれば（由緒録）、斎藤藤四郎家は存外の勢力であったと推測される。また藤四郎は斎藤実盛の後胤と伝えるが（同）、國平が実盛の外甥とすれば（前掲二3）、藤四郎と國平は同系譜にある（第四章第一節）。なお当地来住の冨樫氏はウ冠を付さない「冨」樫である（以下同）。

4、斎藤伊勢守の系譜

当社神主は、式内社時代に遡及を推定される日笠氏（正応・元応棟札）、中世に当社周辺社の神主を経て就任した斎藤伊勢守、近世に伊勢守に代わって就任した斎藤安房守と続く。うち斎藤伊勢守の当地来住に関しては、地元文書の「斎藤家歴代記」が知られるようになって、初めて明らかになった。この「歴代記」は、系図類によく見られる如く記述内容が錯綜していて難解だが、要点は、イ斎藤実盛の嫡流で、近江国栗本ノ地住の平盛雄の、嫡子盛輝が当地に住し、ロその嫡男弥佐が司家跡を継ぎ、斎藤宮大夫盛勝と改名、以降神職社家となると読解され、ハそうであれば、宮大夫盛勝は伊勢守の先祖に当たる。筆者の調査では、近江国栗本に所在する古社の建部神社を介して中原氏との深い関係が知られ、その所縁から盛輝が当地に住したと考えられ、その年代は明らかでないが、親能・國平が当地支配を開始した鎌倉初期と按じても無理はない。ただし前述の藤四郎と後に神主豪族となる伊勢守とは同族と見られるが、分流の年代は明らかにし得ない。（以上、第四章第一節先述）

四　むすび

以上のとおり、中原親能らが当地に遺した痕跡を追究し、当地の歴史との関係を考察してきたが、ここでは若干の補説と今後の課題を述べておきたい。

1、仲原親能らを祀る神軸

私は当社歴代神主の研究に先立ち、当地斎藤氏の宗家的な存在である、斎藤新五郎家（当時当主昌氏）を一九九七年から何度か訪ね、諸々お尋ねした。そうした折同年十月披見に恵まれ、神拝させて頂いたのが、次の「田村神社」の神軸である。この軸は坂上田村麿を主祭神とし、当社古棟札中の六氏を伴神とする。このような体裁の軸が今に祀られていることに私は深く感銘し、当地に遺る親能らの痕跡であることを知った。この軸は左端に記された「神道管長平山省斎敬書」から大宮氷川神社大宮司を経て明治初期に神道大成教を創唱し、教派神道を統括する初代神道管長に就いた平山省斎の筆と理解する。

田村神社		
平朝臣盛政	藤原知房	
仲原親能	道野知弘	
宮道國平	僧秀西	

2、「抱き茗荷」紋の銅鏡

私は地元の歴史事情に関し多年貴重なご教導を賜ってきた伊藤忠温氏から、北楢岡地区の道路跡から中原氏と関係する「抱き茗荷《だみょうが》」の家紋がある銅鏡一基が出土し所持していると、何度かお聞きしていた。実物を見たり委細をお尋ねする機会がなかったが、迂闊にも何と最近年に至って、二〇一六年（平成二八）六月九日早朝当家を訪ねられた伊藤氏から恵贈され、以降秋田の生家に留め置いていた前述舘残翁『冨樫氏と加賀一向一揆史料』中に銅鏡が挟まれていることに気付いた。銅鏡に付された伊藤氏のメモによれば、一九五八年（昭和三三）国道十三号線の工事で北楢岡地内から出土し、抱き茗荷紋は加賀摂津氏（中原氏系）の紋章とある。さらに伊藤氏から折々お聞きした私のメモに、北楢岡地内の道路下は所々に井戸跡があるとあり、それら井戸跡周辺から銅鏡は出土したものかも知れない。

ここで銅鏡を観察すると、赤銅色の柄付き円形の金属鏡で、成分は不明だが銅鏡と見られ、円形部は直径一〇センチ、その下部に龍が、その上部に作られた直径二・五センチの小円形部に抱き茗荷紋が、それぞれ陽刻（陽鋳か不定）されていて、柄の長さ四・五センチ、裏面は無紋である。次に抱き茗荷紋を調べると、茗荷紋（植物紋）と酷似する杏葉紋《ぎょうよう》（装飾器材紋）は中御門家由来の家紋で、親能および猶子能直を経て、のち九州大友氏で用いた家紋である。さらに杏葉紋は冨樫氏と関係が推知される、貴族では中御門《なかみかど》流の押小路《おしのこうじ》家、武家では伊藤氏メモのとおり中御門流の摂津氏でも用いられたことが分かる[22]。これほどに伊藤氏は所持された銅鏡の紋様を研究されたおられたことを知り、私はさらに畏敬を深めるばかりである。この銅鏡の制作年代に関して、神岡中央公民館・大仙市文化財課を経由して鑑定を依頼した県立博物館の見立てによれば、影像審査ではあったが、柄付きの銅鏡は江戸時代と考えられ、当銅鏡もそう推定されるとされた。この鑑定は尊重されなければならないが、他方、私は真澄の『月の出羽路』神宮寺郷に収録された、神宮寺嶽下の昔社寺があったという小沢から出土した柄付き「花帯鏡」との類似に注目している。

3、親能伝の発刊を期待

「鎌倉殿の十三人」は人物伝が出版されている例は少なくないが、「北条義時」、中原親能の弟格の関係にあった「大江広元」は吉川弘文館刊行の人物叢書シリーズから既刊である。ところが中原親能の人物伝は残念ながら未刊である。その生涯は注05青侍一件に見るとおり劇的に歴史の舞台に登場し、頼朝との早期の交流と信頼関係、文武の活躍、晩年の出家など十分に単著が上梓されてよい歴史上の波乱の人生である。『吾妻鏡』のほか九条兼実の日記『玉葉』、藤原定家の日記『明月記』、大友家文書（大分県史料）、鎌倉遺文など、史料と情報を欠くわけではない。こうして出来れば早々に、中原親能伝が著作刊行されることを切望する。その折は是非とも当社棟札一件に論究を進めて貰いたいものである。

4、能直の奥州所領

能直は奥州合戦の恩賞で奥州に所領を得たはずだが、その所在に関し私はまだ明らかにし得ない。わずかにネット（「中原親能」の用例・例文集）で次の所見を検出できたが、出典は記されていない。

鎌倉初期、源頼朝の東北征戦の功で、大友能直が陸奥田村庄を領し、能直はその後九州の豊前、豊後2国の守護となり領地が増えたので、建久5年（一一九四）、能直と同じく中原親能の養子となっており、大江広元の妹婿でもあった藤原仲教が田村庄の領地を譲り受け初代の田村姓を名乗った。

この件を考証すると、前述上杉和彦『大江広元』（むすび3）には、「広元の三人の姉妹のうち、長女は、伊賀守藤原仲教の妻となり、その子には、中原親能の猶子となり、実朝の側近となった田村仲能がいる」旨の記述があるので傍証にはなるが、『国史大辞典』などに見る所見とは異なる点は注意を要する。

注

（01）鎌倉殿とは鎌倉幕府の将軍をさし、このドラマでは初代の源頼朝以下をいう。また「十三人」とは頼朝没後に二代鎌倉殿となった頼朝嗣子の源頼家の専権を制限するため、有力御家人の北条氏や頼朝後家の北条政子などの意向で急遽設置された合議制の構成員に指名された十三人をさす（五味文彦・本郷和人編『現代語訳吾妻鏡』）。
北条殿／北条時政《ほうじょうときまさ》、伊豆国北条の武将、初代執権
同四郎主《ぬし》／北条義時《ほうじょうよしとき》、二代執権
兵庫守《ひょうごのかみ》広元／大江広元《おおえのひろもと》、下向官人
大夫属《たゆうのさかん》入道善信／三善康信《みよしのやすのぶ》、下向官人
掃部守《かもんのかみ》親能／中原親能《なかはらのちかよし》、委細本文

三浦介義澄／三浦義澄《みうらよしずみ》、相模国三浦の武将。八田右衛門尉《はったうえもんのじょう》知家／八田知家《はったともいえ》、下野国の武将。和田左衛門尉義盛／和田義盛《わだよしもり》、三浦氏庶流の武将。比企《ひき》右衛門尉能員／比企能員《ひきよしかず》、武蔵国比企の武将。藤九郎入道蓮西／安達盛長《あだちもりなが》、武蔵国足立の武将、本貫とした陸奥国安達に因み安達を名乗る。足立左衛門尉遠元／足立遠元《あだちとおもと》、武蔵国足立の武将。梶原平蔵景時／梶原景時《かじわらかげとき》、相模国梶原の武将。民部大夫行政／二階堂行政《にかいどうゆきまさ》、下向官人、二階堂氏祖。右吾妻鏡は二階堂氏に「の」を付さない。

（注）うち貴族である大江広元、三善康信、中原親能の大江、三善、中原は朝廷（天皇）から授与された本姓の故に一般に訓字に「の」が挿入され、他方、北条時政らは領有または縁由ある土地にちなむ氏名の故に「の」を挿入しない。なお位階は本姓を以て授与された。ただし、これらの慣習は混用の時代を含め時代によって変化し委細は明らかでない。

（02）三月二七日の第十二回放映で、三善康信が頼朝の御前で大江広元と中原親能の両人を紹介するシーンが一瞬ながら見えた。広元役は栗原英雄、親能役は川島潤哉。史実としては、後述する注04青侍一件から推せば、親能が最も早く頼朝に接近し、その引きで親能義弟の広元が登用され、その前後に早くから京から頼朝に発信していた康信が登用されたと私は按ずる。その後、何回目だったか、政略婚約だった木曽義仲の嫡男木曽義高を慕う頼朝政子の長女大姫が、義高誅殺後に頼朝政子が進めた入内《じゅだい》（天皇家に嫁ぐ）を前に死没し、これを悼んだ乳父親能（出家寂忍）が京に還るシーンで親能の出番は終るが、事実は頼朝政子の次女で親能妻が乳母であった三幡の死没で親能が出家し、以降も活躍したが、それらはドラマでは広元の活躍に一元化され、放映されたと私は見る。

（03）『神社並教会所 現行法規類集』所収。当「神社明細帳」は明治二十年代三十年代初、秋田県が訓

令をもって調査した県内神社の由緒等と推定される（小著『神宮家文書』）。

（04）注01『吾妻鏡』による。このほか、辞典類の「中原親能」条は次のとおり。瀬野精一郎「同」『国史大辞典』10、一九八九。青山幹哉「同」『日本史大辞典』5、一九九三。瀬野精一郎「同」『日本古代中世人名辞典』二〇〇六。

（05）「事前に逐電」に関係するが、青侍が見た怖ろしい「神々の評定」という夢（『平家物語』）によっていち早く京都を離れ、難を逃れた青侍とは、若き日の親能であったという不思議な物語が伝わる（福田豊彦a「夢を見た青侍―頼朝の吏僚中原親能」『歴史読本』711、一九九九・八。同b「幕府創業期の吏僚中原親能の横顔」『本郷』26、二〇〇三・三）。

研究二　早池峰神社棟札の快遍

はじめに

山伏神楽《やまぶしかぐら》で有名な岩手県早池峰《はやちね》神社の慶長十七年（一六一二）棟札に記され、のち願主と解明される「大阿闍梨《だいあじゃり》快遍」には、当地大仙市神宮寺所縁の僧ではないかと思わせる「本国仙北神宮寺住」という文言が付されてある。一九九八年（平成十）初、このことに気付いて以来、私は奇しき縁に導かれるが如くに、自分でも不思議に思う位に精力的に調査研究に取り組んできた。快遍は秋田県羽後町三輪神社の旧吉祥院文書に名を遺すほか、棟札に記された「武蔵国足立郡倉田明星院」とは埼玉県桶川市の五大山明星院であることが判明した。同年晩秋、明星院のご厚意によって同院墓地で「快遍和尚」と刻字された五輪塔に出会うことが出来た。ついで二〇〇一年（平成十三）、代々明星院が兼帯した無量寺（埼玉県伊奈町）にも同じく快遍の五輪塔が所在することが明星院浄祐住職から通報され、共に確認できた。こうして快遍は実は江戸時代初期に活躍した、出羽仙北神宮寺所縁の真言宗高僧という輪郭が浮かび上がってきた[01]。この間、棟札が所在した岩手県大迫町（現花巻市）の方々ならびに埼玉県桶川市明星院の歴代住職から有り難い教導と交誼にあずかった[02]。

一　早池峰神社棟札

岩手県の中央部に立つ早池峰山（一九一四m）は古来信仰の山とされてきたが、東南登拝口の、山伏神楽の里として有名な稗貫《ひえぬき》郡大迫《おおはさま》町（現花巻市）岳《たけ》に鎮座する早池峰神社の慶長十七年棟札は同年七月七日、藩主の南部利直を大旦那とし新山、薬師、本宮、舞殿、鳥居、客殿からなる六堂の造立をおえたことを伝える。このとき造立され唯一今に残るのが、一九七二年（昭和四七）岩手県有形文化財の指定を受けた現本殿である。当時本殿は新山宮と号され、十一面観音を勧請し、早池峯大権現として崇敬されていた（早池峯神社「早池峯神社社記」一九九七）。大工は紀州住人の新左衛門がつとめ、小大工などの箱匠は秋田住人の久三郎と三右エ門がつとめた。このとき奉献されたのが前掲棟札であるが、昭和三十年代には行方不明となり、一九六六年（昭和四一）には無かったとされ[03]、遺された数種の銘文写にも細部に異同がある[04]。

そうした銘文の異同にもかかわらず、六堂造栄（造立、建立とも）において願主をつとめ、棟札に「敬白」（敬《うやま》って白《もう》さく）をもって筆をとった法印大阿闍梨快遍の経歴は、「本国仙北神宮寺住」「学文武蔵国倉田明星院常住」と書かれてある。

つぎに願主は、ａ「仙北住昌心性院」、ｂ「仙北過昌心院」、ｃｄ「仙北住昌心院」と区々であるが、これは後述するとおり他資料によって快遍とされる（ａｂｃｄは注04参照）。

二　岳妙泉寺文書

早池峰神社の別当で、藩主南部氏の祈願所であった岳妙泉寺の文書である「先祖代々神霊写」（書写年不詳）によれば、快遍が二人いる。九世の快遍は文禄四年（一五九五）寂、前住不知である。十二世の快遍は「寛永一二年（一六三五）寂、本国出羽仙北神宮寺、武州倉田明星院に住し、潅頂号心性院と申す、領主利直公より寄進地百五十石下賜ゆえに中興」とある。ここでは踏み込んで「出羽」と明示し、本国は出羽仙北の神宮寺とする。南部利直から下された慶長十二年（一六〇五）と推定される心性院宛の黒印状が伝来し、心性院の存在は紛れない史実とされてよい[05]。ところで右「神霊写」によれば十二世快遍の後、十三世快雄、十四世賢營、十五世高雄と続くが、これに関して小野氏は、十三世快雄も十五世高雄も秋田由縁の者ではなかったかと推定され、さらに十六世となる筈だった法印快盛も秋田出身と考えられるとされる。その理由は小野氏によれば、快盛はその下人喜助女房との堕落が露見し、承応二年（一六五三）六月耳と鼻をそがれて国外追放になっているが、快盛が後継にと目論んだらしい甥の右門は「秋田之内苅和野町親金七処」へ帰されているからである[06]。快盛後住は盛岡新山寺から入った法印快秀である。これによって数代続いた秋田僧の招請も途絶したと小野氏は指摘される。

三　出羽仙北神宮寺住

「本国」「出羽仙北神宮寺住」によれば、この神宮寺は一義的に地名の神宮寺であると考えられる。この故か、右「神霊写」は「住」を外し、「本国」は「出羽仙北神宮寺」とし、地名であることを明確に伝える。そうであれば、地名の神宮寺は出羽仙北に当地しか所在せず、これをもって当社神宮寺と確定する。ところが銘文にある「神宮寺住」の「住」に注目すれば、確実に地名であると断定することが出来ず、寺院「神宮寺」の可能性を残す。よって以下では寺院「神宮寺」の視点から点検する。

1、神宮寺花蔵院系図

神宮寺花蔵院の系図は二本伝わるが、快のつく住持は一人で快遍の名は見えない。仁和寺末であった花蔵院は寛延四年（一七五一）村中大いに騒ぎ立てる中で、佐竹氏の祈願所である真言宗宝鏡院客末に本寺替えされた。このとき系図が書き改められたと推察され、ここからは快遍は見えてこない。花蔵院と羽後町吉祥院との間に住僧の往来があったとする言い伝えがあるが、吉祥院が仁和寺直末、花蔵院が仁和寺末であれば往来は有りうることである（委細は第五章）。不名誉なことだが、十二世快遍から四代後の十六世となる筈だった快盛の甥（兄弟姉妹の子）が当地隣村の刈和野へ送り返された不祥事は当地の可能性を高める。

2、三輪神社別当吉祥院

古くから仁和寺と関係があったらしい秋田県羽後町の真言宗吉祥院は、天文一七年（一五四八）に改めて仁和寺直末になった。「吉祥院世代書」によれば、文化九年（一八一二）まで七十一世におよぶ歴代住職名は一例を除いて全て「快」字がつき、元和三年（一六一七）寂の五十五世はずばり快遍である。考えてみれば、吉祥院は三輪神社の別当なので、快遍が他国で名乗るとき吉祥院のかわりに通りの良い神宮寺を称した可能性を否定できない。現在する久昌寺（羽後町）はもと吉祥院の墓地であったが、何度か出向いても快遍の墓塔は見出だせない。

3、その他神宮寺

仙北神宮寺に該当する神宮寺は右二寺の外、次の二寺がある[07]。検討してみよう。

イ　明永（江）山神宮寺遍照院（横手市横手町柳町）

本社である熊野神社（移転後、明永丸山に現存）の創建伝承は古代に遡及し、神宮寺遍照院は鎌倉時代の弘安九年（一二八六）創建と推察され、天文年間（一五五〇頃）神社僧坊が悉く焼失し、以降、小野寺氏時代は神宮寺遍照院は再建されず、熊野神社の再建も不明であるが、佐竹氏になって熊野神社のみが再建されたと推定される。よって当神宮寺は棟札の神宮寺には当たらない。

ロ　金峯山神宮寺万福院（湯沢市松岡字坊中）

本社である白山蔵王権現（現白山神社）の創建は古代末から中世初期と推察され、松岡銀山の繁栄で松岡寺などが坊中を形成し、古くは杉ノ宮吉祥院末、法相宗から天台宗へとなったと伝えるが、銀山の衰退と共に坊中は廃れた。慶長（一五九六〜一六一五）の頃再興された時、松岡寺は真言宗神宮寺万福院になったと推定され、この推定どおりであれば、当神宮寺が高僧快遍を輩出させ得たかは疑わしい。

ハ　その他、県域には七座山神宮寺（北秋田市綴子）、亀井山神宮寺（由利本荘市岩城亀田）、藤崎神宮寺（同市藤崎）、照皇山神宮寺実相院（同市矢島町城内）があったが、いずれも「仙北」に該当せず、棟札の神宮寺には当たらない。

四　武蔵国倉田明星院

1、快遍五輪塔

一九九八年（平成十）十一月、ＪＲ上野から高崎線に乗って桶川で下車、畑の広がる乾いた武蔵野台地を半時間ほど歩き、立派な仁王門を構えた五大山與願寺明星院にはいった。資料調査によって「武蔵国倉田明星院」とは当院であるらしいことを突き止め、照会の書状を出していた。明星院のご厚意で本堂にお参りしてから墓塔を念入りに探索すると、なんと快遍と目視できる五輪塔に出会うことになった。赫々《あかあか》とした晩秋の夕日に照らされた墓塔の前にしばらく佇《たたず》んだのであるが、同郷であれ花蔵院系譜であれば当方と所縁になるが、いずれにしても三百年以上を隔てた邂逅《かいこう》に感激し、用意した花と水を供し、快遍和尚には神仏習合が似合うと思い、身滌大祓《みそぎのおおはらい》と般若心経をもって廻向《えこう》した。当時の明星院隆光住職は、「京都からの下り、当地に寄ったところ縁あって住職に就任したのではなかろうか」と解説された。

全体図

拡大図

明星院快遍五輪塔

（正面）梵法印權大僧都快遍和尚
（側面、後面）何も見えず。
高160×幅45×厚45㎝
（残存部計測）

2、差上申代々先住書之事《さしあげもうすだいだいせんじがきのこと》

宝永七年（一七一〇）明星院、末寺、門徒、倉田村庄屋の連名押判によって真言宗江戸四ケ寺の一であった真福寺に宛てた、明星院歴代の住職を記した「差上申代々先住書之事」と題する奉書紙に快遍の名が見える。ただし快遍入寂の元禄八年（一六九五）は、前掲棟札の慶長十七年（一六一二）と年数差がありすぎ、何らかの事情があると考えるほかない。

○快遍／仮名元識、智積院住山、元禄八乙亥年五月十七日入寂

3、願行意教法流血脈

享保十年（一七二五）銘の右「血脈」は明星院に伝わる文書で、海浄から浄空に授与された法流（実は海浄寂後に代理浄妙から）が大日如来以来弘法大師を経て断絶することなく伝わったことを示す。この血脈に快遍が見える。

江戸真福寺　倉田明星院　同寺　同寺　倉田明星院　同寺

大日—略—弘法—略—隆　鑁—覚　秀—快遍—恵証—海　浄——浄空

出所／『桶川市史』第七巻、一九八六。この法流血脈は『密教大辞典』法蔵館、一九八七に記されていて、この血脈は密教宗門と密教アカデミズムにおいて確認されたことを示す（私注）。

4、明星院日めくり

明星院に伝来する右「日めくり」によれば次のとおり。

○快遍（十七日条）　元禄八乙亥五月　当寺第廿三世

○良遍（四日条）　元禄十二年六月　当院快遍弟子

五　無量寺

1、快遍五輪塔

無量寺は明星院の前身の閼伽井坊《あかいぼう》が所在したところに建てられた仏寺で仁和寺末であった。中興開山良鑁のころ新義真言宗となり、良鑁が寂した慶長四年（一五九九）以降は代々明星院の兼帯する寺となった。二〇〇一年（平成十三）八月、明星院住職浄祐氏のお知らせで、無量寺の境内で快遍の名を刻した五輪塔が確認された。

（正面）　元禄八乙亥年

（梵）法印權大僧都快遍

五月十七日

（側面、後面）何も見えず。

（注）浄祐住職は、快遍の無量寺墓塔に寂年月日があるのに対し明星院墓塔に無いことを指摘される。このような例は他の墓塔にもあるようで、これが何を意味するか研究を要する。

全体図

拡大図

無量寺快遍五輪塔

2、無量寺日めくり（十七日条）

法印快遍　元禄八乙亥五月

当寺第七世倉田第二十三世

六　大阿闍梨快遍の考察

1、快遍複数・仮託説

南部早池峰山には慶長十七年（一六一二）棟札に願主として名をとどめ、寛永一二年（一六三五）に寂した岳妙泉寺十二世の快遍がいる。他方、武蔵国足立郡の倉田村明星院と小室宿村無量寺には各一基の五輪塔に名を刻され、元禄八年（一六九五）に寂した明星院二十三世で、無量寺七世の快遍がいる。この二人の快遍が同一人物であるとするには、快遍がかなりの長命で活動期間も長くなければならないが、通常は無理とするほかかない。出羽国仙北三輪神社別当の吉祥院五十五世快遍寂とされる元和三年（一六一七）とはさらに年代的に解離がある。

快遍が一人であるとすれば当然ながら伝えられる年月のいずれかに史実として正誤がある筈である。無量寺の五輪塔発見によって明星院快遍の寂年が確定したと云ってよいが、その他は正否の判定がつかない。そこで、それぞれの寂年を正しいと前提すれば、複数（ここでは二人）の快遍がいて後世ひとりに仮託されたと考えられる。これまでの調査では、岳妙泉寺中興の快遍と仙北神宮寺住の快遍は同一人物としてよいので、岳妙泉寺快遍がのちに明星院快遍に仮託されたのでないかという仮説が成立する。しかしながら、この仮説は棟札の書き改めが事実として確認されなければならないという課題をもつ。

2、棟札書改めの検証

複数（二人）の快遍がいて後世ひとりに仮託されたという仮説は、当初から伝来したものとばかり思い込んでいた慶長十七年銘棟札が、明星院浄祐住職の指摘によって実は検証を要することに気付かされたからである。早池峰山社堂（山頂の社堂を含む）は再々火災にあっているが、この棟札がどのようにして今に伝来したものか定かでない。岳妙泉寺の文書である「早池峯山由来記」は、繰り返された社堂の炎焼と再建のあとで棟札が書き改められ、その文言をめぐって岳妙泉寺と遠野妙泉寺の間に争いがあったことを伝える。この争いは慶長十七年銘棟札をさすものではないが、こうした公事《くじ》のとき、他の棟札や文書は主張傍証のため動員されているが、由緒あるはずの慶長十七年棟札が差し出された気配がないのは不思議である。数度の火災で当初の棟札が失われ、後代に書き改められた可能性がないか検討されてよいが、資料の制約からその探索は容易でない。

3、玄応坊宥義の存在

ここでは棟札記載のとおりとすれば、慶長十七年当時本国（出羽）仙北神宮寺、武蔵国足立郡倉田明星院常住の快遍が、なぜ南部岳妙泉寺の住職であり得たかを検討する。

『大迫町史』教育・文化編一九八三は、畏敬する小野義春氏の筆になるものであろうが、岳妙泉寺が早池峰権現別当職を継続できた事情を次のように解説する（要約）。すなわち、「三戸南部氏は天正十八年（一五九〇）豊臣秀吉の奥州仕置によって翌十九年志和、稗貫、和賀三郡の領知を正式に認められ、また文禄二年（一五九三）秀吉から信直が不来方（盛岡）に築城を許可され、翌三年信直の居城地として決定した。こうしたなか大迫氏、稗貫氏らの旧家臣がたびたび反抗一揆を起こし、慶長五年（一六〇〇）の一味に「田中隠岐」とか「田中出雲」なる名が見えることをもって、ここに南部氏が田中山陰家を斥け（私注、中世以来早池峰山の祭祀権を有していたのだが）、自家の信仰する真言宗永福寺と同宗の妙泉寺を城東の鎮山の別当とする口実と理由があったのではないか」とされる。重要な指摘である。

ところが元和三年（一六一七）三戸より盛岡に移転した永福寺ではあるが、移転前の歴史がおおく不明とされるほどの由緒（梅原廉『聖天御山永福寺』一九七八）では、岳妙泉寺住職として派遣できる有為の僧侶を擁していたとは考えにくい。こうして他に逸材を求めることになったのであろう。このとき出羽仙北神宮寺僧の快遍を推挙したのは誰であろうか。小野氏は解題で、「大迫村のうちに知行地を持っていて」「慶長十七年棟札に「金子壱枚、人足二千人」の奉献を記された田中彦右衛門（二代目田中清六正繁）以外には考えられない」とされる。この彦右衛門とその父で初代田中清六に関して私も小野氏の教導を得て研究したことがある[08]。他方、初代田中清六の秋田出入りは秋田安東氏と仙北小野寺氏の時代で、慶長七年（一六〇二）秋田仙北に入封した佐竹氏との関係は不明である。そうであれば彦右衛門の仲介を否定するものではないが、想像を逞しくして、玄応坊宥義が一役買ったのではないかと按ずる。宥義とは常陸の人、佐竹氏一族で、幼年にして水戸宝鏡院に入院し、のち長谷寺第三世となった傑僧である。第一表に示す略年譜から考えると、宥義は家康の初期宗教人脈における新義真言宗の大物僧で、長谷寺小池坊の実力者であるとともに、秋田へ分流した宝鏡院、一乗院の筋から秋田新義真言宗にも実権を有したとみられ、宥義説は無理な推理ではないと思う[09]。このとき快遍は、いずれも古代創建の伝承をもち、仁和寺末であった出羽仙北の三輪神社別当吉祥院か、或いはそこと住僧の往来があった仙北神宮寺住僧の中から推挙したものであろうと想像される。

第一表　玄応坊宥義関係略年譜

年	事　略
天正年間／一五七三〜九二	根来で新義教学を研学、醍醐で松橋流を相承
慶長三／一五九八	水戸宝鏡院住職就任
慶長七／一六〇二	佐竹氏秋田転封。宝鏡院、一乗院秋田へ分流
慶長一五／一六一〇	家康の抜擢で豊山能化就任、長谷寺小池坊に移転
右同	岳妙泉寺前住宥遍寂（これより先、慶長一二快遍晋住か）
慶長一七／一六一二	家康より長谷寺法度下附

注／長谷寺法度（一名、小池坊法度）下附により、小池坊能化が長谷一山を統制するという能化支配制度が確立したという（『新義真言宗史料』第四号）。

第二表　快遍に関する記録

年号・年月日	西暦年	記　述	出　所
慶長七年頃	一六〇二	当時吉祥院別当は五四世快伝か五五世快遍	三輪神社と吉祥院
慶長一二?・八・四	一六〇七	心性院(快遍とされる)	南部利直黒印状
慶長一七・七・七	一六一二	阿闍梨快遍是文倉田明星院常住快遍敬白(仙北住昌心院)	本國仙北神宮寺住法印大・早池峰神社棟札
慶長年中	一五九六／一六一五	快遍上人代当時(略)当寺宿場ニ領主より寄付地	当時之儀明細覚(岳妙泉寺文書)
元和三・七・一五	一六一七	五五世快遍寂	雪の出羽路
寛永一二・六・七(寂)	一六三五	十二世中興快遍　本國出羽仙北神宮寺、武州倉田明星院に住す潅頂号心性院と申す利直公より寄進地百五十石下賜故に中興とす	岳妙泉寺先祖代々神(又は御)霊孚(岳妙泉寺文書)
元禄八・五・一七入寂	一六九五	(明星院)二三世快遍、仮名元識、智積院住山	差上申代々先住書之事(宝永七、一七一〇)
元禄八乙亥五月	一六九五	(一七日条)当寺第廿三世	明星院日めくり
		(一七日条)当寺第七世倉田第二十三世	無量寺日めくり
元禄八・五・一七	一六九五	梵法印權大僧都快遍	無量寺快遍墓塔
—	—	梵法印權大僧都快遍和尚	明星院快遍墓塔
宝永四・六・一三	一七〇四	快遍ヨリ快真伝書	三輪神社棟札

第三表　江戸初期の関係寺院状況

事項＼寺院	八幡神社神宮寺（花蔵院）	三輪神社吉祥院	早池峰神社（早池峰権現）	明星院
所在（旧）	出羽国仙北郡神宮寺村	出羽国雄勝郡杉ノ宮村	奥州稗貫郡大迫村	武蔵国足立郡倉田村
祭神／本尊	誉田別命 六面観音、薬師	大物主神、他 十一面観音、薬師	瀬織津姫、十一面観音、薬師	虚空蔵菩薩
別当	八幡神社別当	三輪神社別当	岳妙泉寺	—
宗旨	（新義）真言宗	新義真言宗	新義真言宗	新義真言宗
本末	仁和寺末（注一）	仁和寺直末支配下（注二）	盛岡山永福寺	仁和寺御用
歴住系譜	「快」は一例	「快」字	快遍が二例あり	「快」字は一例
談林	—	仙北三郡法談所	—	関東十一談林
権力との関係	強制的本寺変更（宝鏡院末）	小野寺氏から佐竹氏へ変更	新領主南部氏	家康との関係、関東新義宗法度

注一／江戸時代中ばの寛延四年（一七五一）、藩寺社奉行の意向で一村騒動のうちに新義真言宗松橋流の宝鏡院客末へと本寺替が強行された。

二／以前から仁和寺との関係があったようだが、延宝三年（一六七五）仁和寺直末に変更された。

むすび

所々の快遍の事跡を結ぶのは京都智積院、大和国長谷寺小池坊、仁和寺との関係と、これらの寺院を結ぶ宗旨としての教新義真言宗（注、仁和寺は一般に古義とされるが、子院塔頭《しいんたっちゅう》によって新義もある）であり、それに家康の初期宗教政策と宗教人脈であるようである。さて、快遍は学識すぐれた僧であったことは言うまでもないが、権力者の帰依をうける度量の僧だったに違いない。真言密教の秘儀に長ずるものがあった筈である。第二表に示すとおり吉祥院では小野寺氏から佐竹氏への権力交替を乗りきり、南部藩では領主利直の篤い帰依をうけた。さらに、この僧は新義真言宗の関東教団で権威をふるった明星院にいわば横から住職し、その法縁によって今に密教法流系図の要所に名をのこしている快遍そのひとであるか、これに仮託されるほどの高僧であったことになる。いずれにしても江戸時代初期の出羽国仙北神宮寺は大変な高僧を世に出したものである。

注

（01）これまでの研究成果の発表は次のとおり。
小論「早池峰神社棟札文面一件の事」秋田県文化財保護協会『出羽路』一二五、一九九九。

小著『武蔵国足立郡倉田村真言宗明星院院住僧系譜之事―南部岳妙泉寺住、本国出羽仙北神宮寺僧快遍を逐う―』丹印刷出版、二〇〇二。

小論「慶長十七年早池峰神社棟札中の『快遍』再考」岩手県大迫町『早池峰文化』第十五号、

二〇〇三。

小論「岩手県早池峰神社慶長一七年銘棟札上の仙北神宮寺僧快遍の研究」『北方風土』四六、二〇〇三。

補論「秋田神宮寺順雅坊快宥について」「本国仙北神宮寺住快遍について」小論「出羽国所在の神宮寺に関する基礎的研究」『出羽路』一三七、二〇〇五。

(02) 地域の歴史万般に精通される小野義春氏（元大迫町史編纂室長）、文化財行政に活躍される中村良幸生涯学習文化課長、多量の解読文書の恩恵を賜った両川典子氏。なお私は再々の書面でのご教示を経て、二〇〇七年七月大迫町庁舎で小野氏から懇切なるご指導を賜った。また明星院先代隆光住職ならびに当代淨祐住職からご交誼と御教導を忝くした。衷心より感謝を申し上げたい。後年、私は花巻市教育委員会から恵贈された同委員会編集・発行『嶽妙泉寺文書』二〇〇六に接し、この大著の刊行には右三者のご尽力があったこと、小野氏執筆の解題は慶長十七年棟札の考察を含む貴重な論考であると知悉し、心から敬意を表した。

(03) 注02解題一〇頁。なお私は早池峰山登山競技（国体と記憶するが岩手国体は前回一九七〇で当たらない）者宿泊兼の社務所建替で喪失したと資料で見たか、当神社で聞いた記憶があるが、今では確認できない。

(04) 前掲解題は慶長十七年（新山堂）棟札銘文の地元資料として、a「妙泉寺写文書」（書写年不明、所々の稚拙な抜書き）と、b「稿本『内川目村郷土史資料』筆写本」（大正十一年当初記録から大正十四年筆写か）をあげる（両図版は『嶽妙泉寺文書』掲載）。この他、私は太田幸太郎編c『岩手県金石志』初版一九三一、これを出典とする国立歴史民俗博物館編集発行のd『棟札銘文集成』東北編、一九九七をあげたい。cは棟札の実見を経たか不定だがa、bよりも整理され、これを出典としつつdは専門の視点からさらに整理されたと思えるので、本書ではdを基本とする（ただし棟札「表」の記述が二つあるのは誤り）。

(05) 慶長十二年と推定される八月四日（南部）利直から「寄進之地共二二百五拾石」を心性院に宛てた寄進状が伝わる（『嶽妙泉寺文書』）。この心性院は岳妙泉寺十二世快遍とされ、「寄進之地共二」とは他資料から寄進地百五十石及び三十六ケ山山林をさす。

(06) 盛岡市教育委員会・他編『盛岡藩雑書』第一巻、一九八六、承応二年二月九日（嶽妙泉寺不行儀欠落）、同十六日（嶽妙泉寺諸道具改め）、同六月廿二日（嶽妙泉寺現住常法院）、六月晦日（追放通り手形）、閏六月二日（常法院甥右門秋田より取寄せ、常法院数年扶持）。当時の厳格な戒律の適用が知られる。

(07) 小論「出羽国所在の神宮寺に関する基礎的研究」『出羽路』一三七、二〇〇五。

(08) 小論「田中清六、出羽戸沢氏に出入りす」山形県地域史研究協議会『山形県地域史研究』三二、二〇〇二。

小論「田中清六父子の北奥羽出入りと時代風景—近世天下人の情報媒介に生きた鷹商の物語—」『北方風土』四三、二〇〇二。

小論「家康書状の取次に活躍した鷹商の田中清六」『北方風土』七六、二〇一八。

(09) 小論「近世初期真言宗傑僧宥義・宥増の物語」『北方風土』五〇、二〇〇五。

研究三　当社本殿の建築年代

はじめに

二〇一九年三月、筆者は大仙市神宮寺に座す八幡神社（以下、当社という）の棟札に関して年来取り組んできた研究成果を『出羽路』に発表し、研究の主要部を世に出すことができた[01]。これを閲覧された五十嵐典彦氏から二〇一九年五月十一日付け書状をもって所感が伝えられ、右小論（『出羽路』）に引用された、小著『神宮寺八幡宮棟札之事』一九九五の記載記事から、本殿の建築年代について亨和三年の可能性があるのではとの照会があった。同封された名刺には経営される工房名のほか、秋田県文化財保護審議会委員とあった。これまで氏とは面識はなかったが、県内棟札の研究でかねて活躍されておられることは早くから承知していた。以降、同年九月四日まで五十嵐氏より四通（交信順は来状を①とし③⑤⑧⑩）、当方より五通（同②④⑥⑦⑨）のメールが往来したが、結局は行き違いから、始めは尋ねられる立場から後には検討を求められる立場に逆転して幕切れとなった。

これはこれで仕方ないことではあるが、五十嵐氏が考える亨和三年説と筆者が考える宝永三年説を再検討し、その優劣ではなく、その異同を明らかにしておく必要があると考える。これが成就できれば両者の交信も無駄にはならないし、無駄にしてはならないと思うからである。本件建築年代に関しては、二〇〇七年七月、伊藤忠温氏と交わした歴史談義のメモがある[02]。これらは早くから地元の伊藤氏と筆者の間では本件に関心があったことを伝える。なお本研究では建築という用語を新築の含意をもって使用する。

一　五十嵐氏の所説

以上の交信から知られる氏の所説は、③「現本殿は享和三年建立の可能性が高い」である。理由は次のとおりである。イ・ロを主とし、ハ・ニがこれに付随するようである[03]。

イ、建替を伝える享和三年棟札の存在　①、③、⑤
ロ、棟札主文の「建替」の文字　③、⑤、⑧c〈注、⑧は記述順によりａｂｃと細分〉
ハ、本殿の再建等の経過　⑧ａ
ニ、宮殿本殿の移転　⑧ｂ

二　筆者の所説

筆者の考えは、⑥「もっと多面的に考えるべき」とした上、漸く⑨「現本殿の建築は宝永三年とします」であるが、理由は次のとおりである。

1、享和三年（一八〇三）建替棟札について

当棟札は本殿（古来三間四面）の建替を伝える、現存する最新の棟札である。主文に「奉建替」「義和公御武運長久祈處」とある。以降、現存する棟札は天保一一年（一八四〇）葺替棟札、文久元年（一八六一）屋根替棟札となる[04]。この建替を五十嵐氏指摘のとおり文字どおりであれば、旧本殿に替えて新本殿を新築したことになる。ただし何をもって新築と称するか、焼失後の建造でない限り、柱梁など全部材または主要部材の取替なのか、一部部材の取替までを含むのかなどは分からない。いずれしても建替の文言は重い。

ところが明治二八年、当社祠官であった筆者の高祖父（四代前、最後の神宮寺住持）が訓令に基づき県に提出した文書によれば（注04小著二六頁）、今は行方不明だが、文化一三年（一八一六）徳寿建替棟札の存在が伝わる。享和三年から文化一三年まで、この間一三年の短期では、いわゆる新築は考えられない。そうであれば、遡って当建替は必ずしも新築を意味するとは限らず、そもそも何を含意するのか、慎重な考察を要する。なお徳寿とは、当方から氏宛てメール⑨で応答したとおり、秋田佐竹氏十代藩主義厚（よしひろ）幼名の徳寿丸をさす。文化一二年（一八一五）前代義和没により四歳で襲封、文政三年（一八二〇）義厚と改め、文政四年（一八二一）十歳で元服、この間の文化一三年当時は幼名の徳寿丸から丸を略した用法があったと読める。

2、享和三年建替の工事について

右棟札および矢板の記載によれば[05]、当工事は六月十九日ヨリ始、七月三十日出来（この間四二

日）、八月十三日遷宮（同約二ケ月）、普請奉行川井定之助、大工頭附添二名、手附四名、当所大工一名である。これに対して宝永三年（一七〇六）再興（焼失後の新築）では一月十日釘立、四月十六日棟上、六月十三日遷宮（釘立《くぎたて》から約六ケ月）、奉行（藩重役）五名、寺社奉行三名、普請奉行二名、大工斎藤善兵衛、町大工棟梁二名である。この「釘立」とは棟上とは別であろうし、工事開始を指すか不定であるにしても、享和三年の建替では工事開始から出来まで四二日、遷宮までは約二ケ月であったのに対して、宝永三年の再興では釘立から棟上まで約三ケ月、遷宮までは約六ケ月を要したことが判る。また建替では普請奉行一名に対して、再興では奉行（藩重役）五名、寺社奉行二名など豪勢な陣容である。これらから推察するに、大火焼失後の宝永三年（一七〇六）再興から享和三年（一八〇三）建替まで九十七年の歳月を経て、当工事はそれなりの規模の格式ある工事ではあるが、明らかに全面新築の宝永三年工事には及ばない。そうであれば当建替は新築に当たらない工事であった可能性が認められる。

3、棟札主文の「建替」の用語について

一九九七年、国立歴史民俗博物館が編集発行した『棟札銘文集成―東北編』には棟札三四二点が収載され、うち集計に耐えられる棟札は三三八点であった。これら多数の棟札を精査しても、建替と記された棟札は見出せない。主文に「建替」と記された棟札は管見するところ当社の享和三年棟札（筆者家所蔵）一件である。他に当家文書だけが伝える文化十三年徳寿建替棟札である。意外である。右東北の棟札を工事種類別に粗集計すると、工事の区分にもよるが、葺替《ふきかえ》六五件、造立（造栄、他）

五九件、修理（修造、修補、他）四九件、修覆（修復）四〇件、建立二四件が上位に据わるが、棟札作製の目的とその表記は実に多種多様であることに驚かされる[06]。したがって「建替」の用語自体からその内実を探ることは至難である。

4、新社地（現社地）移転後の火災について

当社は元禄十年（一六九七）の大火で焼亡、宝永三年（一七〇六）漸く新造した社殿が安永六年（一七七七）大洪水で社地が欠け、天明元年（一七八一）現社地へ移転した。これらの教訓から現社地は今に見るとおり、社殿を囲む広大な境内の四囲に高さ数メートルの土手を廻らすなど、防火防災に配慮した立派な構築である。これによって以降の神宮寺村の天明六年（一七八六）、寛政元年（一七八九）、文化六年（一八〇九）大火では社殿は類焼を免れた他、その他の火災にあった記録もない（寛政元年は近傍の神宮寺が焼失したが当社の類焼はなかった）。よって享和三年の建替は焼失後の建築ではあり得ないと考える。

ちなみに天明元年現社地への移転では、御神体を納めた宮殿《くうでん》はそのまま馬車か牛車に乗せて移転した[07]。この宮殿は明治三一年訓令により当社から県庁に提出した文書によれば（小著『神宮家文書』二五頁）、「極彩色、寛文三年（一六六一）佐竹家寄付、工匠不詳」とある。本稿を収録するに当たり、『相馬年代記』（二〇〇一、佐藤好攻氏解読）を念のため閲覧すると、意外なことが記されてある（大意）。

天明元年七月中、神宮寺村八幡御宮の地が川欠ニなったので、後（うしろ）の古川端の新社地

へ、御宮をほごさ（解体）ないで、直々三十五貫文（今の約五百万円位か）で角館町の大工衆が受合い、七月十日より十三日迄ニ、ろくろ巻で引いて、新社地に移した。

さらに当社の社殿が本殿～拝殿の形式をとったのが明らかになるのは明治十二年の拝殿建築で、それ以前は旧社地の時代を含め、本殿～中通～長床・神楽殿（一棟二部屋）、つまり参道が本殿下まで一直線の、古社によく見られる形式であったと推定される[08]。

5、地元の認識について

前述のとおり、明治二八年当社祠官の筆者高祖父が県に提出した文書によれば、本殿は宝永三年六月再建と明記してある。県提出の文書なので、これが当時の地元一般の共通する認識であったことは疑いない。さらに昭和六二年、神岡町教育委員会が編成した刊行会から出た小冊子「神岡町郷土かるた解説」によれば、「現在の本殿は宝永三年に建てられ」とある。この作成には伊藤忠温氏を含む刊行委員が十三名、長年郷土誌編纂に係わった拙父を含む監修十五名という、当時町あげての陣容であったことを考えれば、昭和末期の年代においても地元の認識は一貫していたことを示す。

6、建築学研究者の見立て

平成五年（一九九三）、東北大学建築学研究の三氏および大学院生一名が当社を現地調査され、本殿の木割を仔細に計測し、その結果を論文に発表された[09]。これらの研究者は本殿内陣まで立ち入り、計測・調査したことは論文から判るが、にもかかわらず、「社蔵矢板」を根拠に「現在の本殿は宝永三年の建築」と記した。これらの研究者にして「社蔵矢板」をもって宝永三年と認定した点は注意を要する。ただし享和三年の建替は当家所蔵の棟札ならびに文書が伝えるもので、この調査時点では公知のものではなかった。しかしながら他面、実見実測の結果が宝永三年の建築と矛盾しないということでもあったと解される。さて、五十嵐氏は本殿内部の立入り見学希望を表明し①⑧、これによって建築年代を判断したいとの意向である⑧。実見実測が肝要なことは誰もが認めるところではあるが、他方、必ずしも決め手にならないことも思慮に入れて置く必要がある。その例はかの有名な法隆寺再建論争でも知られる[10]。

7、当社の棟札、矢板について（参考）

前述『棟札銘文集成』の諸国版を通覧しても、社殿等の一造営（再建、修理等）には一棟札が制作され、献納されたと考えられる。一造営に対して複数の棟札が納められた事例を私はまだ知らない。ところが当社では、明和三年か五年（一七六六、六八）屋根替の節（引用注、事実は明和二年）、それまでは別当から一枚の献納だった例が、願いにより神主から一枚納められ、都合二枚の献納となり、以降これが慣行となったようである（『神宮家文書』）。これは当時の神仏習合下では制度上は神宮寺僧が神主に優位したが、神宮寺村に累代常住する神主に対して、秋田城内の宝鏡院を首座とする藩内真言宗の統括下で定期異動があった神宮寺僧では、実権が次第に神主に移転していたことと関係する。

これによって神主斎藤安房守家には、明治二八年県訓令による調査では、別当家所蔵とは別に、明和二年（一七六五）再興、天明元年（一七八一）ふき替、寛政六年（一七九四）修覆、享和三年（一八〇三）建替、文化十三年（一八一六）建替、天保三年（一八三二）葺替、嘉永五年（一八六一）葺替の棟札が所在したことが記録に伝わる（注04小著三八～三九頁）。当社には宝永三年（一七〇六）と享和三年（一八〇三）普請を伝える矢板が伝来するが、筆者はこの矢板を実見したことがない。翻刻された銘文を仔細に観察すると、別当が納れた正式の棟札に対して、棟札の主文がない、工事にちなむ大工棟梁名や手伝大工人名が記され、個人名で息災延命の願文が記されるなどの特徴が読み取れる。いずれにしても別当が納れた棟札、（今は失われているが）神主が納れた棟札、工事関係者ならびに個人が納れた矢板の相互関係は今後の研究課題である。

むすび

以上の考察を経て、筆者は本件に関して、五十嵐氏が指摘する、イ建替を伝える享和三年棟札の存在、ロ棟札主文の「建替」の文字、さらにはこれに、ハ本殿の再建等の経過、ニ宮殿本殿の移転が付加されるとしても、これらをもって現本殿を享和三年建築（ここでは新築建立）と断定するには無理があると考える。本件は多面的な考察を要するが、上述のとおり筆者は1～6の六項目を考察し、さらに7の参考を付して、その通りになし得たと思う。その結果、これらの項目のうち、1～4では享和三年棟札の建替が必ずしも新築に当たらないことを明らかにし、その上で、5明治初期の地元の認識を取り上げたのだが、筆者はこの地元の認識を最も重視し、6建築学研究者の見立てを添えて、結論として現本殿の建築は宝永三年とする。将来いずれの日にか、近年精度を上げている年輪年代法やその他の年代測定法で診断され、科学的な診断結果が出る日があるであろうが、それまではこの推定に揺らぎはない。

注

(01) 小論「大仙市神宮寺八幡神社棟札考―災害を超えた伝来と読解への取り組み―」秋田県文化財保護協会『出羽路』第一五九号、二〇一九年三月。

(02) 今の本殿はいつ建築のものかという話題になり、当方は元禄大火後の宝永のはずだがと話し、これに伊藤氏は享和の棟札があったが、東北大建築の先生は何と言っていたかなと応じて、この時は関心事を確認するに止まった。

(03) 私的な交信録（抄出）であるが、私は私信は勝手に公表しないという守旧の立場を取らない（ただしラブレターの類は別）。また本件は筆者が管理する棟札の銘文と小著の読解に関係し、当社本殿の建築年代という研究に関係して筆者に照会があった件であり、さらに氏は公的な関係審議会委員でもあるので、必要の限度で公開する。

(04) 小著『神宮寺八幡宮棟札之事』一九九五。

(05) 享和三年（建替）矢板の存在と銘文はこれまで公表されていない。この矢板は工事の種類（再建、建替等）が記されていない。当矢板写は注02談義で伊藤氏から恵与された。

(06) 当『棟札銘文集成』に収録された当社九棟札のうち、中世三棟札は主文に工事種類が記されていないが、筆者は三棟札ウラに記された「自是先造営」により三棟札は造営棟札とし、江戸期の六棟札は棟札主文の記載により再興、修覆、建替、葺替、屋根替とした。

（07）『文政九年神宮寺村旧記帳』、「神宮寺郷古記由緒記録」菅江真澄『月の出羽路』。

（08）神宮邦彦編『文政四年八幡宮 江御目衆御参詣之日記』一九七九。神宮邦彦・滋編『天保九年御巡使八幡宮御参詣之日記』一九九七。各筆者家所蔵。

（09）永井康雄・飯淵康一・関口重樹「秋田県仙北郡神岡町八幡神社本殿木割に関する一考察」『東北大学建築学報』第33号、一九九四・三。なお三氏の実測調査参加は推定で論文からは読み取れない。

（10）筆者は本稿作成と並行して、「新しい人文学のあり方を構築する画期的なシリーズ」と喧伝される『日本宗教史』全六巻（吉川弘文館、第二巻未刊・後日刊行閲覧）を通覧中であるが、斬新な宗教史として多々学ぶところがある。その中に本研究にも関係する、井上章一論文によれば、法隆寺の西院伽藍（金堂、五重塔）は創建以来のものか、後年再建されたものか、長年論争があったが、現存する西院伽藍の実測調査では決着せず、結局は昭和十四年以降の旧伽藍（若草伽藍）の発掘調査で、再建が決定的になったという。

研究四　神道家浅利太賢の来嶽

はじめに

二〇〇二年（平成一四）六月初めのことだが、東京神田の時々立ち寄ることを愉《たの》しみにしている和書専門店老舗《しにせ》の大屋書房で、「貞享《じょうきょう》三年刊、神祇仏法問答書」と墨書した大きめの宣伝帯を縦にはさんだ書本が目にとまった。貞享三年は五代将軍綱吉の治世七年（一六八六）である。半紙二つ折り三〇枚ほどの和綴本《わとじほん》で、本文は流麗な毛筆書きである。表題はない。めくっていくと末尾に、「貞享二年四月日、浅利太賢編、平野屋作兵衛開板」とあるではないか。年銘の相違がいささか気になったが、浅利太賢の名を見てびっくりした。太賢は江戸時代前期、京都から諸国を巡遊した途次、出羽仙北神宮寺村を訪ねた神道家であるが、当地の神仏習合に難くせを付けて、こともあろうに神宮寺嶽から神像を投げ落とした人物であることを、かねて私は地元史料と菅江真澄の「月の出羽路」によって知っていたからである。そこで、さっそく調査を開始した。『国書総目録』一九九一、岩波書店は浅利太賢の著作として八冊をあげているが、「神祇仏法問答書」は見当らない。不思議に思いながらも、ともかく購入することにし、暫らくして書店を再訪して、ようやく落掌のはこびとなった。

一　書本「苧手巻」

達筆な和漢混用の草書体であるので、スラスラと読めるわけではないが、初めのところの、「しつ心を筆に任せてよしなしことを書き集めてなん苧手巻《おだまき》と名付け侍りけれ」の一節によって、表紙には書かれていないが、書題が「苧手巻」であることが分かった。前掲『国書総目録』によれば、苧手巻は版木本が国会、京大、九大の三図書館の架蔵とある。落掌したのは写本のようであるが、貴重本のたぐいである。ところで苧手巻は「おだまき」と訓み、通常は「苧環」という字が用いられる。意味は次の三通りある。書本全体を通観した感触では、本書の意はイのように思えるが、なぜ「苧手巻」としたのかは分からない。

イ　績（つ）み麻を、内側に空（うつろ）にして円形に巻いたもの。
　（用例）「しづやしづしづのだまき繰り返し」→しづ（倭）のをだまき。

ロ　紋所の名。糸を木枠に井型に巻いた模様。

ハ　枝も葉もない枯れ木。

それでは浅利太賢とはいかなる人物であったろうか。前掲のとおり江戸時代前期に活躍した神道家であることは知られているが、詳しくは不明のようである。代表的な辞書によってみてみよう（ルビは筆者付す）。このほか「神道人名辞典」一九八六、「国書人名辞典」一九九三にある。

○国史大辞典（第一巻、一九八〇、吉川弘文館）

あさりふとかた。生没年不詳。江戸時代中期の学者。日峯軒《にっぽうけん》と号し、受領して甲斐守を称した。はじめ白川雅光に神道を学び、のちに通俗神道家として一家をなした。著書に「神祇政道服忌令《じんぎせいどうふっきれい》」（一冊）、「中臣祓大全《なかとみのはらいだいぜん》」（刊十冊）、「神祇倭訓集成鈔《じんぎわくんしゅうせいしょう》」（刊十冊）、「神道苧手巻《しんとうおだまき》」（一冊）、「神道袁美衣《しんとうおみごろも》」（二冊）、「神道纂言　上帯」（五冊）などがある。門人に神田千秋がいる。

語注a／師の白川雅光

平安時代後期より神祇官の長官である伯を代々世襲した白川伯王家《しらかわはくおうけ》に伝来した神道を伯家神《はっけしん》道と云うが、白川家が神道説の形成に向かってゆくのは、江戸時代初期の当主雅喬《まさたか》王のときである。この意志はその子雅光《まさみつ》王に受け継がれ、吉田神道への対抗のため同王は同家にはじめて学頭を置き、学説の組織・充実をはからせた。（『神道事典』一九九九、四四一頁）

語注b／通俗神道家

近世神道思想は儒家神道と国学が主流であったが、このほか石田梅岩の心学、神道講釈で評判をとった増穂残口らの通俗神道などがあった。通俗神道はおおむね神儒仏一致説で神道を第一としたが、民衆に平易に説くところに意義があった。（右『神道事典』、一八頁他）

二　神宮寺村来訪一件

1、神宮寺村来訪

浅利太賢が神宮寺村に来訪したのは、真澄の「月の出羽路」によれば元禄五年（一六九二）であり、神宮寺村旧記帳によれば宝永五、六年の頃（一七〇八／八九）である。今のところいずれが正しいか判断しかねる。太賢が当地を訪ねた理由として、「月の出羽路」の神岡町関係を編集した「郷土誌かみおか資料編第一集」（神岡町、一九七四）は、頭注で次のように記してある。

> 国学者、神学者。神祇史に精通し、古書をもとに諸国の故社、とくに式内社を訪ねて、神宮寺では斎藤安房守宅に泊まる。神仏習合説によって仏教的偏向をたどっている諸国の神社を是正しようと意気込んで行脚したらしい。

この頭注は、今回私が調査して得られた感触とおおむね同じ内容が簡潔に記述されていて、刮目させられた。なお、ここでは「斎藤安房守宅に泊」とするが、神宮寺村旧記帳では「仙波三郎左衛門ト申家ニ暫ク逗留」とあるので、斎藤安房守宅泊説を採用したようである。ただし、狭い神宮寺村での長逗留であれば、双方に泊まったことも考えられるので、あまり拘泥《こうでい》することではない。

2、神像投げ落し一件

神宮寺村旧記帳（資料三）によれば、浅利太賢には、「此御像ヲ見テ、宮社《みやしろ》ニ仏像ノケ《け》カ《が》ラ《ら》ハ《わ》敷《しき》」

として、「山下ニ投落《だけしたか?》」したとの申伝えが有るという。由緒録ではさすがに「ケカラハ敷」は憚ったのか、「あることいかゝなりとて」という表現である。他方、神宮家文書（資料四）によれば、「像体ヲ宮殿ニ納ムルハ神ノ式ニアラズト云テ、山下ニ投げ落シタリト云ウ」とし、「蓋シ仏体ト誤認シタ」ためであろうと記述する。いずれにしても、今は所在不明の御像は真澄引用のとおり、神宮寺嶽山頂の六所神社の由来からして、六面観音像であったろうと推察される。したがって、資料四の「蓋シ仏体ト誤認シタ」という記述は神仏分離が行なわれ神祇中心となった明治期の文書のせいであることを理解する必要があろう。

○資料一　月の出羽路、仙北郡五巻（菅江真澄全集七巻、二〇〇頁）

元禄五年浅利太賢来りて、斎藤氏に永く止宿して神書談《とけ》り。後に京都に於て神去《かむざり》霊祠号千木大明神従六位神浅利太賢とありといへり。

・元禄五／一六九二、壬申。

・斎藤氏／八幡神社、嶽六所神社神主。

○資料二　月の出羽路、前掲全集七巻（一八七頁）

そを此神主の家には六所ノ名神と唱へて斎《いつぐ》。此六所名神と創《はじめ》ていつきまつりしは近き元禄ノ五（一六九二）年、皇《み》都の従六位浅利甲斐守源太賢といふ神官此郷《さと》に来て神社拝礼のとき、六所明神《むはしらのあかつかみ》とは称名《ただへな》を奉りたりといへり。また人の迷《まど》ひおのづからある事あり。そをときさとし聞えまく筆のまにまに挙《あげ》む。
・聞えまく／聞いたようなことを、カ。

○資料三　神宮寺村旧記帳（文政九年惣改）
此ノ御像、宝永五、六年ノ頃浅利太賢ト申シ神学者巡国ノ節、当村仙波三郎左衛門ト申（渋江大膳殿御家人ナリ）家ニ暫《しばら》ク逗留シテ、嶽山へ参詣シテ此御像ヲ見テ、宮社《みややしろ》ニ仏像ノケカラハ敷トテ山下ニ投落奉リシト申伝有り。
・宝永五、六／一七〇八戊子、一七〇九己丑。
・此の御像／（神宮寺嶽山頂の式内社副川神社に）何年ヤ六面観世音菩薩ナリシトテ御室ニ観世音ノ御像有リシ由。（旧記帳）
・この一節は、月の出羽路に所収された富樫伝市郎筆記の、「神宮寺郷古記由緒録」（前掲全集七巻、二二五p）に同文が掲載されてある。ただし由緒録では巡国は「順国」、渋江大膳は「渋江内膳」、参詣は「詣て」、ケカラハ敷トテは「あることいかゝなりとて」と多少の異同がある。

○資料四　明治三十四年文書（『神宮家文書』、一九九六、四三頁）
安永丙申《ひのえさる》五年浅利太賢ト云フ神学者巡国之節、嶽山ニ参詣シ六所之御神像拝シテ、像体ヲ宮殿ニ納ムルハ神ノ式ニアラズト云テ、山下ニ投げ落シタリト云ウ。蓋シ仏体ト誤認シタルナラン。其の後数日ヲ経テ投げ落シタル神体ヲ訪ね探《さぐ》リ、漸ク一体ヲ拾い上ケタリト云う。此神像丈ケ五寸五分鉄製（鋳造人不詳）、袍腋《えな》ノ如キ者ヲ被リ冠《かむ》ヲ戴《かんむり》キタル御立像ナリ。
・安永丙申五／干支は正しい。一七七六。記述は地元事情に通じているが、典拠が不明である。
・袍腋／袍衣とも書く。胎児をつつむ膜。

3、菅江真澄の反発

真澄は、月の出羽路（資料二）において、神主（斎藤氏）が六所ノ名神と唱へて斎《いつ》いでいたが、太賢が来て六所明神と称名を奉った、こういう迷《まど》ひ（私注、ここでは誤りの意か）はおのづからある事だとして、神主に理解を示す。続いて、そういうことが「ときさとし（説き諭し）され、聞こえたように筆にまかせて挙げることにすると、肯定的に述べる。ところが、同じく次掲する月の出羽路（資料五）では、神宮寺嶽が「六面ノ観音を安置」していること（私注、したがって神仏習合であること）を是認し、その上で、太賢が「あらがひ（同、言い争い）もて六所ノ明神と神号称し奉」ったとし、「浅利太賢がさかしら（同、賢《さか》しら。利口ぶって振る舞うこと）にこそ」よるものだとして、真澄にしては珍しく強い語調の批判を展開している。

○資料五　月の出羽路、前掲全集七巻（一九〇頁）
かゝる旧《ふる》く由緒《ゆえ》ある神社《かむやしろ》を、六面ノ観音を安置《すうる》にあらがひもて六所ノ明神と神号称《みなたゞへ》て奉りしは、浅利太賢がさかしらにこそあらめ。
・旧く由緒ある神社／式内社たることをさす。

この反発にはそれなりの事情があったようである。真澄は、国学神道に造詣が深い上、秋田では心を許せる少ない知己仲間であった鳥屋長秋、鎌田正家とともに、おそらく文政初年のころ、神宮寺嶽に登ったと読める記述が月の出羽路（資料六）にある。真澄はかねて思い入れのあった旧式内社調査のため友を語らって登拝したのであろうが、後段で「たづねもとめし人こそ聞えね」と云っているところから、難儀して調査を果たした者の自負もうかがえる。いずれにしても、六面ノ観音を安置するに至った地元の事情を理解しようとしない、中央から来た学者へのいら立ちとも思える反発が読み取れる。

○資料六　月の出羽路、前掲全集七巻（一八六p）

此副河ノ神の旧社地《ふるみやどころ》の事は、鳥屋長秋《とやのながき》、鎌田正家《かまたのまさやか》ともに心をつくして此十とせまり前とし、おふなおふなこの嶺《さきつ》にからうじて攀登《よじのぼり》見つゝ、そのみあとどころを、さだかにそこと思ひうるなンと人々に話《かた》り聞こえたりき。其外に誰れ一人ふりはへて、菅の根のねもごろに、それをたづねもとめし人こそ聞えね。

・ともに／（又は名詞に付いて）一つになって。
・十とせまり／十年余り。
・おふなおふな／ひたぶるに。
・ふりはへて／振り延ふ。わざわざする。
・ねもごろに／「ねんごろ」の古形。

三　「苧手巻」抄

書本に序や次第はなく、本文五七頁、掉尾《とうび》の五八頁に（刊行）年月、編者、開板者名を記す（勿論のことながら頁は付されていない）。一三頁末行以降は問答形式が展開し、問答は大小十五をかぞえる。一頁はおよそ百二十字ほどなので、四〇〇字換算でせいぜい二十枚に及ばない分量である。「苧手巻」はいまだ活字化されていないようである。そこで落掌本を底本とし、国会図書館に蔵されてある国会本と校合して読解をすすめた。

国会本は「苧手巻全」と付題され、本文余白の随所にかなり精《くわ》しい補筆と付注がある。ところが、付注の内容があまりに大所高所すぎて役立たない。末尾に「享保十四年（私注、一七二九）酉秋八月廿三日書入成《かきいれなる》」とあるが、付注者は不明である。なお、この国会本と校合することによって、書本と大筋同文であることが確認され、当方入手の書本の題は「苧手巻《おだまき》」であることが確定できた。こうして読解された苧手巻は浅利太賢の神仏理解の助けになるばかりでなく、当時の通俗的な神仏教義の一端を示すものであろうと思う。よって、以下に冒頭部の全部と、十五問答から七問答を選び、要約抜粋し、適宜見出しを付ける（委細は初出論文）。

○冒頭

それ春の気色《けしき》陽気に霞《かすみ》立ちわたり、山里の木草《もくぞう》萌え出る頃《いづ》こそ、心も浮き立つものなれ。漸く花も盛りに、詠《ながめ》（私注、眺めの意か）もやがて散り過ぎて、また打続き青葉の梢《こづえ》に花たちばなの香を臭《か》げば、むかしの事をこいしう思い出《いで》、しづ心（同、静かな心）を筆に任《まか》せてよしなしごと（同、由無し事、とりとめもない事）を書き集めてなん苧手巻《おだまき》と名付け侍《はべ》りけれ。

○問答一　三悪の苦しみ
問／神はその身にさへ三悪の苦しみあれば、神力を以て菩提成就《ぼだいじょうじゅ》とは心得がたし。
答／三悪あるは龍神の事也、正しき神に其の沙汰有るべからず。

○問答二　仏力ならでの救度
問／仏は神の本地なれば、仏力ならで救度は成りがたし。
答／神は天地開闢《かいびゃく》の発《おこ》りなれば、神の本地とは云いがたし。

○問答三　葬法
問／神道に葬法有りや。
答／葬法は元来神道を以て本とすべし。先ず仏法には無きとかや。

○問答四　後生救度
問／神道に後生救度《ごしょうきゅうど》の法有りや。
答／神道に後生と云う事はなし、されとも願はゞ叶うべし。

○問答五　三世因果
問／神道に三世因果有りや。

答／三世も因果もなし、如何なれば天地開闢《かいびゃく》以来天地同根、万物一体、神祇一定《じんぎいちじょう》、皆是れ神明同体なる故三世（私注、過去現在未来の輪廻転生《りんねてんしょう》）の差別《しゃべつ》なく、人間出生《しゅっしょう》にも苦慮の因果有るべからず。

○問答六　神道にも罪咎祟
問／昔、照月上人は馬になり、時正坊は過去にて一切経を納めたる功力にて北条時政と生まれて、天下の権をとれり。

答／これは世のことわざ也。神道にも罪咎祟《つみとがたたり》の三悪あり。一心たがへて一念の思いいよいよ迷いすれば、神祇咎《じんぎとが》有る如くにて天罰をうけて畜生ともなれり。照月も一心たがいて神祇の咎天罰にて馬ともなるべし云々。必ず三世も因果も有るべからず。

○問答七　神国へ仏法
問／いかで神国へ仏法をゆるし入り給うぞや。

答／（聖徳）太子曰く、いや（私注、いよいよ）仏法をひろむる事は我が神国の誠をあらわさんがためなり。

むすび

東京神田で浅利太賢著の「苧手巻」に出会ったことによって、太賢の神宮寺村での御像投げ落しの一件をまとめ、余勢をかって「苧手巻」の読解に取り組むことになった。この書本が世に出された時代を思うと、貞享《じょうきょう》年間は太平享楽を謳《うた》われた江戸時代前期の元禄期直前のころである。当時ようやく経済的な余裕を獲得しつゝあった江戸の庶民や、おそらく津々浦々の上層農民商人の内心の欲求にこたえ、神仏教義のいり繰りを平易に説き明かしてくれる神道家の存在はきっと時代の要請にかなったものであったでろう。神道講釈が江戸浅草で興業し、評判をとった時代である。「苧手巻」もそうした時代風景のなかで、産み出された産物である。ところで、太賢は諸国を巡遊して神宮寺村に寄ったのであるから、久保田領内で当地以外にも足跡をのこしたはずである。ことに久保田府の秋田では当然ながら神道家や国学者に面談を求めたであろうが、いまだそういう資料に出会えていない。

さて、太賢は本文末尾の一節で苧手巻などの神道書をなぜ書くのか、その心底にふれ、和歌一首を添えている。一見するところでは、添えられた和歌一首からは、後のたのみのためならば神仏両道を是とする融通無礙《ゆうづうむげ》の心がうかがえる。はたしてそれが神道家太賢の面目なのか、神仏儒は一致するとしながら神道を第一義としたらしい理論と矛盾しないのか、疑念ののこるところである。そこで、よくよく一首を按ずると、「我が国にもしも神がおらなければ仏をも願うて後生のたのみとするところであるが」、「我が国には神がおられるのですぞ」と聞こえてくるが、いかがなものであろうか。

我が国も神だになくば　仏をも願うて後のたのみにやせん

研究五　山北六所八幡

はじめに

かつて出羽山北《せんぼく》（以下、雄平仙の三郡をさす）と称された秋田県南部の、地理学上でいう横手盆地に六所《ろくしょ》八幡宮と総称される六社の八幡神社が鎮座する。六社の分布は盆地の主要部を占める平鹿、仙北の二郡におよぶ。文政七年（一八二四）久保田藩から地誌編集再開の内命をうけた七一歳の菅江真澄は、以降平鹿、仙北の巡村調査に精力的に取り組むが、巡村半ばの七六歳で没した[01]。こうした最晩年の地誌調査から執筆された『月の出羽路《いでわじ》』で、真澄は、「源義家将軍当国の鎮護の為に、六所《むところ》に八幡《いやはた》の宮《みや》を草創《たてたまい》て神税《かむちから》を寄附《よせ》給ふ」、「其六所といふは」として次の六社をあげ、これを六所八幡宮と記した[02]。この六社をもって六所八幡宮と称したのは真澄以前に見当らない。真澄の創唱のようである。

○平鹿郡沼館（軍書には沼柵と見ゆ）の八幡宮（横手市雄物川町沼館）[03]
○同郡箭神《やがみ》村の八幡宮（今もさゝやかなる社に座せり）（横手市雄物川町矢神字堂ノ下）
○仙北郡宮林の八幡宮（内小友村あら町という地に座《ま》せり）（大仙市内小友字宮後）
○同郡大曲西根村の八幡宮（新堀《にいほり》という地に座せり）（大仙市大曲西根字新堀）

○同郡幕林村の八幡宮（大仙市鑓見内《やりみない》字幕林）
○同郡神宮寺郷の八幡宮（大仙市神宮寺字神宮寺）

このような山北の六所八幡宮について、昭和初期の研究であるが今でも六所神研究の先行研究とされ、本小研究でも再々引用する、文献民俗学者中山太郎の「六所神異考」は深澤多市らの『秋田叢書』を引いて次のように指摘する[04]。

羽後国には、何故か六所八幡と称する神社が、頗る多く鎮座している。「月の出羽路」（秋田叢書本）の仙北、平鹿二郡だけでも新堀、荒町、幕林、神宮寺（以上、仙北郡）、矢神、沼館（以上、平鹿郡）等の六社を数えあげることが出来る。

すこぶる多いという表現はさておき、六所神を全国的に考察するとき当地の六所八幡が注目に価する存在であったに違いない。これらの八幡神社は地域では由緒ある神社なので個別の調査研究はされてきたが、真澄が当地の六所八幡宮について書き記したにもかかわらず、不思議なことに以来一度として六所八幡の視点から研究された形跡が見当らない[05]。

これまでの歴史研究が教えるところでは、源氏（頼義、義家）対安倍氏の合戦は前九年の役（一〇五六〜六二）として陸奥国北部で戦われ、最終戦になって山北から清原氏一族が参陣したが、出羽国山北では戦闘行為はなかったはずである。また前九年合戦の後およそ二十年にして起こった後三年合戦（一〇八五〜八七）の最終戦は山北金沢柵をめぐる攻防となったが、それは源氏対安倍氏の戦いではなく当時清原氏に属した清衡をかついだ源氏（義家、義光）と清原氏（武衡、家衡）の戦いであったはずである。かねて筆者は、最晩年の身体を押して取り組んだ真澄の平鹿仙北の巡村調査に執念とも思える鬼気を覚えるが、そうした巡村で採録した平鹿仙北の神社、ことに八幡神社の多くの創建伝承が源氏対安倍氏の合戦話を軸に成立している異様さに真澄が気付かなかったわけはない。その異様さは秋田県域の各所に安倍氏説話が存在するのと通底する。秋田の古典文芸に精通された井上隆明は、「秋田に多い安倍氏説話は、清原―藤原と義家らをモデルとした陰陽師創作の御霊信仰説話と解けまいか。安倍氏の話はいずれも暗く悲しい物語になっている」と説く[06]。また実証されないが、戦記物語の『金沢安倍軍記』が山伏修験などの語りべによって流布されたからではないかとする推測もある[07]。なるほどこの『軍記』は荒唐無稽の記述が多く、史家指摘のとおり前九年の役と後三年の役を混同するが、はたして本当に山北の地で源氏と安倍氏の戦いがなかったのかと思案させられる。

いずれにしても、これら暗く悲しい安倍氏の説話と表裏する創建伝承に接した真澄は、後述するその出自にからむ心情から鎮魂を思い立ったのではないか。また他方では創建伝承に織り込まれた安倍氏平定に対する源家（義家）の祈願と報賽を冷静な地誌編纂者の眼で視たであろう。こうした二つの思念に動かされ、多年に及ぶ神道研究の蓄積から真澄が導き出したのが、独自の解釈による山北六所八幡宮の創唱ではなかったかと筆者は按ずる。真澄があげた六社は後三年合戦（一〇八五～八七）の最終戦で義家が陣頭指揮し勝利した仙北金沢柵を半円形で包囲するかのように分布鎮座する。このことは真澄にとって理由のないことではなかったはずである。

一　山北六所八幡宮

まず真澄の六所神に関する所説を見てみよう。これによれば宮殿一宇に六所（六柱）の神を祭ることではなく、六村に鎮座する八幡宮をさすのだと簡明である。このように六所神とは六村（六所）に鎮座する六社の八幡宮とする真澄流の所説は他に見えない。『国史大辞典』一九九三によれば、六所神とは一所に祭る六柱の神を指すのであるが、真澄の所説は異説の感をまぬがれない。しかしながら真澄はあえて六村（所）の八幡宮を山北六所八幡宮として描いたのであろう。

資料一　真澄の六所神に関する所説

所々の神官《ねぎ》、祝部《ほふり》、六所の八幡を聞迷ひ、宮殿一宇《ひとつ》に六所の神達を祭るとこゝろうるにや、由意《よしも》なき御神をも御相殿に祭りまたさまざま合座は、六所といへる事をおのもおのもしか思へるなるべし。今相紏《まぜすうる》すべきにはあらずとも、六所は六村《むむら》に鎮座《しずまりませ》る八幡宮なる事を知るべき事也（『菅江真澄全集』⑦二八五頁）

さて山北の八幡六社を六所八幡と称したのは真澄が最初であろうか。筆者は強い関心をもって調査したが、ようやく出会えたのが「社寺縁起」（明和六年写、一七六九）中の一件である[08]。前後の脈絡がとれず、また当一社をさしているが、ともかく新堀を「六志よ八まん」（六所八幡）と記したことは了解できる。したがってなお調査を要するとしても現在知り得るかぎりでは、新堀八幡は真澄以前に個別に六所八幡と称されたようだが、六社を称して六所八幡としたのは真澄のようである。

二　山北六所八幡の創建伝承

六所八幡の創建伝承を精査すると必ずしも『金沢安倍軍記』のせいばかりではない記述があるが、ここでは深く詮索しない。いずれにしても対安倍合戦にちなむ創建伝承は矢神（のち沼館に遷移）、宮林、幕林八幡に伝え、再建伝承は神宮寺八幡に伝える。なお真澄が収録した幕林八幡宮記文は、同宮は康平四年（一〇六一）の義家陣営跡と記す[09]。こうして真澄は前九年の役が陸奥北部で戦われたことを承知しながら、あえて前掲のとおり「源義家将軍当国の鎮護の為」と記したのであろうと思案する。それにしても「当国」という表現は曖昧微妙である。

資料二　山北六所八幡の創建伝承（要点）

沼館	・もと箭神山に鎮座、明応文亀（一一八四〜九〇）沼館城中に遷す（⑥四二頁以下）。
矢神	・頼義義家、最上郡境より正司治郎を頼み矢神山の神に安倍氏追討の奉幣、（成就）、若宮八幡奉斎（⑥四二頁）。 ・延久二年（一〇七〇）石清水八幡を矢神山に遷す（⑥四八頁）。 ・もと小祠、頼義義家の安倍氏討伐で再興、延久元年（一〇六九）賑う、寛治三年（一〇八九）義家金沢攻め祈願（⑥六七頁）。

	・(若宮八幡縁起) 康平五年（一〇六二）頼義立願果す、若宮八幡奉斎、延久二年本尊を石清水八幡から遷移（⑥四二頁）。 ・(元禄十二年沼舘八幡神社由緒) 永延二年（九八八）草創、沼舘城主庄司治郎清原武則の内（氏）神なり。
宮林	・鎮守六所八幡宮、宮林は八幡社地の古名（⑦二八四頁以下）。 ・安倍合戦の功で義家命じて康平六年（一〇六三）社殿を建立（社前「由来記」）。
新堀	・義家の草創、陣営跡、鎌倉鶴岡を遷す（⑦二五七頁）。 ・大曲西根郷六所八幡宮（⑦二六六頁）。
幕林	・義家の草創、陣場跡、石清水八幡宮を勧請す（⑧二四二頁）。 ・(八幡宮記文) 康平四年（一〇六一）義家陣営跡（⑧二四五頁）。 ・(聖光院記録) 寛治元年（一〇八七）義家陣営跡（⑧二四四頁）。
神宮寺	・田村丸建立、延久三年（一〇七一）義家再建（⑦二二一頁）。 ・治暦年（一〇六五〜六九）宗任貞任、城を構ヒ嶽ヲ物見山にす（⑦二二五頁）。 ・宗任（貞任）女生埋め姫神山伝説（⑦二三一頁）。

(注) ○内は『菅江真澄全集』（未来社）の巻数を示す。巻数、頁が付されないのはその他の資料。

むすび

要点を総括すると次のとおり。

イ　六所神は本来一社（一所）に祀る六柱の神をさす。この六所神から発展したのが六所八幡である。その故は八幡神が本来的にもつ鎮魂である。

ロ　真澄は地誌調査にはいった平鹿仙北の所々で安倍氏の追討や源氏（義家）の祈願が織り込まれた神社（八幡神社と限らない）の創建伝承や説話に接した。

ハ　これらの創建伝承や説話が山北の歴史と違うことに真澄が気付かなかったはずはないが、一方では地誌調査者の立場でこれらの採録に専念し、他方では出自に由来する心情から鎮魂を願ったのではないか。

ニ　こうした思念から真澄が造詣深い神道学から編み出し創唱したのが一村一社（六村六社）からなる、真澄独自の山北六所八幡宮であった。真澄によって選ばれた六所八幡は後三年の役の最終戦場となった金沢柵を包囲する要所を占め、そこは真澄にとって平定祈願所であるとともに鎮魂慰霊所であった。

最後に真澄の出自にちなむ鎮魂の心情にふれておきたい。真澄研究に生涯をささげた内田武志によれば、真澄は自ら記したことはないが、その出自は「白太夫《しろだゆう》の子孫」であるという[10]。委細は略するが、そもそも白太夫は菅原道真信仰（怨霊鎮魂）と不可分の関係にある[11]。この系譜から白山信仰に傾倒した晩年の真澄は怨霊と鎮魂に強い関心をもったようである[12]。こうした真澄にとって平鹿、仙北で収録した八幡神社の創建伝承に記された源氏（義家）祈願と報賽の彼方に必ずや安倍氏の悲話を見たにちがいない。これについて廻国漂泊者であった真澄は注意深く一言も記録に遺さないが、それだけに真澄に学ぶ吾々はこのことに気付いた上で、よく理解する必要があると思えてならない。要言すれば、晩年の平鹿仙北の地誌調査で前九年合戦や後三年合戦にまつわる多くの神社創建伝承や説話に接した真澄は、いよいよ晩年の心象から出自にからむ怨霊鎮魂の思念とめがたく、あえて六所八幡を真澄流に解釈して、源家とくに義家ゆかりの山北の六村六社の八幡宮をもって六所八幡宮と創唱したということになる。

注

（01）内田武「菅江真澄年譜」『菅江真澄と秋田』加賀谷書店、一九七八、三〇六頁以下。
（02）『菅江真澄全集』第七巻一九七八、二八四頁。六社名は同巻一七二頁にもあるが記載順が一定でないので、便宜のため組替えた。以下同。
（03）括弧内は現在の住所表示。なお沼「舘」と見える。
（04）中山太郎『日本民俗学論考』一誠社、一九三三、八二五頁。なお大仙市の畏友深田新一郎氏より、右初出稿（『旅と伝説』四巻七号、一九三一・八）と、これに対する藤原相之助の異論「六所起源考」（『旅と伝説』六巻）が恵贈された。記して感謝する。
（05）本郷洋治『出羽山北の古代史をあるく』秋田文化出版、一九九三は六社探訪録を収めるが、研究書ではない。なお六社を参拝した筆者は氏の観察が的確であることを知り敬意を表する。

(06) 井上隆明『秋田古典文学史』歴史図書社、一九七九、八三頁。
(07) 別名「安部合戦之次第」。榊田淩次郎翻刻「金沢安倍軍記」『第三期新秋田叢書』十二（一九七六）。なお阿部幹男「神宮寺嶽伝説と真澄」『真澄学』第六号（東北芸術工科大学東北文化研究センター）二〇〇九は安部合戦を軸とする当地伝説を同じく真澄の視点から考察していて興味深い。
(08) 草分文左衛門写、秋田県公文書館蔵。
(09) 当記文は慶安四年（一六五一）源勝寺住僧真和の書上（『幕林八幡神社紀』）。勧誘工作のため山北に派遣された義家と重任ら安倍氏の交戦を想定するならば（佐々木千代治『横手盆地の古代史』）、義家の陣営跡は不可ではない。なお右『神社紀』は先年大仙市四ツ屋相馬精氏から恵贈された。記して感謝する。
(10)『菅江真澄全集』別巻一、一三頁以下。
(11) 白太夫は菅原道真を祭神とする天満宮の摂社に祀られる。一説に道真の従者になったと伝える外宮祠官の度会春彦の霊を祭る（中村幸彦「白太夫考」『文学』四五、岩波書店、一九七七・八。なお堀一郎『我が国民間信仰史の研究二、宗教史編』創元社、一九六七は真澄の出自に関係する白太夫信仰の機微にふれる。
(12) 右別巻一、五一三頁以下。内田は真澄の遺品のうち染筆書物三八冊が小杉山円満寺取次で同所白山姫社の祠官熊谷越前守に進上されたのもこの関係と見る。ただし、なぜ小杉山の白山姫社だったかについてはなお考察を要する。

研究六　東北の神宮寺

はじめに

神宮寺とは何かについて諸説があるが、「神仏習合思想に基づき神社に付属して営まれた寺院である」が代表的な所説である[01]。ここで「神社に付属」とはもともと本社たる神社があって、この神社の境内か付近に設置された寺院であるということと、神社に奉仕するために設置された寺院であるという二点を含意する。このように理解すると神宮寺と称された寺院だけでなく神願寺や神護寺などと称された寺院や、さらに寺号からは判別しがたい寺院の中にも実質的に神宮寺が存在したことに気付く。ただし、これまで殆ど指摘されなかったが、当該神の本地仏（神の真姿である仏）を祀る本地堂とは区別を要する。右所説に従えば神宮寺は神宮寺と称された寺院のほかに存在したことになるが、その判別は神前に供した神饌《しんせん》や本社の祭神に対して付属寺院の住僧が神前読経をしたかなど祭儀にまで踏み込まなければならず、容易なことではない。したがって過去現在において神宮寺と称された寺院を対象とする。この研究の過程で筆者は、神宮寺には必ずしも「神社に付属して営まれた寺院」とは言えない「修験」が神宮寺という寺号を称したことに気付いた。出羽国の神宮寺一四寺の内、四寺が本社たる神社を持たないか明らかでない修験であった[02]。新しい知見である。こうした修験も勝手に神宮寺を名乗れたわけではなく、宗派上部の認可を必要としたと推定されるが、詳しい実態までは追究できなかった。こうした経緯を経て現段階では、「仏事をもって神祇を祀る寺院（修験を含む）である」と理解する。神宮寺数が最大になったと推定される江戸時代過半の天明～寛政年（一七八一～一八〇一）に各宗本山が幕府に届け出た寺院本末帳を集成した『江戸幕府寺院本末帳集成』によれば、神宮寺を寺号とした寺院数は全国でおよそ四三九寺をかぞえた[03]。

他方、収録総数三一万件を誇る『現代日本地名よみかた大辞典』一九九〇によれば、全国で神宮寺という地名は一八所（大字小字の重複を除く）ある。東北地方は次のとおりである。ただし別資料に宮城県亘理町逢隈神宮寺が見える（『角川日本地名大辞典』宮城県）。

○秋田県　一所（大仙市神宮寺字神宮寺）
○福島県　一所（猪苗代町大字千代田字神宮寺）
○青森、山形、宮城県　なし

一　出羽国所在の神宮寺

出羽国（およそ秋田、山形県域）における過去現在の神宮寺に関して、各種資料によって個別に調査を進めた。資料の制約、調査の徹底度から神宮寺によって研究成果に粗密があるのは残念だが、ともかくも出羽国の神宮寺を一括して調査できた意義は少なくないと思う。ただし、「羽黒山でも伊出波神社に神宮寺として寂光寺が建立され、神仏習合がすすんだ。寂光寺の創建年代は不明だが平安時代と考える」（『山形県史』）などの指摘は承知するが、これらは神宮寺を称されなかった故をもって計上されなかった。ここではその総括を伝える第一表を示す。要点は次のとおりである。これらによれば創建年代、形態、宗派それぞれに修験山伏など多様な神宮寺が出羽国に展開したことに気付く。このような多様性は意外にもこれまで指摘もされなかったことである。

イ　出羽国の神宮寺数は秋田県域七、山形県域七と均衡し地域的にも平均的な分布であるが、秋田市周辺は寺院の発達地にもかかわらず何故か空白である。山形県南西部の西置賜郡も空白である。

ロ　神宮寺の創建年代は古代一（両所山）、中世五（去河山、明永山、金峯山、福聚山、白鳩山）、近世七（七座山、亀井山、藤崎、照皇山、椙尾山、宮野下村、谷地）、不定一（西方山）である。ただし西方山は中世か。

ハ　神宮寺の形態は別当寺九（両所山、七座山、去河山、明永山、金峯山、福聚山、白鳩山、西方山、谷地）、独立修験寺四（亀井山、藤崎、照皇山、宮野下村）である。椙尾山は神宮寺大明神を称した神社である上、山伏六供に神宮寺があったという特異な形態である。両所山は官寺的性格を伝えられる唯一の存在である。七座山は修験であるが五別院を創建して末寺支配を行い、福聚山は末寺一、門徒寺六、山伏寺三を擁した一山組織であった。

ニ　宗派は新義真言宗八（両所山、去河山、金峯山、宮野下村、福聚山、白鳩山、西方山、谷地）、真言宗仁和寺末一（亀井山）、当山派修験三（七座山、藤崎、照皇山）、不定二（明永山、椙尾山）である。ただし両所山は実質的に鳥海山修験であり、去河山は江戸時代過半まで真言宗仁和寺末であり、明永山は修験であるが真言宗にまで立ち入ったか不明であり、亀井山は仁和寺末であったが新義真言宗であった。白鳩山、西方山は古義真言から新義真言へ変更した。

ホ　享保一〇年（一七二五）亀井山が本山の達（命）により神宮寺と改称、明和三年（一七六六）七座山が寺号神宮寺を許容された。こうして神宮寺は勝手に使用できる寺号でないことは推認できるが、その意義などはまだ明らかにし得ない。

ヘ　七座山では綴子の修験が離れた距離関係にある七座神社別当を代々兼帯した。これに関連して、平成十六年八月七座神社を参拝した折、嶺脇宮司から当社は古来から専任の（別当）、宮司をおかず現在も鷹巣町坊澤からの通いというご示教があった。ちなみに『古事類苑』は神宮寺は「多くは神社の境内内に建立せりと雖も、稀には遠隔の地に設置せるもの無きにあらず」と云うが、それにしても特異である。七座神社の社格、経済力を考えると研究を要する課題である。

ト　東北の修験に精通された月光善弘は『東北霊山と修験』で東北地方に形成された密教寺院の特色として一山寺院をあげ、一山寺院とは加持祈祷を主とする密教系の寺院坊によって構成され、除災招福を祈念する祈願寺的性格を有する寺院であると言う。主要一山の構成は次のとおり。

・両所山／衆徒二五坊、世襲の社家二ないし三。・七座山／別院五。・明永山／三六坊。・金峯山／一八坊。・福聚山／一末寺九坊。・白鳩山／七末寺一九門徒。

第一表　出羽国所在の神宮寺

地図記号	神宮寺 本　社	所在地（今次合併前の住所表示）	古代	中世	近世	近代	備　考
①	両所山神宮寺	遊佐町吹浦	○	○	○	×	明治初期廃寺。
	鳥海山大物忌神社	遊佐町吹浦布倉	○	○	○	○	
②	七座山神宮寺	鷹巣町綴子西館			○	×	明治初頃廃寺、当山派
	綴子八幡社	鷹巣町綴子西館		○	○	○	
	七座山天神社	二ツ井町小繋	○	○	○	○	
③	去河山神宮寺花蔵院	神岡町神宮寺		○	○	×	明治三年廃寺、真言宗
	八幡神社	神岡町神宮寺	○	○	○	○	式内社副川神社を継ぐ。
④	明永山神宮寺遍照院	旧横手町柳町		○	×	×	神宮寺号は中世以降
	熊野神社	横手市明永野	？	○	○	○	
⑤	金峯山神宮寺万福院	湯沢市松岡	？	○	○	×	明治初め廃寺、真言宗
	白山神社	湯沢市松岡	？	○	○	○	旧白山蔵王権現
⑥	亀井山神宮寺 本社なし	岩城町亀田			○	×	昭和五八年廃寺、真言宗
⑦	藤崎神宮寺 本社なし	本荘市藤崎			○	○	現藤崎神社、当山派
⑧	照皇山神宮寺実相院 本社なし	矢島町城内			○	×	廃寺、当山派

⑨	相尾山神宮寺大明神	鶴岡市馬町宮腰			○	○	現相尾神社の別称
⑩	宮野下村神宮寺	鶴岡市大山			○	×	相尾神社山伏六供の一カ。
	相尾神社		?	○	○	○	
⑪	福聚山神宮寺	新庄市宮内		○	○	×	一末寺九坊
	宮内七所明神	新庄市宮内		○	○	○	七所明神信仰
⑫	白鳩山神宮寺	河北町溝延		○	○	×	七末寺一九門徒
	溝延八幡宮	河北町溝延	○	○	○	○	
⑬	寒河江八幡神宮寺	寒河江市六供町		?	○	○	現存、出羽地域では唯一。
	寒河江八幡神社	寒河江市八幡町	○	○	○	○	
⑭	谷地神宮寺	米沢市林泉寺町			○	×	
	一宮神社	米沢市城南		?	○	○	谷地八幡宮とは別

注／神宮寺および本社の存在は○印、廃止は×印を示す（筆者推定）。神宮寺所在の地図は『北方風土』56にあり、ここでは略す。

二　陸奥国各所の神宮寺

陸奥国（青森、岩手、宮城、福島の各県域）各所の過去現在の神宮寺を各種資料によって個別に調査する。基本資料は出羽国調査と基本的に同じく、平凡社『日本歴史地名体系』各県版、『角川日本地名大辞典』各県版である。このほか筆者が閲覧し得ていた資料、それに各県史、当該市町村史、インターネット検索である。ただし筆者が落掌し、あるいは閲覧し得ていた資料は出羽国に比して圧倒的に少なく、よって調査結果も暫定的にならざるを得ないが、結果は第二表のとおりである。

第二表　陸奥国所在の神宮寺

地図記号	神宮寺／本社	所在地（現在の住所表示）	古代	中世	近世	近代	備考
イ	釈迦山神宮寺	青森県むつ市大湊上町			○	×	常楽寺として現在する。
	八幡宮				○	○	
ロ	猿賀山長命院神宮寺	青森県尾上町猿賀石林		○	○		現地参拝調査済み。
	猿賀神社		○	○	○	○	
ハ	山田神宮寺	宮城県本吉町山田		○	○	×	
	御岳神社カ未詳			?	○	○	
ニ	塩竈神宮寺	宮城県多賀城市高崎		○	○	×	境内に別当法蓮寺あり。
	塩竈神社	塩釜市一森山	○	○	○	○	
ホ	抜山蓮明院神宮寺	宮城県仙台市荒巻			○	×	本社を持たないカ。
	未詳						
ヘ	大光院神宮寺	宮城県柴田町船迫寺前	?	○	○	○	本社を持たないカ。
	未詳						
ト	逢隈神宮寺	宮城県亘理町逢隈		?	○	×	
	鹿嶋天足和気神社		○	○	○	○	式内社

チ	佐倉神宮寺 諏訪神社（推）	宮城県角田市桜		? ○	○ ○	× ○	
リ	鹿島神宮寺 鹿島御子神社	福島県南相馬市鹿島	○	? ○	○ ○	× ○	式内社
ヌ	船見山神宮寺 未詳	福島県浪江町幾世橋			○	×	本社を持たないヵ。
ル	平久保町神宮寺 飯野八幡宮	福島県いわき市鹿島町		? ○	○ ○	× ○	
オ	春日山久遠院神宮寺 春日神社	福島県川俣町宮前	? ○	○ ○	○ ○	× ○	
ワ	二本松神宮寺 未詳	福島県二本松市竹田町			○	×	本社を持たないヵ。
カ	荒井神宮寺 未詳	福島県本宮市本宮町		○	○	○	本社を持たないカ。
ヨ	下野出島神宮寺 鹿島神社	福島県白河市東下野出島 字坂口			○ ○	○ ○	
タ	諸法山神宮寺 熊野神社	福島県喜多方市慶徳町	?	? ○	○ ○	× ○	

注／神宮寺および本社の存在は○印、廃止は×印を示す（筆者推定）。神宮寺所在の地図は『北方風土』56にあり、ここでは略す。

注

(01) 国學院大学日本文化研究所編『神道事典』一九九九、一〇八頁。

(02) 小論「神宮寺の定義をめぐる二、三の考察」『秋田歴研協会誌』第三一号、二〇〇六年四月。

(03)『江戸幕府寺院本末帳集成下』(水戸彰考館文庫本)一九八一、三一九頁。ただし神宮寺数は筆者が勘定した概数。圭室文雄「寺院本末帳の性格と問題点」(右『集成下』所収)によれば、採録された寺院数は約四万寺にのぼるが宗派により届け出に差があり浄土真宗は極端に少ないという(私注、ただし神宮寺数には大きな影響はない)。

研究七　旧別当神宮家代々

はじめに

開章で述べたとおり、本書の作成意義の一半は早晩当所大仙市神宮寺を去り行く旧別当系譜の筆者家の存在証明である。やがて歳月に埋没する当家の挽歌である。それには別稿をもって詳しい当家系譜を書き上げるつもりで資料準備に入って久しいが、多年関心を寄せてきた幾つかの主題の出版に優先して取り組む事態となり、歳月は人を待たず、いつか私は八十歳を超え、ときに健康不安なきにしもあらずとなれば、いつ突然そうした作業が不可にならないとも限らない。そこで研究ではないが、取り敢えず、ここでは当家代々の系譜や神仏修学の大筋を書き記しておきたいと思う。あわせて当家神宮の姓の由来にふれたい。箇所によっては誤解を招く怖れがあるが、決して自讃ではない。このことだけはご承知ねがいたいと思う。

初代尊常のち神宮正

筆者家は当社別当花蔵院の最後の住持尊常のちの正の創家による。明治初期まで真宗を除き僧侶は妻帯が許されなかったので、真言宗花蔵院は血脈による相続はあり得ず、専ら法脈による相承であった(付一)。明治三年尊常は僧籍を離脱還俗し、当初は神宮寺尊常を称し、のち神宮正を名乗った。

今に伝わる最古の除籍によれば、「明治五年以前南秋田郡八柳村三浦久兵衛長男分家」とあるので、

三浦家分家の形式で当家が創家された。また分家時に父三浦久兵衛は健在だったと読める。ただし尊

常の宝鏡院入院前の俗名は記されていない。

八柳村は今でいう秋田市外旭川八柳で、「古代の一ノ坪条理制地帯で、古四王神社とかかわる神田とも関係し早くから開けた」「本尊が伝慈覚大師作の地蔵堂が有名」(『角川地名大辞典』)と伝え、尊常が宝鏡院に入院した天保三年(一八三二)に先立つ寛政十二年(一八〇〇)には高五百六十九石余、家居七十九戸、人口四百であった(柴田次雄編『久保田領郡邑記』)。尊常は八歳七カ月で宝鏡院宥識の膝下に上山したが、その理由は、イ当時秋田真言宗筆頭格の宥識と父久兵衛に縁故があったか、ロ尊常が幼童にして特別に秀才であったか、あるいは、ハ世間によくあることで、久兵衛が後妻の子に相続させたく長男を仏門に出した可能性がないかと思案したが、後に閲読できた明治二九年勝興が記した服忌に関する御伺(『神宮家文書』未収)から、亡久兵衛に正より年長の長女夫妻の存在が推知され、ハの可能性は消滅し、裔孫としてはイ、ロの複合説に与したい。ちなみに私は八柳村三浦久兵衛家の探索を諦めきれず、令和五年五月秋田市の大住宅地図から外旭川八柳の三浦某家に照会したが、某家は二代目で該当せず、本家の過去帳にも見当らないという結果となった。なお右御伺によれば、佐々木久兵衛「農」とある(注、なぜか佐々木)。父邦彦は八柳村と秋田城下手形に所在した宝鏡院は(注、天徳寺前の道路を経れば)遠い距離ではなく、尊常はよく実家と往来したのではと話していた。

右のとおり明治三年ごろ正は生家の三浦家分家の形式で神宮家を立てたが、当時四七歳の正に血脈相続は望めなかったのであろう。その後、正は家の存続を念頭に、身内と伝える久保田保戸野金砂町石川家の阿恵を養女としたが、同九年十六歳で没し、当家墓地に墓石が立つ。つぎに同十五年没の神宮正良の神牌が伝わる。父邦彦メモは正良は正の孫、良助の初子とするが、今では良助は誰なのか不明である。つぎに同二二年（一八八九）六月大曲村三森家から二二歳男（慶応三年生）を養嗣子とし同年十月離縁、同二四年（一八九一）四月大沢郷村大沢郷伊藤家から二八歳男（文久三年生）を養子とし翌年十月離縁、さらに同二八年（一八九五）四月大沢郷村円行寺斎藤家から四六歳勝興（嘉永二年生）を養子とし同三三年三月離縁と、慌ただしい曲折を経て、同三四年一月正は七六歳四カ月の生涯を閉じた。死亡前日大沢郷村円行寺の勝興が再度の養子縁組し、辛うじて当家が存続した。これから推せば、正は養女に慮外の不幸があったが多年の僧堂生活から俗人の対応に苦慮した人柄だったかも知れない（以上は除籍、当家神牌、邦彦メモ）。この間、正の初期神道学研学並びに初期神勤は第七章で記したとおりだが、このほか明治十二年四月～十三年一月神宮寺小学校教員滑川第八に随い普通学研究を経て（『神宮家文書』）、明治十七年十月～十九年五月神宮寺小学校助訓に任命され奉職した（神宮寺小学校『思いでの百周年』一九七五）。

二代勝興（其の一）　内小友村守屋家時代

次に勝興は嘉永二年十月大沢郷村円行寺字坂繋の斉藤家第二十代助右衛門の三男に生まれた（除籍では二男）。斎藤家は寿永二年（一一八三）木曽義仲に敗れた武蔵国児玉郡一城の士斎藤主殿兼貞を氏祖とし、東下年代は不明だが、右所で豪農として連綿した家柄である（斉藤義一記「斉藤助右エ門家系図」一九七三、第二四代助右衛門編「斎藤助右衛門家系図」一九八九）。自筆履歴によれば研学は次のとおり（『神宮家文書』）。

○安政六年三月～万延元年十二月　横手町士族横山勇ニ従ヒ漢学研究
○文久元年正月～同三年十二月　亀田町学舘ニテ漢学研究
○慶応元年七月～同二年十二月　亀田町真言宗相持院にて仏学秘密法修業
○明治三年五月～同十二月　八沢木村神職佐々木彼面ニ従ヒ神勤式音楽修業

この間明治五年前、勝興は内小友村中山の守屋家に養子入籍し、守屋家当代宥仙（のち真澄と改名）女キヨと婚姻した。守屋家は修験の宝正院を継ぐ名家で、菅江真澄が「月の出羽路」に収録した歴代によれば、慶長二年遷化の一重坊宥編を開祖とし、宥仙まで十代である。真澄には長男（天保七年生～明治二七年没）がいたが、何らかの事情で養子婿取りをした。勝興はキヨとの間に長男武雄（明治三年生、以下明治）、長女、二女、二男政治郎（一三年生）、三男三郎（一七年生）を成したが、武雄の長男磐村によれば（後掲「亡父の思い出」）、明治一九年当時流行した疫病コレラで真澄、同妻サト、キヨが没した。十九年九月勝興は守屋家家督を相続し、同年十二月平鹿郡黒川村佐藤家のイワと婚姻、三女トメ（二一年生、南楢岡武藤家へ養女から北楢岡田中家へ嫁ぐ）を成したと推定されるが、二二年離婚、二四年由利郡上川大内村中田代伊藤家のタカと婚姻、四男四郎治（のち正賢、二五年生）を成した。二七年十二月退隠（法令上の隠居）、二八年三月円行寺斉藤家に復籍（四月タカ離縁）し、同年四月正の養子として当家入籍した。父邦彦のメモによれば、勝興は退隠から当家入籍までは大曲に居たらしい。二九年二月タカが当家入籍したが、三二年四月離婚した。三三年三月勝興は正と離縁し、戸籍上は円行寺斉藤家に復籍したが、この時も大曲に居たと推定され、三四年一月正死亡前日の養子縁組で再度当家入りした。実に目まぐるしい（除籍、守屋磐村「守屋家系図略表」一九八八）。この間勝興の奉職は次のとおり。

○明治十五年八月　館前小学校助訓　○明治十九年二月　外小友村八幡神社社掌

○明治三二年六月　依願免「成島神社、中山神社、砂敷神社、愛宕神社、北野神社、山神社（以上、外小友村諸社）社掌」

勝興の退隠は守屋家の資産を潰しかねない浪費癖の故だったと聞くが、その性癖は当家でも治まらなかったようである。磐村の述懐によれば、守屋家は農業を兼ねた山伏で、写楽、歌麿などの錦絵から鎧、兜、刀剣などの書画骨董品があったが、次つぎに迎える義母による失費のためか、養子であった亡父の父は離婚して別居したと伝える（右「亡父の思い出」）。勝興から家督相続した長男武雄が神職を継いだかは不定だが、青少年育成の教職にあって守屋家再建に尽力され、長男守屋磐村（明治二六年生）は秋田の家政・民俗学で活躍され、昭和四七年勲四等瑞宝章を授与された（守屋磐村「亡父の思い出」『衣食住の生活科学』秋田文化出版、一九八二）。また武雄の二女田村ツヤ先生（明治四一年生、秋田女子師範卒）は私の中学時代の恩師で、夫君田村龍治先生は地元の平和中学校の校史にのこる名校長である。

二代勝興（其の二）　神宮寺町当家時代

明治三四年一月再度当家入りした勝興は、同年二月直ちに花蔵院堂舎の建物一棟を売却した。三九年一月二男政治郎、四五年五月四男正賢が当家入籍し、のち昭和五年勝興死亡により同年政治郎が当家家督を継ぎ、同一〇年正賢が大曲に神宮家を立てた。他方、勝興は離婚して非妻帯の時代と推察されるが、大曲町八郎治医院女《むすめ》との交誼を伝え、最後は入籍しなかったが仙北郡小種村熊谷家の未亡人熊谷セキ（文久二年生）が連れ子の三女子と共に当家入りした（令和五年三月政治郎末子神宮寺住佐藤郁子氏談）。なお交誼を伝える大曲船場道地女は同所出身の養母サトとの混同と思えるが、その縁で結んだ女性かも知れない。セキは京極家の除籍上も、当家神牌上も河辺郡女米木村高尾神社宮司京極民部の妹だが、相当の信憑性をもって、実は戊辰戦争秋田戦線で活躍を上申した秋田藩士根元通明（のち東京帝大教授）の隠し子説がある（小論「通明庶子の究明」『北方風土』四一、「根元通明」『同』四三）。セキ女は当家では勝興と神事の集落廻りをし、おセキばあさんと慕われ当家で没したが、祖母ミヨは姑仕えをしたと言っていた。のち連れ子の長女ヤヱは当家から大曲曽根家、二女キノは角間川佐々木家へ嫁いだが、三女ミツ？は委細不明。勝興とセキ女の、それぞれを同様式で描いた立派な額縁入り顔絵が当家に伝わる。なお側聞していた勝興類縁の鈴木惣治家（神宮寺字大浦）との関係は、令和五年六月当主鈴木寛治氏の談では、近所に住む九十八歳のおばによれば親類ではなく、大浦沼で採れるジュンサイ（他説はヒシも）を届ける関係だったらしい。それにしても何故そういう関係だったのか、今では分からない。当地での勝興の奉職は次のとおりである。

○明治三五年二月　神宮寺村八幡神社社掌（兼外小友村八幡神社社掌）

○大正十四年十月　神宮寺町八幡神社社掌
注、正の死亡後、曲折を経て当社宮司職は佐々木家に移転した。

勝興は小柄ながら頑健な身体だったようで、昭和三年（一九二八）八十歳で「鳥海山大物忌神社六十二ケ度登山相済」を達成し（小著『大物忌神と鳥海山信仰』二〇二一）、翌々年の昭和五年（一九三〇）八二歳で没した。修験者ないし信仰者として魅力ある風格の人物だったらしい。伊藤忠温氏は、聞き取りで、「古い修験の遺風を体し、深い信心と頑健な体力の持主であったという」と伝える（研究七末行記事）。身辺に女性が絶えなかったのもその故かも知れない。シベリヤから無事帰国した慶彦（政治郎五男）は、昭和四十年代電器商の商売で出掛けた大沢郷辺で「熱があれば勝興揮毫の団扇《うちわ》を振れば治まる」という話を聞いたという。大正年間に外小友村中山の守屋家氏神堂（九尺一間社）を当家へ移転し（昭和四四年腐朽解体）、拝殿（二間三間）は勝興が所々に募金して建てたが、寄進帳によれば地元神宮寺、内小友、大沢郷はもとより大曲近郊、平鹿郡、河辺郡に及び、その範囲の広さに驚かされる。大曲高畑古四王神社宮司の富樫貞時氏の名も見える。大正十四年師範学校入学まで祖父勝興と同居した父邦彦は、「誰も悪く言う人はいない」と評していた。

三代政治郎

政治郎は明治十三年勝興二男として守屋家に生まれ、戸籍上は明治三九年一月当家入籍し（二五歳二月）、四一年九月神宮寺町鈴木家のミヨ（明治二三年生）と婚姻、六男三女（長男は早逝）を成し、昭和二二年三月六六歳で没した。政治郎に関しては殆ど資料が伝わらないが、准教員養成の大曲準備場を卒業後に小学校教員をし、青年時代は早稲田専門学校（大学か不定）の通信教育を受講、また恐らく当家入り前から郵便局に勤め、当家入り以降は長く神宮寺郵便局に勤め、かたがた当社八幡神社社掌ならびに当地集落である八石神明社宮司を勤めた。子沢山のなか子女六人を中等教育に進め、昭和四年に現存母屋の新築を達成した（建築は次弟の外小友村佐々木三郎父子）。書画を嗜んだと聞くが、美麗な細筆の祝詞以外は作品が伝わらない（母マツヱが隣接小学校学童の求めに応じて作成した資料「神宮家の今日にいたるまで」、他）。

また毎年春祈祷で戸別訪問し祝詞《のりと》をあげた前述斎藤新五郎家当主昌氏は、私に「おじいさんの美声は見事だった」と何度か語ってくれた。

四代邦彦

邦彦は明治四三年九月政治郎の二男として当地に生まれ、長男が不慮の事故（火傷）で夭折のため、「あんちゃ」として育った。昭和五年（以下、昭和）師範学校本科卒、二一年五月任神職、二三年八月任八石神明社宮司、五六年十二月退宮司。短期軍役を経て五年三月以降教職に勤務、二八年三月大曲町高畑小学校長（四二歳）、所々の小中学校長を経て四四年四月外小友中学校長で退任した。十五年仙北郡金沢町後藤家のマツヱと婚姻、二男二女を成した。四六年六月より六三年五月神岡町郷土史編集委員と文化財保護審議委員（十七年）、五五年二月より六三年十二月神岡町教育委員二期八年。他方、四三年当家氏神社を移転新築（この時私は小振りの鉄製鳥居を奉納）、また当家文書から五四年『御目衆御参詣之日記』、平成九年『御巡見使御参詣之日記』を出版した。書を好くし五一年NHK書特選賞、五五年神岡町民憲章を書し（書跡は現支所前石碑）、平成六年神岡町教育功労賞。平成十年二月八七歳で没、従五位勲五等双光旭日章を授与された。逝去に際し、秋田県神社庁長から弔電を拝受した。また当家多年の神勤報謝として、神宮寺八幡神社に飾陣太刀一振（黒蠟色塗老松蒔絵鞘糸巻）、八石神明社に飾陣太刀一振（金梨地塗鞘糸巻）を邦彦名で奉納した。（筆者編著で『神宮邦彦年譜』を編製した）。

女子師範学校本科を卒業したマツヱは多年地元小中学校の教職を勤め、かたがた民生委員など福祉活動に尽力、大臣表彰状等を授与された。短歌・作文を好くし、歌集「老いのおりふし」昭和六三、「続老いのおりふし」平成九の二冊を出版した。平成十六年九十歳で没、よく邦彦並びに当家の大黒柱となった（筆者編著『神宮マツヱ年譜』平成十七。注、私は特段の親孝行はなし得なかったが、姉妹弟や身内、配偶者の寄稿で両系譜の冊子を編製し両親の御霊に献呈できた）。

他方、政治郎四男和彦（大正九年生）は戦後中国戦線から帰還後に神職を志願し、公式講習と政治郎からの神式習得などで二二年二月一日任神職、以降八幡神社禰宜、八石神明社の禰宜ならびに五六年邦彦退任後の同社宮司を勤め、平成九年一月二〇日神職を退任、平成十五年（二〇〇三）五月没した（秋田県神社庁情報、他）。これによって当家の神職神勤は氏神社奉仕以外は終焉した。

当代筆者

筆者は昭和十六年（以下、昭和）邦彦の長男として当地に生まれた。上に姉、下に妹、弟がいた。

三五年四月秋田高校を経て慶応義塾大学法学部に入学、後年知ったのだが当時は六十年安保動乱の山場に当たり、穏健な塾風の慶応大学ではあったが、高揚した時代思潮の中で、私は教養課程の日吉で早々に社会科学研究会に入会し、エンゲルスの「空想から科学へ」、毛沢東の「実践論」「矛盾論」を学習した。青春の自己形成上の思い出である。会代表は法学部の一年先輩で、勝手に師事し、のちNHKのドキュメンタリー記者として活躍された片島紀男氏であった。およそ六十年を経たコロナ禍中、神田三省堂古書市で手に取った氏の大著『三鷹事件』日本放送出版協会、一九九六の豊富な取材、科学的な検証、緻密な論理展開に刮目させられ、あわせて東大南原繁記念出版賞に輝いた著作ほか多数のドキュメンタリー作品の存在を知って、その活躍を寿ぎ畏敬した（当時故人）。六十年安保終焉後は空虚の日月が続いたが、やがて無謀にも資本主義の根源を尋ねてカール・マルクス『資本論』の通覧に挑み、かたがた日吉の仏教青年会館で座禅に取り組んだ。仏教との初縁であった。その後専門課程の三田では『資本論』の要である「剰余価値学説史」に取り組み、また法の基底をなす法哲学に関心を寄せるなど、結果として、大学では実学とは縁遠い学問領域を彷徨した。一九六五年（昭和四〇）自らの貧困な外国語能力を知っていた私は、当時旭日の勢いがあった鉄鋼業の事業者団体で、転勤が予想されない日本鉄鋼連盟（のち社団法人化）に就職した。本部は入職当時は東京駅並びの鉄鋼ビル（八幡製鉄本社があった）にあったが、翌年秋に千代田区大手町の経団連会館二・三階に移転した。以降、定年を超えた出向を含め希望どおり千代田区内で勤務した。連盟では意外にも長く外国調査課に配属され、海外経済・鉄鋼業、プロジェクト調査に従事した。こうした勤務生活を経てやがて神仏信仰へと深く傾斜した。ここで閑話休題、若い勤務時代に関わった韓国浦項総合製鉄プロジェクトの一件である。浦項製鉄（ポスコ）とは、一九六五年締結し発効した日韓国交正常化による対日請求権資金を基に、韓国の中央部東海岸の浦項に計画された一大製鉄所建設計画である。

ａ、プロジェクト調査に平行して、私は政府系のアジア経済研究所の研究会に参加し、鉄鋼業建設のためには経済全般の研究を要するという視点から、韓国の農業なども研究した。発表論文は次のとおり。若い年代のことである。

小論「(韓国）戦後経済と農業」『アジア経済』一九六七・七　二五歳
同「韓国鉄鋼業の発展と特質」『アジア経済』同右　二五歳
同「韓国の農業労働力に関する一考察」『アジア経済』一九六八・七　二六歳
同「韓国における経済開発計画と鉄鋼業の育成」『アジア経済』右同　二六歳
同「韓国化学肥料工業の発展」山田三郎編『韓国工業化の課題』アジ研調査研究双書193、一九七一。(各国会図書館架蔵)　二九歳

ｂ、現地視察を熱望した私は、一九六八年（昭和四三）四月二八日～五月十二日、私的な訪韓を敢行した。初の海外旅行だった。母から貰った十万円、出発間際に連盟から給された餞別の十万円は有り難かった。建設中の浦項製鉄所を見学した他、自力で寄せた所縁から経済界および鉄鋼業界の要路にお会いできた。視察の概要は『韓国鉄鋼業の現状と課題』一九六八として連盟調査部から刊行され、その中に特に秘する必要がなかったので、お会いできた方々の名をあげた。ところが、それから十年以上を経た『週刊ポスト』一九七九年一月五日号が、本プロジェクトをめぐ

る「大商社、鉄鋼メーカーの暗躍」と題する特集記事で、右面談リストにあった崔書勉氏に対して私が何か特別の使命をもって会ったとする憶測記事を大々的に報じた。真実は吾に在りで沈黙したが、それから幾星霜、二〇一七年（平成二九）八月天皇（当時、現上皇）御学友で元共同通信記者橋本明氏の逝去で知った著本『韓国研究の魁《さきがけ》崔書勉』二〇一七は、崔氏と知友関係にあった橋本氏最晩年の著作で、副題の「日韓関係史を生きた男」（朝日新聞訃報は「生きた日韓現代史」）から考えれば、よくぞ若造の私が正鵠《せいこく》を得た人士にお会いし、ご高説を拝聴できたものだと感慨した。

c、母が『昭和萬葉集』全二十巻（巻1／一九八〇刊、他）を愛読していたのを知っていた私は、『平成萬葉集』（のち一九九六刊）の歌募集に三首を投稿し、奇しくも採録されたのは、往年浦項製鉄所を訪ねた記憶を歌った、歌調が今一つと感じていた一首だった。これも何かのご縁かも知れない。

製鉄の大計画の予備調査浦項（ポハン）の浜に貝まぶしけり

今日、日韓関係は色々問題なしとしないが、隣国の韓国が当初の構想どおり、貧困国から今やOECD加盟の先進国入りを果たしたのは、紛れもなく浦項総合製鉄などの成功によるものであり、こうした歴史的プロジェクトに参画できたことは、勤務時代の快事の一つである。

右一九七一年論文を最後に私は研究活動から離れ、勤務に専心し埋没した。その後韓国には三度訪韓し報告書を作成したが研究ではなかった。連盟では所々の部門に配属され、自分なりに意義ある勤務をし、また欧州研修や国際会議出席を含む海外出張に精勤した。妻（上田市西澤家）と職場結婚し、授かった一子男は東大法学部、二子男は横浜市大医学部、三子女は東大理Ⅱから大学院では地球わく星科学専攻へと進学し、各自の人生に邁進してくれた。孫五人にも恵まれた。この間神奈川県葉山町ついで横浜市戸塚区に住居した私は、地の利を生かし、鎌倉円覚寺（時に建長寺）によく参禅した。ただし扱いは常に「お客さま」「外来」の感があった。

一九九七年（平成九）四月、還暦総得度運動を提唱していた東京国際仏教塾（塾長、無量寿山光明寺大洞《おおほら》龍明住職、岐阜市）に十期生で入塾、初級および専門課程を経て、九八年七月同寺で得度、翌日京都青蓮院院主に相見（この日偶々三十三間堂前で寂聴先生の説法拝聴）、その後も修学を重ね、二〇〇三年（平成一五）院号花蔵院および二〇〇五年大律師位が授与され、僧名は「花蔵院釈滋心」と定まった。以降も細々ながら仏道を捧持し、近年は大洞住職が創建された斬新な新建築の新宿瑠璃光院（光明寺本院）で聴聞と座禅の機会に与っている。この間、京都東浄苑の彼岸供養、岐阜・千葉の光明寺報恩講などに再々僧分出仕した。二〇〇五年十月大洞住職の資金援助で修復できた中国敦煌《とんこう》莫高窟《ばっこうくつ》３２０窟の下で、大洞住職の先唱により私、同行の妻を含む団一同が奉賛の阿弥陀経を拝誦したこと、さらに大洞住職が建立された壮大な沖縄風木造建築の琉球識名院《しきないん》（那覇市、光明寺別院）の落慶法要がコロナ渦で延引中、二〇二三年二月大洞龍真新住職により厳修されたが、これに許されて僧分出仕できたこと、この二件はとくに記憶に鮮やかな法悦である。

他方、神道修学では、格式ある伊勢の皇學館大学神道学専攻科への入学を願い、平成十四年十月挑戦した受験では不合格、翌年二月再度の受験で合格し（後に仄聞したのだが年齢者は意欲確認のため一度は不合格にしたらしい）、勤務を切り上げて、晴れて平成十五年度の一年間を修学に専心した。時に私は六十一歳五カ月であった。専攻科の学友は二十代が殆ど、三十代が少々、四十代初が二人という中で、私は心地よい緊張した修学生活を送った。ただし動作を伴う祭式作法や龍笛の実習では、なかなか手足が動かず、学友に助けられた。平成十五年度中、神道学諸科目の受講の外、京都八坂神社における古文書函掃除、五十鈴川での寒中禊《みそぎ》行事、神宮外宮および内宮における年末年始の神札等授与、明治神宮における祭式などの実習を経て、平成十六年三月神道学専攻科課程を修了、これに伴い宮司位（明階、正階）を授与された。こうした経過を経て私の天津神国津神《あまつかみくにつかみ》を敬う神祇信仰はゆるぎないものになった。

この間、慶長六年（一六〇一）秋田から常陸国穴戸《ししど》へ国替された秋田実季《さねすえ》（当時二六歳）が、その後伊勢朝熊《あさま》の永松寺に蟄居させられ（五六歳）、同寺で八四歳の波乱の生涯を閉じたが、これに関心を寄せた私は伊勢滞在中に何度か同寺を訪ね、実季公の大きな墓碑を参拝し、関係古文書の閲覧を許された。平成十五年十二月七日、私は実季との関係を「秋田住人」とし、函館市から来られていた祖母が秋田市出という専攻科学友の参式を得て、秋田から取り寄せた日本酒と秋田米を供え、百合斎道《ゆりせいどう》住職の厳修により追善供養を果たせた。今では掛け替えのない思い出である（小論「傍国《かたくに》の美《うま》し重浪《しきなみ》帰《よ》する伊勢を歩く」『北方風土』四八、二〇〇四・七。小論「逆境を生き抜いた秋田城之介実季公を偲ぶ―北方日の本将軍安東家の掉尾」『叢園』171、二〇〇五・四）。

伊勢から戻った私は伊勢滞在中に母を喪い、生家は空き家になっていたが、平成十八年生家を縮小改修、十九年さきに父邦彦が新築再建していた氏神社を多少増築し、向きを敷地の都合上、南面から西面に移した。その折、神宮寺在住の従弟の力を借りて当家所蔵の当八幡神社近世最古の宝永三年（一七〇六）棟札を自ら背負って嶽山上に登頂し、そこで旧式内社副川神の降神祭を斎行して憑神《ひょうじん》なった棟札を以て、これまで祭神とした伊邪那岐大神《いざなぎのおおかみ》・伊邪那美大神《いざなみのおおかみ》（彩色の両尊像）と八幡大神《はちまんのおおかみ》（尊像並びに印判《いんばん》）とあわせて、副川大神を氏神社の祭神とした。なお氏神社は当家姓から「神宮神社」としていたようだが、地名にちなんで「神宮寺神社」と改称し、二十年十月一家眷属の参式を得て竣功祭を執行した（後掲余滴五）。併せて法人化の可能性を模索して県庁を訪ねたが、余りの厳しい要件で断念した。

　これより先再掲になるが、私は当家所蔵の花蔵院文書を収録した『花蔵院文書』一九九五、明治初期に花蔵院が役所に差し出した文書などを収録した『神宮家文書』一九九六を刊行した。また当家所蔵の日記により父邦彦は『文政四年（一八二一）御目衆御参詣之日記』一九七九を刊行していたが、その後に父が遺した解読原稿によって『天保九年（一八三八）御巡見使御参詣之日記』一九九七を刊行した。さらに当家所蔵文書の次世への伝播を願って、二〇〇五年、神道関係書本（明治中期〜昭和初期刊行）四四冊を皇學館大学図書館へ寄贈し、二〇一一年易・占いに関する書本九冊（明治大正期刊行）は意外に高額で東京神田古書店へ売却された。また軸物のうち、何故か当家に伝来する優美な大軸「大曲飯田鎮座村社神明宮式諸献膳太々神楽執行之図」は二〇一二年、氏子へ譲渡された。さらに私が収集した和綴本のうち、一大コレクションとなっていた、織田信長と一向門徒の十年に及ぶ軍記物語である、立耳軒著『石山軍鑑』（和綴本、七種九七冊）は、書誌研究は小論「軍記『石山軍鑑』の書誌」（『日本文化宗教史』第三三号、二〇一三・五）で果たせたが、内容研究は次代に託することとし、二〇一四年慶応義塾大学三田図書館へ寄贈され、貴重本棚に架蔵されてある。

他方、私は平成二八年度から國學院大学のオープンカレッジで受講し（ただしコロナ渦で令和二年度中止、三年度オンライン不受講、四年度オンライン受講、五年度対面受講中、一講座年十回）、主として岡田荘司教授・名誉教授の神道学、他に佐藤長門教授の古代東アジア史、新谷尚紀元教授の民俗伝承学を聴講した。この間、時は止まるなく移り行き、長く教職で頑張り私の伊勢行を理解してくれた姉京子（十文字町、秋田市）と、長くステンレス製造に活躍し氏神社の改築では立派な木造の鳥居を奉納された弟稔（川崎市）は今はもういない。嗚呼《ああ》。妹保子（秋田市）が母ゆずりの短歌に意欲的に取り組んで健在である。ちなみに故弟には「鉧《ぼ》励《れい》稔《ねん》祇《ぎ》大人《うし》命《のみこと》」という神名（仏教の戒名に相当）をおくった。

姓「神宮」の由来

当家は「神宮」と書いて「かみや」と称する。珍しいせいか、初対面の方にどちらの出ですか、お宮さんと関係があるのでしょうねとよく聞かれる。ときには電話帳で調べたのか、しかし電話帳には読み方まで書いていないので分からなかったらしく、相当前のことだが大阪の姓氏研究家から照会を貰ったことがある。さて明治早々の神仏分離政策で神社に付属した神宮寺は廃止されると共に、僧体では神祇を祀ることが出来なくなったが、こうした潮流のなか神宮寺村では当時の村役人の強い意向によって、神宮寺の廃止と神宮寺であった花蔵院の廃寺が併せて行なわれた（神宮寺の廃止に止まった所もある）。

前述のとおり、明治二年七月村肝煎の花蔵院宛て口上書によれば、「今般太政官より御沙汰ニ付正御別当花蔵院復飾仕り、神主号ニ成し下され度く願い奉り候。且つ称号の儀は往古に相復し、神主神宮寺誰と成し下され度く願い奉り候」とあり、この段階では「神宮寺」という姓が考えられたようである。のち明治十四年七月正（尊常改名）の自筆履歴には「通称元神宮寺尊常」と記されていて、この頃までには自分でも神宮寺尊常と名乗り、周囲からもそう呼ばれていたらしい。

ところが当社別当真言宗花蔵院名で神祇方御役所（注、県の役所らしいが不定）へ宛てた明治三年四月口上によれば、「御布告につき復飾仕り神宮正と改名、古道を以て神勤仕り度く存じ奉り候」とある。この前後に役所と如何なるやりとりがあったのか今ではこれを明らかにする資料はないが、当家では「神宮寺」を姓として県に願い出たが認められず、「神宮「になったと伝承する。それがあらぬか右願いに対して、明治三年七月秋田県庁から発給された辞令は、「神宮正」宛てに「神宮寺村八幡神社祠官申し付け候事」を命じているので、この段階で「神宮」に確定したとしてよい。しかしながら、この読み方が当初から「かみや」だったのか、通常であれば「じんぐう」「かみみや」との読み方がある中で、なぜ「かみや」だったのかは分からない。「かんのみや」とひらがな文字を突き抜けで彫り込んだ、縦一〇×横五〇×厚一センチ位の褐色の板が所在するので、あるいは当初は「かんのみや」だったかも知れない。父邦彦に何度か尋ねたが、分からないであった。いずれにしても父の代や私の代までせいぜい百年余であるが、肝心なことを明らかにし得ないものだと痛感するばかりである。

なお如上の当家について、伊藤忠温氏は「秋田民報」（本社大仙市大曲）紙の「旧家を訪ねて」シリーズで、「町名のもととなった神岡町の神宮家」（第二九三三号、発行昭和五八年八月、日は未詳）という好個の記事を書かれておられる。

余滴

余滴一　神宮寺嶽で心はひとつ

神宮寺嶽は雄物川と玉川が合流する辺りにきつ立し、小ぶりではあるが円すい形の、山姿の美しい山である。古くは神が宿る神奈備《かんなび》の山で、平安朝の延喜式（律令の施行細目）の副川《そいかわ》神社が鎮座した山とされ、私のふる里の神岡町の人はこの山を見て育つ。北は羽後境、南は後三年、東は羽後長野のＪＲ各駅の辺りから望見される。帰省の時に列車内から眺め、私は実家が近いことを知る。あるとき町を廻ってみて、見る所・眺める方向で大沢筋（頂上付近から直下に切れ込む沢）などが様変わりする嶽の山容に気づき、東京などで出会う同郷の人たちが思い浮べる嶽は、人それぞれではないかとびっくりしたことがある。

その前後から始めた実家に残る古文書の整理や先学の研究によって、副川神が平安時代の仙北平野開発のときに朝廷政府によって奉じられ、中世に八幡神と習合し、八幡神社の別当寺の名前が神宮寺という地名にもなり、また近世には八幡神を奉じた源家門流の藩主佐竹氏によって厚く尊崇されていたことなどが次第に分かってきた。

そんなこともあって、数年前に嶽に登ろうとしたが、軽装と夏の薮がきびしく途中で断念したことがあった。帰省した先月、今度は用意をととのえて、森厳とした険路をひとりで登り、今では嶽六所神社となっている頂上の社殿に参拝した。久々に見る社殿は荒れていて、早い復興を願わずにはいられなかった。翌日、秋田市の叔父宅で叔父が撮っていた嶽六所神社の棟札の写真に、神宮寺花蔵院最後の住職で、明治の神仏分離によって神宮寺八幡神社の神職となった玄祖父（四代前）の名を見ることができた。翌々日の中学同期会で私は思わず知らず、「人それぞれの神宮寺嶽のおかげで、ふる里や友を思う心は一つになっている」と強調したのであった。

初出　秋田さきがけ紙、一九九六年九月五日夕刊（当時、筆者五十四歳）

注一、のち嶽六所神社を祀り、毎年社日の梵天奉納を差配される斎藤新五郎家では、社殿の維持管理に苦心なされていることをお聞きした。

二、棟札文面は次のとおり。

（表）天下泰平、国土安全、風雨順次、五穀成就、屋根葺替家運長久
如意祈曰、祀主祠官神宮正、□□三任佐々木政蔵

（裏）明治廿五年五月十七日、吐普加身依身太咩
信徒者惣代人　斎藤竹之助　斎藤新五郎

四、叔父は神宮典彦（大正四年生）、父邦彦（明治四十三年生）の次弟。

余滴二　千秋文庫は東京の秋田

東京・九段の千鳥ケ淵に近いところに旧藩主、佐竹氏所蔵の文物を収蔵、展示している「千秋文庫」がある。古文書、古記録、地図、書画など佐竹氏ゆかりの品々である。かつて私は、神岡町で郷土史に関係していた父の依頼で、許可を得て収蔵文書を筆写して送ったことがある。

この文庫は、佐竹家三十四代当主侯爵義春氏の家令職にあった故小林昌治氏のひとかたならぬ尽力によって、一九八一年（昭和五十六）に文化史資料館の財団法人として設立された。今は令女の成子氏が理事長をされている。年数回の展示替えをしながら二十年にわたり常設展示を行い、そのかたわら収蔵文書の目録作成や古文書を読む会などの活動を続けている。

先ごろ私はたまたま文庫を訪れ、九十歳を超えられたという昌治氏の未亡人から戦中の空襲や戦後の混乱から所蔵品を守るため、疎開や保管に昌治氏とともにご苦労なされたお話しをじっくりとお聞きした。中国故宮博物院の文物移送のエピソードにも似たお話しで感動させられたが、今でもこの文庫の運営にはなかなかの苦労がいることも漏らされていた。

秋田にゆかりの多い古文書や書画の何気ない展示が、このような関係者のなみなみならない努力によることを思うと、私はこの文庫に声援をお送りするとともに、文庫の存在や活動がもっと知られ、県人が上京したときには「東京の中の秋田」とも言うべきこの文庫にぜひ立ち寄ってもらいたいと願うばかりである。きっと新しい発見があるはずである。

初出秋田さきがけ紙、二〇〇〇年八月二日夕刊（当時、筆者五十八歳）

注一、収録では若干修筆。現在、当文庫は一般財団法人。

注二、同年八月十六日付同紙に掲載された見上中氏（秋田市、八十歳）の投稿では、「ぜひ勧めたい千秋文庫見学」として、「二日付け本欄に「千秋文庫は東京の秋田」という投書が載っていたが、去る六月、ＪＲ市ケ谷駅近くで開かれた会議で上京した際、九階建の千秋文庫を初めて訪れた」「県内では見られないものも多くあった」などと記されてあり、この私の思いは孤ならざることを実感した。

余滴三　刷り出された僧形八幡と祓文

大仙市神宮寺八幡神社の旧別当の系譜を継ぐ筆者家に、木箱（一個）に詰められた、かなりの数の版木が伝来する。これに関心を寄せていた筆者は、数年前、版木を箱から取り出し、長年の塵芥《ごみ》を水洗いして、版木によって墨色と朱色に分けて、刷り出したことがあった。この作業によって、版木はほとんどが筆者家が僧職から神職に転じた明治以降の、とくに大正年頃の神社に関するもので、格別注目に価するものではないが、中には北東北の一地方別当家に伝来したものとしては珍しく、今後研究を要すると思われる版木があることが判った。うち二点を紹介しようと思う。

（異形に坐す僧形八幡）

まず「異形《いぎょう》に坐《ざ》す僧形《そうぎょう》八幡」（筆者付名）である。原寸はおよそ縦二十三㎝、横五㎝。異形とは一般に化物《ばけもの》とか妖怪《ようかい》をさすが、ここでは「ただならない」ものの位が妥当であろうと思う。よく観ると、頭部は蛇のようである。あしの指は爪が割れていて鋭い。まるで獣《けもの》の足爪のようでもある。その下は隙《あき》になっていて、最下部は蛇のようにも見える。この部分は刷りが十分でなかった怖れがあるが、いずれにしても異形の体《てい》である。

他方、この異形に坐すのが僧形の八幡神である。他神に先駆けて神仏習合し、本地垂迹《ほんじすいじゃく》思想を取り込んだ八幡神は早くから剃髪《ていはつ》し、袈裟《けさ》を着け、手に錫杖《しゃくじょう》をもち、光背は円形の月輪《がちりん》を示し、蓮華座《れんげざ》にすわる僧の姿として表現された。いわゆる僧形八幡である。神像の代表例として薬師寺蔵（九世紀末）、東大寺蔵（快慶作、一二〇一年銘）などがある。この木版刷りもほぼ同じ表現であるが、仔細に観察すると、一つは宝冠をいただく点、二つは蓮華座に座っているが、蓮華座そのものが異形の背の上にある点が特長である。宝冠をつけた僧形八幡は珍しい。また異形に坐す僧形八幡の作例はないことはないだろうが、まだ見ていない。ちなみに僧形八幡とは、いささか判りにくく、筆者も誤解していたが、僧侶（仏）の形をした神像ではなく、八幡神が仏教に帰依して剃髪し、僧形になったものであるという。いずれにしても、この木版は神仏分離前の神宮寺花蔵院（華蔵院とも）の時代に制作され、その刷りは法会、祭日などで配布されたものと推察される。今後の研究が俟《ま》たれる。

（異形に坐す僧形八幡）

（吐普加身依身多吽）

次に八字の祓文《はらいもん》の「吐普加身依身多吽」（とほかみえみたうん）である。原寸はおよそ縦十九cm、横四cm。後掲する刷りは一枚の版木から位置をずらして、三度刷ったものである。当初この文言の意味がまったく不明で、仏教の偈文《げもん》かとも思案していたが、念のためインターネットで検索すると、意外にも神道上の祓文や秘詞（ひめことば）の類であることが、たちどころに判明した。今さらながらインターネットの威力に感服する外ない。若干の検索結果を示すと次のとおりである。

一、吐普加身依身多女

吐普加身依身外来とも書く。陰陽道《おんみょうどう》などで用いる祝言であり、亀卜《きぼく》の上にト・ホ・カミ・エミ・タメの5部分の亀裂が入るように祈る。また裏に付ける呪いの線ともいう（世界宗教用語Weblio辞書）。

二、天津祓《あまつはらい》　霊魂の力を増大させる祝詞《のりと》

遠神能看可給、吐普加身依身多女、吐普加微恵美多咩（各、「とほかみえみため」と読む）の言霊《ことだま》は、一切の罪穢《つみけがれ》を祓い、福寿をもたらす大祓詞《おおはらえのことば》の秘詞である、「天津祝詞《あまつのりと》の太祝詞事《ふとのりとのこと》」ともいう。

三、三種の祓

吐普加身依身多女（トホカミヱミタメ）は天津祓の、「遠祖神よ恵みを与えて下さい」の意。

四、とほかみえみため
占部家《うらべけ》に伝わったという「三種之祓」（みくさのはらい）、則ち「吐普加美依身多女」をもとにして、文明年間（一四六九〜八七）に吉田兼倶が創作したものである。三種之祓は吉田神道の『神道傳授』に出てくるもので、「三種祓」とも「三種之祓」ともいう。

　これらから考察すると、刷り出した「吐普加身依身多吽」の中の、「吽」の箇所は多くは「女」字が当てられるが、ここでは呪文《じゅもん》をとなえるときに用いる、口を閉じて出す声として、吽（ウン）を当てたことが判る。

　いずれにしても同義であることに違いはない。この版木がいつの年代に制作されたかは不詳だが、かなりの神道学の素養を要したはずである。早ければ、神宮寺花蔵院の最後の住持で、二十四年に及ぶ京都智積院の修行中に、奈良の弘仁寺で神祇潅頂を授与された尊常の可能性なしとしないが、おそらくは神仏分離を経て、神職としてそれなりに安定期にあった大正年頃の曾祖父か祖父の手による可

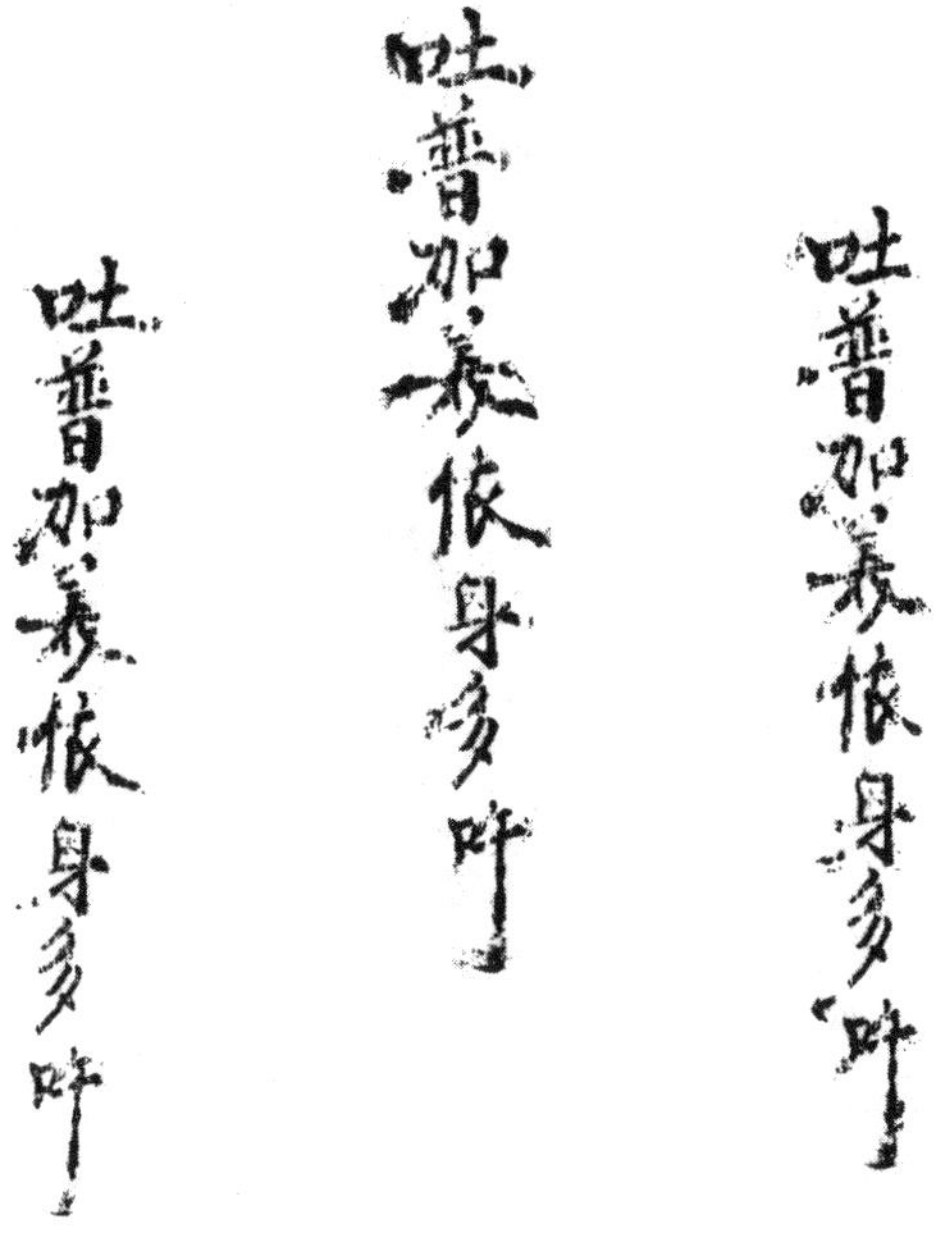

（吐普加身依身多吽）

能性が高い。

以上、特長ある版木刷りを披露できたのは筆者にとって光栄であるが、これらを如何に次代に伝えるかはまさしく喫緊の難問である。

初出小論「刷り出された僧形八幡と祓文」『北方風土』七二、二〇一六年六月

同じく刷り出された異形紋

余滴四　式内社に向かう道路遺構
──大仙市神宮寺薬師遺跡──

はじめに

旧神岡町の首都圏ふるさと会で、式内社の副川《そいかわ》神社を祀った嶽《だけ》と町を貫流する雄物川に因んで称する「東京嶽雄会《がくゆうかい》」は、大仙市の市制以降も活動しているが、私は会長の任にあった平成二十年代の頃、会員相互の交流と並んでふるさとの歴史や文化の共有と共知を願っていた。そこで平成二十二年は当町出身の小林克氏（当時県埋蔵文化財センター、のち所長）から「遺跡発掘から見えてくる神岡のむかし」を拝聴し、来賓で地域の歴史に深い関心があった栗林次美市長から好企画の好講話と賞賛されたことがある。その後、小林氏から嶽に向かう道路遺構が教示されたので、国道十三号神宮寺バイパス（花館～北楢岡）の建設に伴って平成十年代に相次いで発掘された五指に余る調査報告書を閲覧し、ふるさとの意外な考古の豊富さと多様性に驚きつつ、それが薬師遺跡であることを了解した。

薬師遺跡と道路遺構

薬師遺跡はＪＲ神宮寺駅の北東約〇・七㎞の微高地にある小字薬師にあり、遺跡のすぐ南側は雄物川の旧河道と見られるくぼ地が続く。今は当所に薬師堂はなく、隣接する福島集落の白旗神社は薬師堂の移転と伝える。報告書によれば、主な遺物は中世の掘立柱建物跡、カマド状遺構各一五基、井戸跡三基などで、中世の集落跡とされるが、注目は中世の道路跡三条の検出である。東西と南北の二方向がある道路跡は両側に幅約三〇㎝、深さ約一五㎝の側溝をもち、道路幅は東西方向のもので約四ｍあって、私見では官道かそれに準ずる道路のようである。全容は今後の課題だが、当時は南方向の先約一㎞に雄物川が蛇行し（現状は流路変動で約二㎞）、その先に嶽が直立することから推せば、道路跡の先は雄物川舟運の湊に通じ、かつ渡船経由で嶽の参拝路ではなかったかと推定される。県域で式内社に向かう道路跡の発掘は貴重である。

副川神社と八幡神社

道路遺構は中世のいつの年代の設置なのか推定されていないので不確かだが、中世の嶽山頂は副川神社の最終時期か、現在に至る嶽六所神社の創祀時期に当たる。ところで貞治五年（一三六六）に初出する神宮寺村（新渡戸文書）は、年代は不明だが、瀬戸村と荒床村が合して称した村と伝える（旧記帳）。荒床村は嶽の遥拝処で、のち今に伝わる愛宕神社がある嶽の西麓と見られるが、瀬戸村は嶽下とだけ伝え、元禄十年（一六九七）の神宮寺村大火でも瀬戸村より出火と江戸時代の菅江真澄が記録した村名だが（「月の出羽路」）、所在は不明だった。

ところが、この道路遺構に接した私は、瀬戸村とは湊の近辺に成立した村落ではないかと気付いた。瀬戸の原意が狭戸とか海峡であれば、昔も今も雄物川と玉川が急波水鳴をもって合流する嶽下は瀬戸と称されるに相応しい。他方、大河の近くに集落が成立するには微高地が必須だが、未だそれが見えてこない。道路遺構一件に牽かれ、私は式内社を祀ったふるさとの歴史をかくの如くに再考した。

初出小論「右同題」『秋田歴研協会誌』七六、二〇二一年一二月

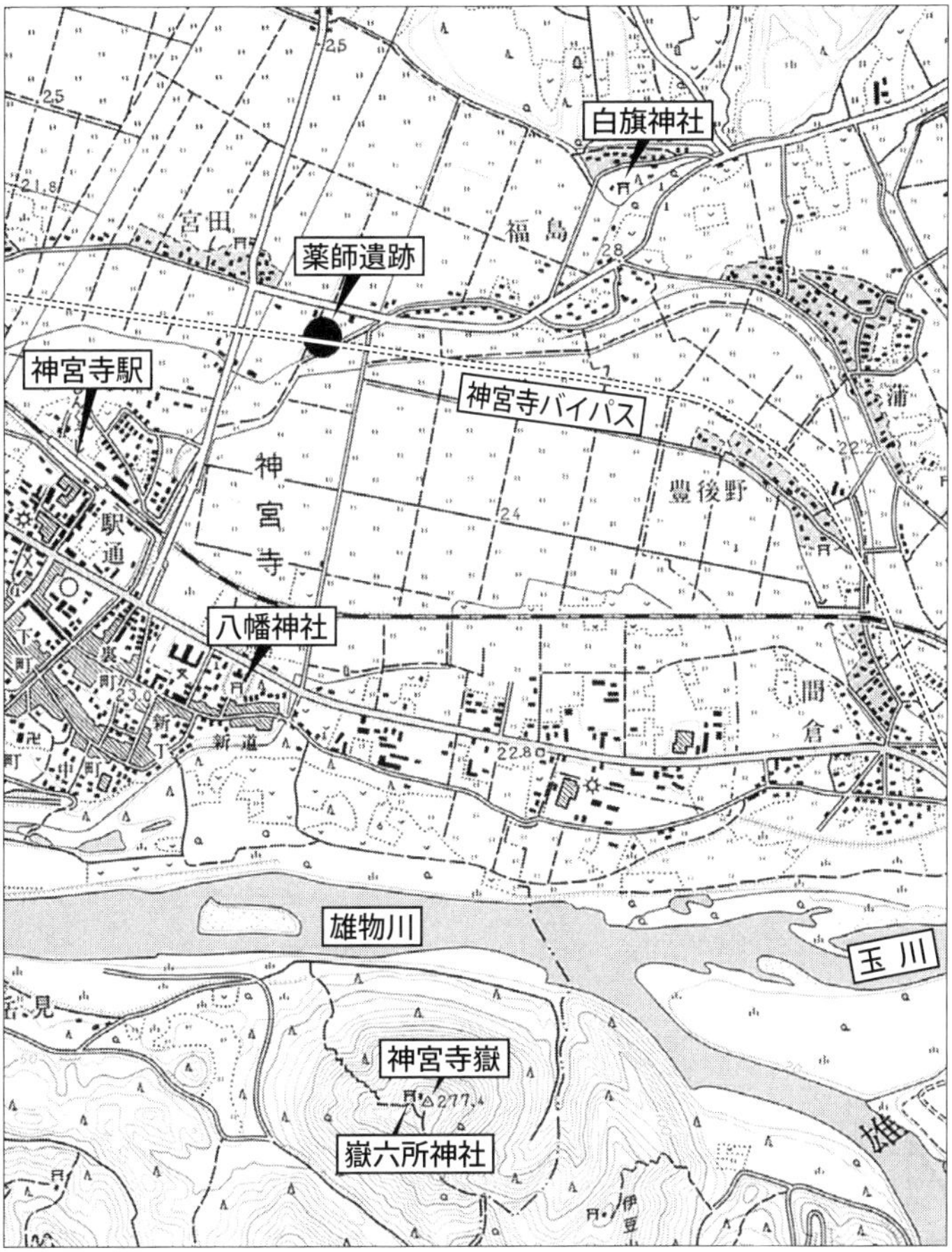

余滴五　当家氏神社由来並びに合祀等祭文

一、御祭神

伊邪那岐大神《いざなぎのおおかみ》　伊邪那美大神《いざなみのおおかみ》　御彩色両尊像

八幡大神《はちまんのおおかみ》　尊像、並に印判《いんばん》

副川大神《そいかわのおおかみ》（注一）　八幡神社棟札《むなふだ》（注二）

（注一）延喜五年《九二七》撰上の「延喜式」記載の式内社。

（注二）宝永三年《一七〇六》六月十三日大檀主源朝臣義格《よしただ》公（現八幡神社本殿）
再興棟札（平成廿年十月吉日嶽山頂にて憑神《ひょうじん》）。現本殿は
天明六年《一七八一》旧社地（玄応坊塚一帯）から現社地へ移転。

一、略史

明治三年三月　八幡神社別当真言宗神宮寺（又は神宮密寺）廃寺。
同住尊常復飾。神勤。八幡神社神主。

同年同月頃　旧神宮寺の神物（八幡尊像、印判等）をもって

印判

狩衣《かりぎぬ》姿の弓矢をもつ
馬上の八幡神像

大正年間　　「神宮神社」創祀。
　　　　　　内小友村（旧宝性院）守屋家奉仕社（九尺一間社）
　　　　　　を移築、本殿とす。
昭和初年頃　信徒、講中奉加により拝殿造営。
昭和四十三年三月　社殿移転新築。
平成十九年九月　社殿改築。
平成二十年十月　鳥居建立。
平成二十年十月十二日　「神宮寺神社」竣功祭。
　　　　　　（副川大神合祀、神宮寺神社に改称）

降神詞

恐久母《かしこくも》　延喜式内乃社尓《えんぎしきぬちのやしろに》並列美《なみつらなみ》　往古与里《いにしへより》　此乃郷内乎《このさとぬちを》守給比恵給比《まもりたまひめぐみたまひ》
坐志坐世留《ましませる》　掛介麻久母《かけまくも》　畏伎《かしこき》　副川大神《そいかわのおほかみ》　此乃八幡神社乃棟札乎《このはちまんかむやしろのむなふだを》
神籬尓《ひもろぎに》　天降里坐世登《あもりませと》　恐美恐美母《かしこみかしこみも》　白須《まほす》

（平成二十年十月十一日　嶽山頂）

竣功合祀改称祭祝詞

掛介麻久母《かけまくも》　畏伎《かしこき》　神宮《かむみや》　神社乃《かむやしろの》大前尓《おほまへに》　恐美恐美母《かしこみかしこみも》　白佐久《まほさく》
大神乃《おほかみの》御殿乎《みあらかを》　改造仕奉良牟登《あらためつくりつかへまつらむと》　仮宮尓《かりみやに》遷志奉里《うつしまつり》坐世《ませ》奉里志乎《まつりしを》　此度《こたび》
新宮乎《にひみやを》　厳志久《いかしく》美志久《うるはしく》竣功仕《ことおへつかへまつ》奉里奴連婆《りぬれば》今日乃《けふの》　生日足日尓《いくひのたるひに》

此《こ》　乃《の》御社《みやしろ》尓《に》　還《かへ》志《し》　鎮《しず》米《め》坐《ま》世《せ》奉《まつ》良《ら》久《く》乎《を》　諾《うづな》比《ひ》　聞食《きこしめ》志《し》弖《て》　御心《みこころ》母《も》

平穏《おだ》比《ひ》尓《に》遷《うつ》里《り》座《ま》世《せ》登《と》　恐《かしこ》美《み》恐《かしこ》美《み》母《も》　白《まほ》須《す》

今日《けふ》乃《の》吉日《よきひ》乃《の》　吉辰《よきとき》尓《に》　往古《いにしへ》与《よ》里《り》　此《こ》乃《の》方《かた》　此《こ》乃《の》郷内《さとぬち》尓《に》鎮坐須《しづまります》　副川《そひかわの》

大神《おほかみ》乎《を》　此《こ》乃《の》御社《みやしろ》尓《に》合《あわ》世《せ》　座《ま》世《せ》奉《まつ》良《ら》牟《む》登《と》　恐《かしこ》美《み》恐《かしこ》美《み》母《も》　白《まほ》須《す》

是《ここ》乎《を》以《も》知《ち》弖《て》此《こ》乃《の》御殿《みあらか》乎《を》是《これ》与《よ》里《り》後《のち》波《は》神宮寺《じんぐうじ》　神社《かむやしろ》登《と》改《あらた》米《め》堅磐《かきは》尓《に》常磐《ときは》尓《に》

称《たた》閉《へ》奉《まつ》良《ら》牟《む》登《と》大前《おほまへ》尓《に》家族親族《うからやから》　参集《まひつと》比《ひ》御食御酒《みけみき》　種々《くさぐさ》乃《の》味物《ためつもの》乎《を》置《おき》

足《た》良《ら》波《は》志《し》称辞竟奉《たたへごとおへまつ》留《る》状《さま》乎《を》平《たひ》良《ら》介《け》久《く》安《やす》　良《ら》介《け》久《く》聞食《きこしめ》志《し》今《いま》与《よ》里《り》前途《ゆくさき》

大神《おほかみ》乃《の》広《ひろ》伎《き》厚《あつ》伎《き》恩頼《みたまのふゆ》乎《を》　弥遠永《いやとほなが》尓《に》　蒙《かがふ》良《ら》志《し》米《め》給《たま》比《ひ》　家族親族《うからやから》　並《ならび》弖《て》

此《こ》乃《の》郷内《さとぬち》乎《を》　守給《まもりたま》　比《ひ》　幸給《さきはへたま》閉《へ》登《と》　恐《かしこ》美《み》恐《かしこ》美《み》母《も》　白《まほ》須《す》

（平成二十年十月十二日　御社前）

後記

細《ささ》やかな一書ではあるが、本書は論文初稿から本書作成に向けた編集出版に至る過程で多年の歳月を要した。研究七で述べたとおり、私は若年にして政府系のアジア経済研究所の研究会に参画し、最後は『韓国工業化の課題』（主査東大東洋文化研究所山田三郎氏）一九七一に出稿して以来、研究活動から離れ、勤務に専心し埋没した。勤務した鉄鋼連盟では様々な部門で自分なりに楽しく意義ある勤務をしたが、やがて私は五十代に近付き、故郷では二人暮らしの両親が次第に難儀をしつつあった。そこで再々帰省したが、往来だけでは勿体ないことに気付き、当家に伝来する文書と棟札を解読することを思い立った。この解読は一九九〇年四月以来千秋文庫の古文書研究会に参加し、古文書に対して多少の馴染みを得ていたことで勇気付けられた。

父母への感謝

そして、最初に取り組んだのが花蔵院文書であり八幡宮の棟札であった。部屋中に並べた古文書を何でも手際のよい母マツヱがよく整理してくれた。また意外な重量がある棟札を母は表を見たり、返して裏を見たりで、経年と煤《すす》でなかなか読みにくい銘文の読解に苦労する私にあれこれ知恵を授けてくれた。こうして刊行したのが『花蔵院文書』素稿一九九五・七であり、『八幡宮棟札之事』一九九五・一二である。さらに明治後の当家文書を読解し収録したのが『神宮家文書』一九九六・九である。いずれも私がワープロ印字し、製本を専門業者に依頼して作成した。のちに、これらの発刊資料は地元秋田史学の半可通から私家版ではないかと揶揄されたことがあったが、いずれも国会図書館、秋田県立図書館他に架蔵されていて、利用上何らの不都合もなく、そうした夜郎自大的な地方跋《ばっ》扈《こ》の研究者の存在は許されないと私は考える。

他方、父邦彦は当家所蔵文書から『御目衆御参詣之日記』一九七九を作成していたが、続いて同じく当家文書の巡見使日記を解読した、唐代智永流の流麗な鉛筆書きの原稿が所在することに気付いた私は、当時老境にあった父に代わって不明文字の解読補正とワープロ印字し、同じく製本を専門業者に依頼し、父との共著形式で『御巡見使参詣之日記』一九九七を刊行した。最晩年の父はとても喜んでくれた。こうした私の初期の歴史研究に有形無形の力と勇気を与えてくれた父と母は長寿ではあったが、もうこの世にいない。思い出は何時までも鮮やかで、それだけ感謝の念が深い。ちなみに私は父には「羽岱邦彦大人命《うたいくにひこうしのみこと》」、母には「温媛《おんめ》マツヱ刀自命《とじのみこと》」という神名（仏教の戒名に相当）をおくった。なお羽岱とは書を好くした父の書雅号で羽州の岱山《たいざん》（嶽）をさす。

この前後から以降、私は結章に記したとおり、一方では仏門では得度、修学を経て僧籍並びに大律師位を授かり、他方では伊勢で専心研学した神道で宮司位を授かり、以来細やかではあるが、自分なりにしっかりと神仏帰依の信仰生活を生きてきた。かたがた今にして気付くのだが、この頃から、いずれ当地を離れざるを得ない神宮寺花蔵院系譜の当家の挽歌を次世へ伝えたいとする無意識下の心境から、地域の歴史研究に猪突猛進していったように思う。

吉川徹氏、伊藤忠温氏への感謝

以降、本書出版に至るまで多くの方々から多大の学恩とご支援を賜った。その感謝と御礼は本書の各章、各研究の所々で記したので、ここでは再掲しないが、当社神主は紀州野上八幡の移転かとする、当時の私には仰天する異説をもって、私の地域史研究意欲を駆り立てた畏友の吉川徹氏に対して、ならびに本書の主題全般に対して多年温かいご指導を賜った地元史家の伊藤忠温氏に対して、心から感謝の念を申し上げたい。吉川氏とは多年の書状による交信を経て、私が共同代表兼事務局を託された「首都圏秋田歴史と文化の会」の第四回大会（二〇〇九・五）で講話「中世由利地方の時代状況」が実現し、初めてお目にかかったのだが、その後間もない二〇一二年前日トレーニングの翌日急死されたの報に接した。まさに一期一会の面晤であった。他方、一九九五年十一月父を訪ねて来宅された伊藤氏に、偶々帰省していた私は初めてお目にかかった。以来、長いご交誼の中で有り難いご教示を賜ったが、二〇二三年一月逝去された。帰郷して歴史を語るかけ替えのない大事な先学であり史友であった。無念である。本書では伊藤さんから恵贈された、伊藤さんならではの貴重な資料を確実に後代に伝えたく、あえて幾つかを収録した。あらためて両氏の御霊の平らけく安らけきことを祈りたい（伊藤氏には「先学を送るの辞」を『北方風土』82に掲載）。

千秋文庫、北方風土への感謝

他方、私は東京九段の千秋文庫から一方ならぬご縁を賜った。当家文書・棟札を解読した右一連の四著作の後、これに続いて久々に論文形式で執筆したのが「神宮寺八幡宮の由緒並びに宝物」『北方風土』三五、一九九七・一一であった。本書の第二章に収録した論考である。二五年以上振りの研究論文形式の作成であった。右論考は副題が「千秋文庫史料の紹介と考察」とあるとおり、これより先一九八六年（昭和六一）父から私宛てに千秋文庫に当社に関係する文書があるらしいという情報から、千秋文庫で手続きを経て筆写し送付した文書が端緒であった。この時私は文庫が古文書研究会を開催していることを知り、数年を経た一九九〇年（平成二）春、今は故郷を離れているが、いずれ当家に伝来する文書類を整理する機会が来るかもしれないという漠然たる予感から参加を決意した。講師は新田英治学習院大教授（元東京大学史料編纂所長）で、月二回夜分開催される中世文書の読解は初学の私にはレベルが高過ぎて難渋した。教材にはよく『吾妻鏡』が使われた。勤務の都合や伊勢行を挟んで参席は断続したが、ともかく二〇〇六年三月新田先生の退任まで末席に列なった。ちなみに私の勤務先であった鉄鋼連盟のコンピューター部門と技術開発部門が昭和五十年代から十年余り千秋文庫所在のビルと同じく文庫の所有で、文庫に近接するビルに事務所を置いていた。二〇〇六年四月からは、月二回午後開催される同文庫古文書研究会に参席し（講師は東大史料編纂所本郷和人教授）、二〇一六年千秋文庫ビルの改修で研究会が終了するまで凡そ十年ご指導を賜った。この間、二〇〇四年三月伊勢から戻った私は、暫らくを経て、放送大学大学院で関心のある個別科目の履修をしていたが、僥倖にも落掌した「鳥海山和讃縁起」一巻に触発されて、二〇〇八年歴史学を体系的に学ぶことを決意し、同大学院に入学、五味文彦教授（東大名誉教授）の指導下で鳥海山信仰に関する修士論文の作成に取り組んだ。ちなみに五味・本郷両先生は近年刊行された『現代語訳吾妻鏡』の編著者である。

他方、私は伊勢滞在中にふるさと秋田に関わる歴史研究会を構想していたが、二〇〇七年六月、同郷の教育者兼歴史家の相馬登氏、大仙市花館生まれで千秋文庫事務長の三浦雄治氏、大仙市神岡町のふるさと会である東京嶽雄会《がくゆう》（のち筆者会長）役員の齊藤睦男氏（のち次代会長）の賛同と協力を得て、「首都圏秋田歴史と文化の会」の設立大会を開催できた。同年十二月第一回大会、以降年二回開催し、二〇一六年六月第十七回記念最終大会を開催して、一陣の風の如く、当初の目的をほぼ果たしたとして終止符を打った。この間、千秋文庫の小林成子理事長のお計らいで会場並びに湯茶の提供、特別会員の会費支援など多大のご支援をいただいた（『北方風土』80、二〇二〇・一二）。このように千秋文庫には本書主題の端緒から古文書研究会、秋田歴史と文化の会に至るまでに賜ったご縁とご高配に深く感謝したい。

さらに北国の歴史民俗考古研究誌を標榜する『北方風土』は、森本彌吉会長の温かいご理解により絶えず拙稿掲載の機会を与えて下さった。このことがどれだけ私の研究意欲と折れがちな執筆への情熱を駆り立ててくれたか、今にしてしみじみと痛感し、感謝の気持ちで一杯である。最後に出版事情の厳しい折柄、前著『大物忌神と鳥海山信仰』二〇二一に続き秋田文化出版（石井春彦社長）から本書を刊行できた。深く感謝したい。

以上、簡略ながら経過と思い出並びに感謝を記して、本書の後記としたい。

付属資料

付一　花蔵院相承次第

1　系図（松橋流血脈相承次第）　a

―― 筆者家所蔵 ―

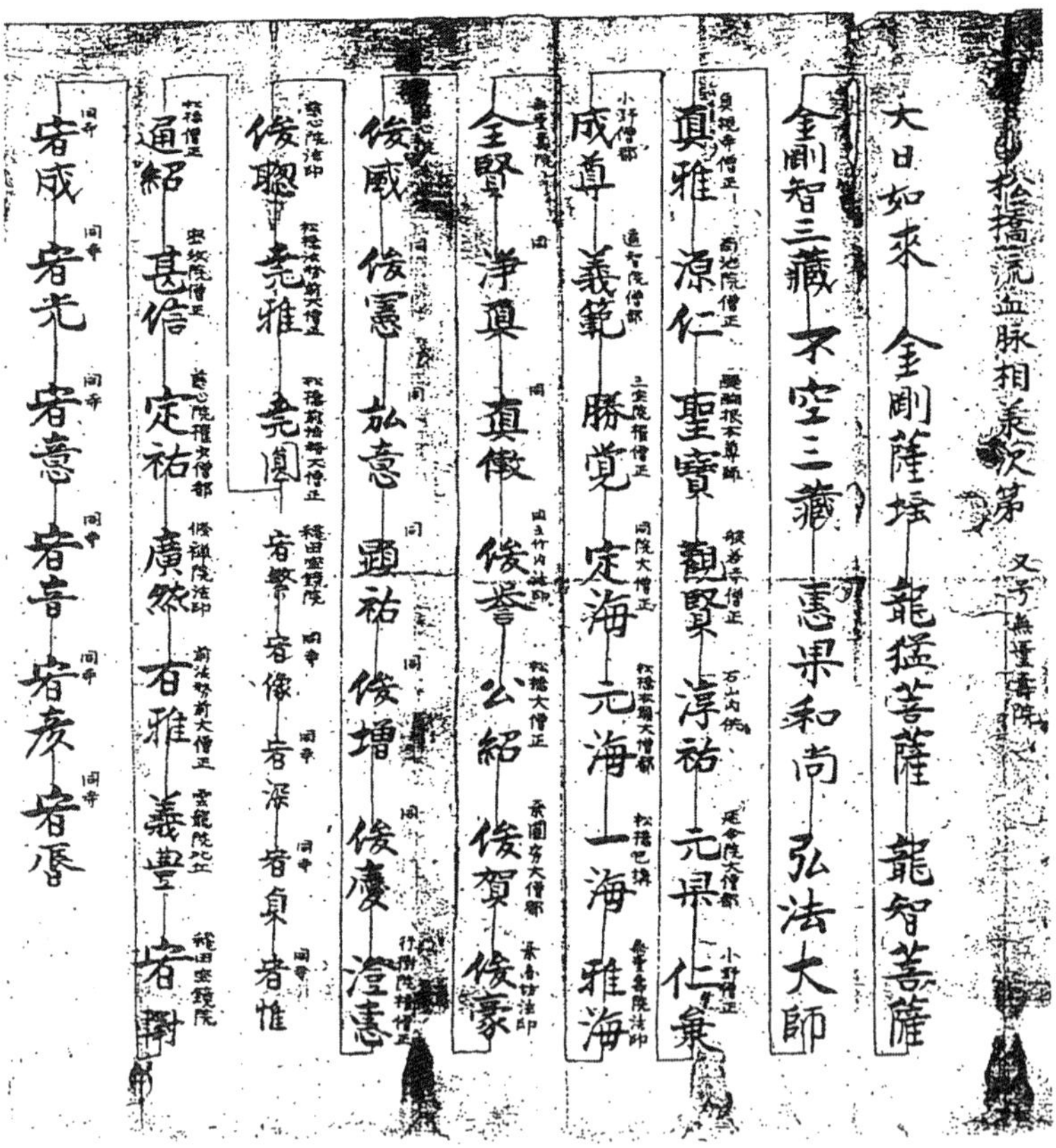

2　系図（文政九年神宮寺村旧記帳）　b

── 筆者家写本 ─

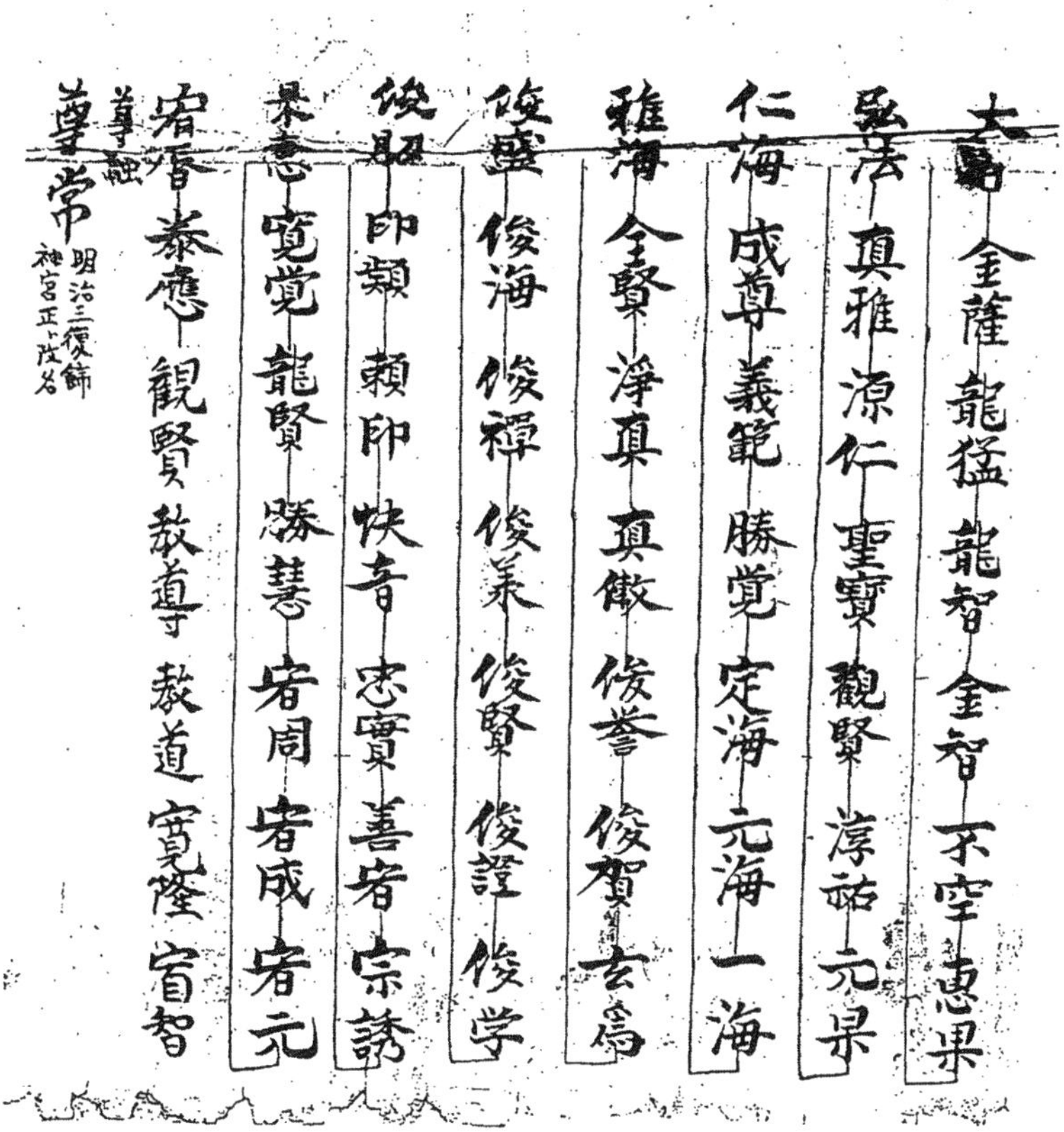

付二　八幡神社々地、花蔵院寺地

1　旧社寺地推定図

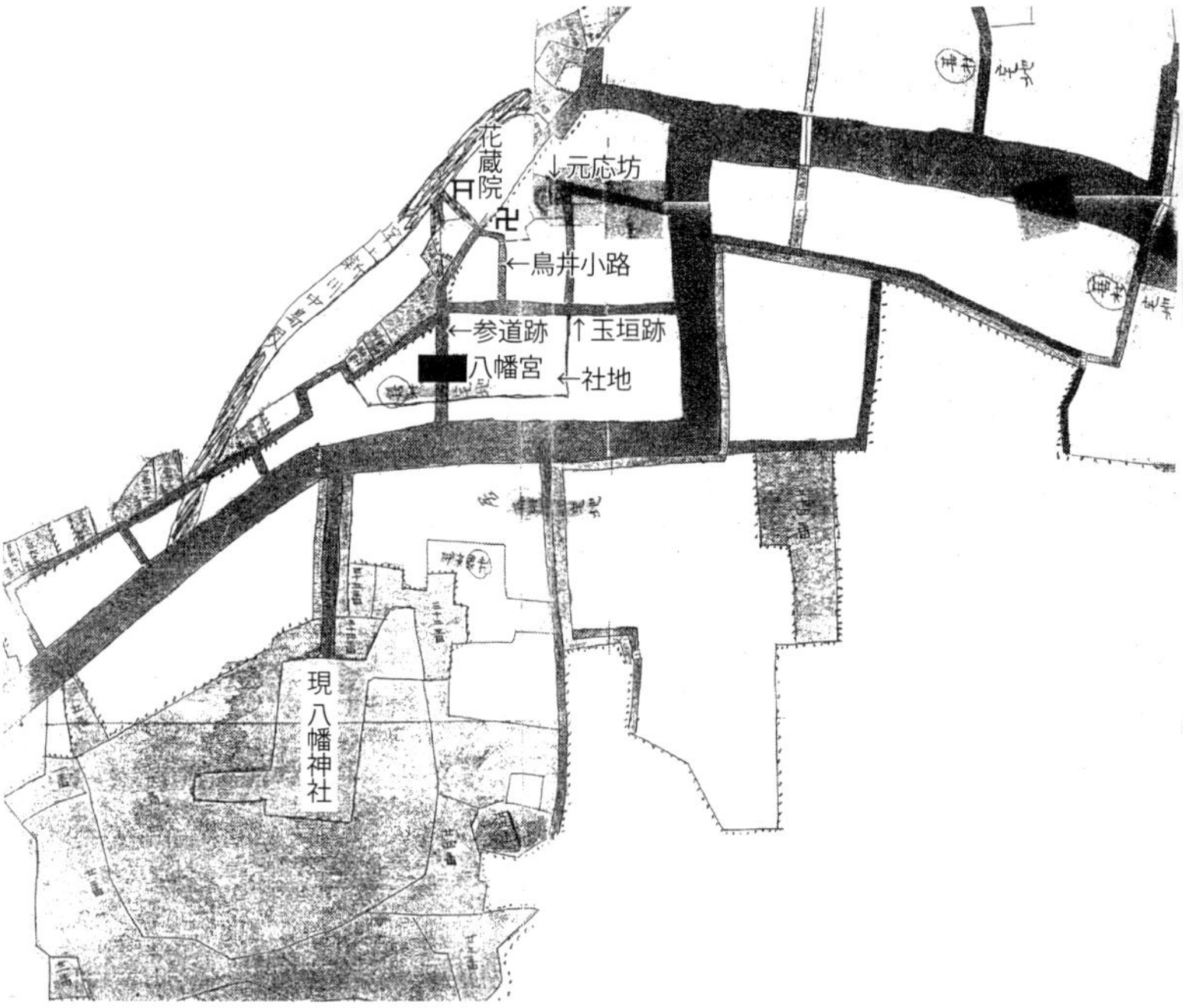

注１／原図は神宮寺切絵図。但し藩政末・明治初の状況を示す。
２／平成20年1月筆者が推定試作した。

2　八幡神社々地及び花蔵院寺地

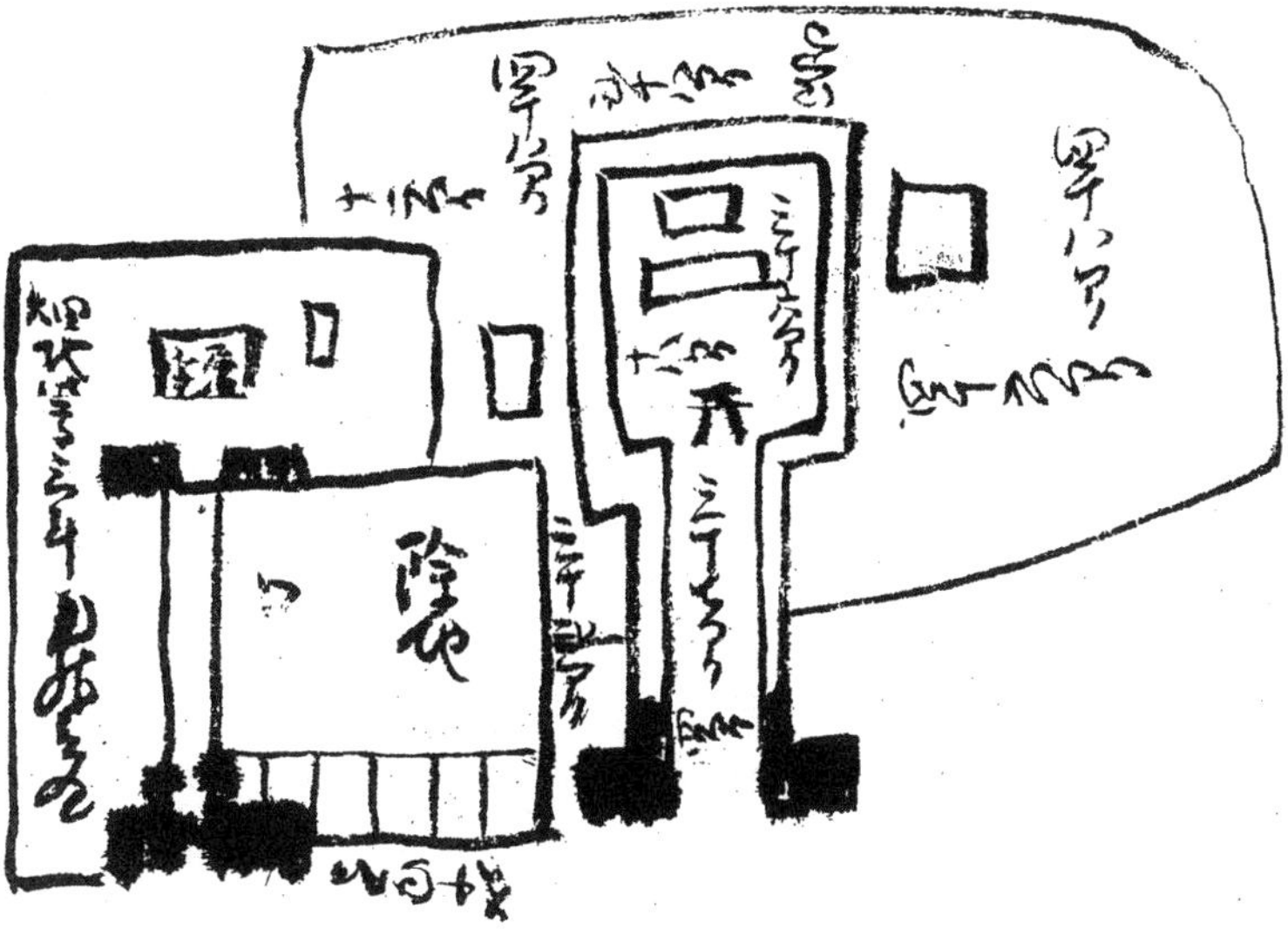

注／花蔵院寺内を読解すると次のとおり。

・「畑地此高三斗九升三合」

・「居宅地」、その右の小長方形は小屋を示す。

・「除地」の左の符合めいたものは井戸を示す。

・街道から除地の端まで「二十二間」

・除地設接地の街道添い門前六軒、「弐十四件」

付三　当社中世三棟札、近世六棟札銘文

国立歴史民俗博物館『棟札銘文集成—東北編—』一九九七による（委細は第三章第一節）。ただし中世三棟札は以降の研究成果と平成二三年七月神岡中央公民館における三棟札の全写真二百枚以上の閲覧を経て、一部であるが修筆してある。凡例は次のとおり。
・異体字は常用体字に直し、旧字は原則的に解読どおり（新字に変えない）とした。
・人名の上下関係に配意したが、文字の大小、行間の広狭は印字上の制約から困難であった。「參」「荅」は異体の呪字に便宜的に宛てた近似の字である。
・改行は全ての行間を同時に改行するという、『棟札銘文集成』の編集で採用された歴博方法によった。

1　正応三年（一二九〇）社殿造営棟札

（総高）一三三cm（幅）約二〇cm（厚）一・八cm（材質）杉（頭部の形状）尖頭形（指定）大仙市指定文化財

（明治二二年調査、長四尺四寸、下幅六寸四分）

（表）

封

大行事帝尺天王　大檀主 源頼朝　大勧進僧覺篤　檀那秦光長

今日戒師文殊師利菩薩　宮司日笠重乗

聖《マ》衆《マ》天中天　碑文弥勒菩薩　中原親能　右志者為郷《カ》□所生男女家門安穏

○《六》

迦陵頻伽聲　宮道國平　長五尋　奉《カ》□惣村内□□□衆生御《カ》利益也

哀愍衆生者　參答　惣戒師釋迦如来　正應三季歳次庚寅六月廿八日　藤原知房　三間一面社一宇　廣四尋

諸誠大梵天王　隠岐長家満　當地頭因幡左衛門尉之依仰

我《カ》等《カ》今《カ》敬《カ》禮《カ》　諸行事普賢菩薩　道　知弘《欠》　賜宗別所御造營仕也　小工瀧観房

（裏）

封

自是先造營

（割れ目アリ）

寛喜元年成《カ》之《カ》六月十三日

執筆　丹波國修行者圓阿奉以也

2　元応元年（一三一九）社殿造営棟札

（総高）一五二cm（幅）約二〇cm（厚）一・八cm（頭部の形状）尖頭形（材質）杉（指定）大仙市指定文化財
（明治二二年調査、長五尺、上幅六寸四分、下幅六寸一分）

（表）
封
天行常帝尺天王　大檀主 源頼朝　大檀那藤原行乗　當檀《カ》那《カ》□□□
今日戒師文殊師利菩薩　中原親能　宮司　日□□女
参
聖衆《ママ》天中天　碑文弥勒菩薩　宮道國平
迦陵頻伽聲　惣戒師釋迦如来　元應元季 歳次 己未　閏七月廿五日　藤原知房　三間一面社一宇 長五尋 廣四尋　右《カ》志《カ》者《カ》為《カ》□□所□男女家門安穏
哀愍衆生者　諸誡大梵天王　隠岐長家満　奉《カ》□惣村内（以下不明）
我等今敬礼《ママ》　諸行事普賢菩薩　道　知弘　當地頭民部殿之依仰
戒行事觀世菩薩　僧　秀西　賜宗別所御造營仕也　大工　沙《カ》弥《カ》行忍房
封

（裏）
自是先造營　建久元 歳次 庚戌　八月八日（以下不明）庚《カ》寅《カ》日《カ》立柱上棟也
寛《カ》喜《カ》元《カ》年《カ》成《カ》六月十三日 歳次　執筆　大円房　山北山《カ》本郡筐井勝福《カ》寺住僧也
正應三季 庚寅　六月廿八日

3　長享三年（一四八九）社殿造営棟札

（総高）一二〇cm（幅）約二〇cm（厚）一・八cm（頭部の形状）尖頭形（材質）杉（指定）大仙市指定文化財
（明治二二年調査、長三尺九寸、上幅六寸四分、下幅六寸四分）

（表）

封　　　　　　封

大檀主　源頼朝《カ》公

大《カ》行常帝尺天王　仲原親能　大檀那《カカ》宮別當盛蓮《カ》為現世安隠後生善処《カ》
今日戒師文殊師利菩薩　宮道國平　大檀主平朝臣飛騨守盛政棟上御祈願所《カ》
聖主天中天　碑文弥勒菩薩　藤原知房
迦陵頻伽聲　惣戒師釋迦如来　観應元季　歳次 巳未《ママ》　開《ママ》七月廿五日　隠岐長家満　三間一面社一宇　長五尋 廣四長《ママ》　大工式部信家
参　哀愍《欠》衆生者　諸誡大梵天王　道　知弘
我等今敬禮　諸行事普賢菩薩　僧　秀西
戒行事観世菩薩　平朝臣盛政　于《ママ》時　長享三季 己酉 拾月廿九日

封　　　　　　封

（裏）

封

自是先造營建久元季 歳次 庚戌 八月八日虔《カカ》乃日柱立棟上也
筆書秋田城四天王寺内無量壽院僧嚐什殿
後見之人々南無阿弥陀仏廻向可有候

寛喜元季成之六月十三日　くきの目記
一大くらつけ長一尺ひろさ五ふん　四
一（中門カ）まつの八徒ゝけ長七寸ひろさ四分数九
一うらの八津けひろさ三ふん長四寸五分数千五百
一あまの八津け長五寸二ふんひろさ三ふん数千五百
正應三季《カカ》 歳次 庚寅 六月廿八日
一たか木のすえ徒けおなしく中つけ長五寸廣さ三ふん数千四百
一屋の八のくき長さ五寸廣さ三分
かす八百おなしくなかくき長□□廣さにふん
数千二百
一垂木の鼻付《カカ》長四寸五分廣さ三分数三百五十
一す《カ》てめしくきなかさ二寸数二千
一（不明）

4

宝永三年（一七〇六）社殿再興棟札

（総高）九三・〇cm　（肩高）九一・〇cm　（上幅）二三・八cm　（下幅）二三・八cm　（厚さ）二・三cm　（頭部の形状）尖頭形

（表）

封　　　　封

遷宮導師寶鏡院十九世宥轍

奉行　岡本又太郎　　普請奉行　山縣伊右衛門
　　　澁江内膳　　　　　　　　高幡今右衛門
　　　小野崎權太夫
　　　梅津半右衛門
　　　梅津與左衛門

聖主天中天　大行事帝釋天王
　　　　　　碑文文殊師利井　願以此功徳
加陵頻伽聲
　　　　　　惣戒師釋迦牟尼如来　普及於一切

（梵《バン》）奉再興正八幡神宮三間四面壹宇　大檀主源朝臣義格公

哀愍衆生者
　　　　　　今日戒師彌勒井　我等與衆生
　　　　　　證誠大梵天王　皆共成佛道
我等今敬禮
　　　　　　諸行事普賢菩薩

寺社奉行　福原彦太夫　　大工
　　　　　中川宮内　　　齊藤善兵衛
　　　　　大越十郎兵衛

華蔵院宥積

寶永三丙戌年六月吉日　齊藤安房守

封　　　　封

（裏）

封

南無堅牢地神諸大眷屬

元禄十己卯年五月十九日當處火災之砌古來之八幡神社
致焼失候其砌從　公儀再興可被成下候間可申立由依
上意即別當致參府言上申處年々相延申候故去々年又々
安房守　御城下江參上御訴詔申立候此度御建立被成下
候

町大工棟梁
　市郎左衛門
　七郎兵衛

（梵《ア》）

丙戌
六月十三日　如意山現住宥轍

封

南無五帝龍王持者眷屬

五　明和二年（一七六五）社殿再興棟札

(総高)一〇〇・二cm　(肩高)九九・二cm　(上幅)二四・〇cm　(下幅)二四・〇cm　(厚さ)一・二cm　(頭部の形状)尖頭形

(表)　封

遷宮導師別當華藏院現主寛賢

聖主天中天　大行事帝釋天王　願以此功徳　奉行　小野田市太夫

大塚八郎兵衛

加陵頻伽聲　碑文文殊師利菩薩　普及於一切　梅津藤太

小場源左衛門

物戒師釋迦牟尼如来　小野寺桂之助

田木又太郎

(梵《キリーク》)奉再興正八幡神宮三間四面壹宇　大檀主源朝臣義敦公御武運長久祈所

哀愍衆生者　今日戒師彌勒菩薩　我等與衆生　寺社　梅津内藏亟

我等今敬禮　證誠大梵天王　皆共成佛道　奉行　小野崎權太夫

諸行事普賢菩薩　福原彦太夫

封

封

(裏)　封

明和二乙酉龍(ママ)九月廿三日

遷宮導師別當華藏院現住寛賢代勤之

南無堅牢地神諸大眷屬

(梵《ア》)　郷中安全祈所

南無五帝龍王持者眷屬

封

6　寛政六年（一七九四）社殿修覆棟札

（総高）九五・〇㎝　（肩高）九三・〇㎝　（上幅）二四・二㎝　（下幅）二四・一㎝　（厚さ）二・三㎝　（頭部の形状）尖頭形

（表）

遷宮導師華蔵院住阿闍梨法印教導

聖主天中天　大行事帝（ママ）釈（ママ）天王　願以此功徳　奉行　真壁圖書

加陵頻伽聲　碑文文殊師利菩薩　普及於一切　岡本但馬　願主　松山新内蔵

惣戒師釈（ママ）伽（ママ）牟尼如来　宇郡宮小膳

四田　齋

大越十良兵衛

（梵《キリーク》）奉修覆正八幡神宮御遷宮三間四面壹宇　大檀那源朝臣義和公

今日戒師彌勒菩薩　寺社　大塚九良兵衛

哀愍衆生者　我等興衆生　奉行　梅津頼母

證誠大梵天王　小野寺桂之助

我等今敬禮　皆共成佛道

諸行事普賢菩薩　寛政六甲寅歳八月十三日

（裏）

（梵《ア》）　南無堅牢地神諸大眷屬　去河山神宮蜜寺

南無五帝龍王持者眷屬

7　享和三年（一八〇三）社殿建替棟札

（総高）九三・五cm　（肩高）八九・〇cm　（上幅）二三・五cm　（下幅）二三・五cm　（厚さ）二・三cm　（頭部の形状）尖頭形

（表）

聖主天中天　大行事帝釈天王　御遷宮導師華藏院阿闍梨法印教導　大越十良兵衛
加陵頻伽聲　碑文殊師利菩薩　奉　行　梅津藤十良　大工
(カ)(カ)
物戒師釈伽牟尼　匹　田　齋　川井定進
岡本又太良　菅野嘉兵衛
（梵《キリーク》）奉建替正八幡神宮御遷宮三間四面壹宇　大檀那源朝臣義和公御武運長久祈處
今日戒師彌勒菩薩　寺社奉行　和田掃部之battle
哀愍衆生者　證誠大梵天王　小野庄九良　祇子
我等今敬禮　諸行事普賢菩薩　享和三亥八月十三日

（裏）

（梵《ア》）
南無堅牢地神諸大眷屬
南無五帝龍王持者眷屬

8　天保十一年（一八四〇）社殿葺替棟札

（総高）九四・〇㎝　（肩高）九二・五㎝　（上幅）二三・五㎝　（下幅）二二・七㎝　（厚さ）二・三㎝　（頭部の形状）尖頭形

（表）

聖主天中天　　　　　　　　遷宮導師華藏院法印寛隆
　　　　　　　　　　　　　石塚孫太夫
　　　　維時　　　　　　奉行　小野岡大和
迦陵頻伽聲　天保十一庚子歳　　真壁甚太夫
　　　　　　　　　　　　　佐藤源右衛門
（梵《キリーク》）奉葺替正八幡神宮御遷宮　三間四面　壹宇　大檀那源朝臣義厚公御武運長久祈處
哀愍衆生者　　　　　　寺社奉行　小田野沖員
　　　　六月大吉祥日　　　　　松野茂右衛門
我等今敬禮　　　　　　　　　大工　加藤貞藏
　　　　　　　　　　　　　　　　藤川源三郎

（裏）

南無堅牢地神諸大眷屬

南無五帝龍王侍者眷屬

9　文久元年（一八六一）社殿屋根替棟札

（総高）九三・五㎝　（肩高）九〇・五㎝　（上幅）二四・〇㎝　（下幅）二四・三㎝　（厚さ）二・九㎝　（頭部の形状）尖頭形

（表）

文久元年辛酉蔵　　遷宮導師華蔵院法印尊融

聖主天中天　迦陵頻伽聲　　奉行　宇都宮帯刀
　　　　　　　　　　　　　　　　小野岡衛門
　　　　　　　　　　　　　　　　中安内藏
　　　　　　　　　　　　　　　　澁江左膳
　　　　　　　　　　　　　　　　寺崎東九郎

（梵《キリーク》）奉屋根替正八幡神宮御遷宮三間四面壹宇大檀主源朝臣義就公御武運長久祈攸

哀愍衆生者　我等今敬禮　　寺社　小貫宇右衛門
　　　　　　　　　　　　　奉行　荒川彌五郎
　　　　　　　　　　　　　御普請役　藤川堅藏

五月大吉祥日　　御大工　川井新藏

（裏）

肝煎　富樫傳右衛門
同　細谷孫四郎
御傳馬方　七郎左衛門

南無堅牢地神諸大眷屬

大工棟梁　幸右衛門
　　　　　与四郎

南無五大龍王侍者眷屬

付四　関係図・写真、関係年表

1　大仙市神宮寺付近略図

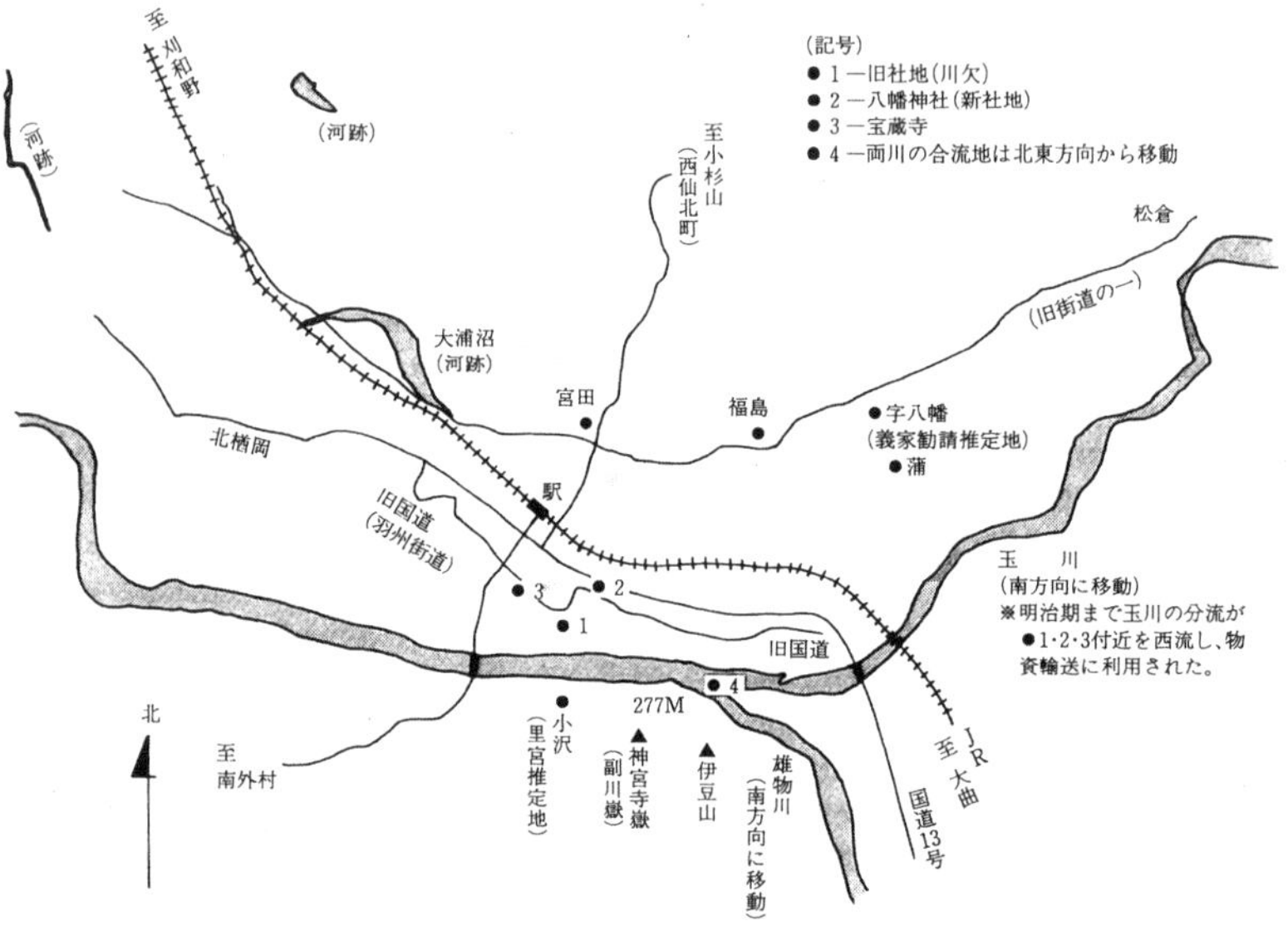

2　中世の神宮寺図（14世紀頃）

伊藤忠温氏作成・（高橋富治翁の想像をもとに描く）

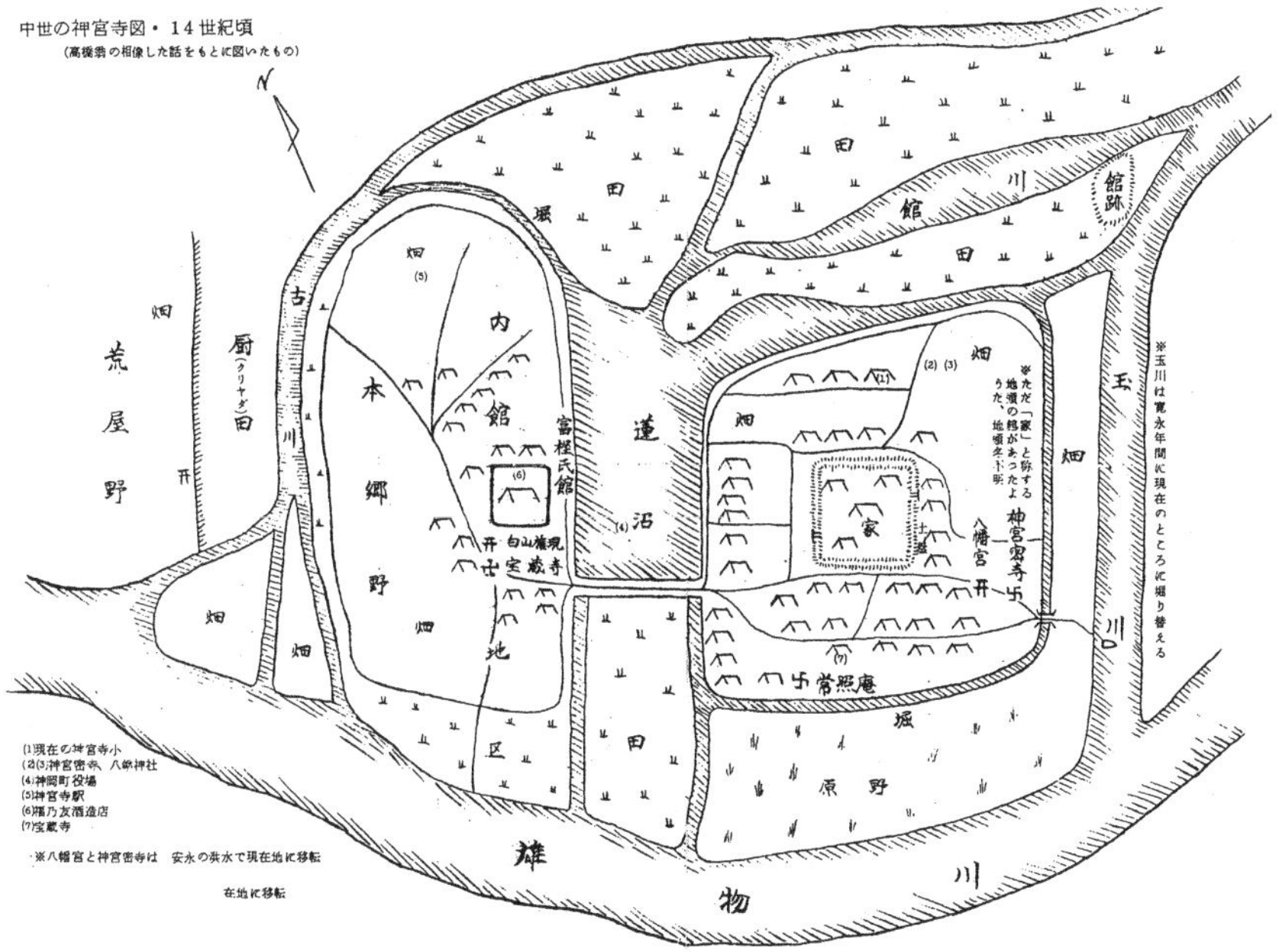

(1)　現神岡小
(2)(3)神宮密寺、八幡神社
(7)　宝蔵寺
玉川／寛永年間に現在のところへ掘替
家／地頭の館、地頭名は不明

3　御目代八幡宮へ御参詣略図（文政四年）

（伊藤忠温氏作成、神宮邦彦ほん刻「参詣之日記」より）

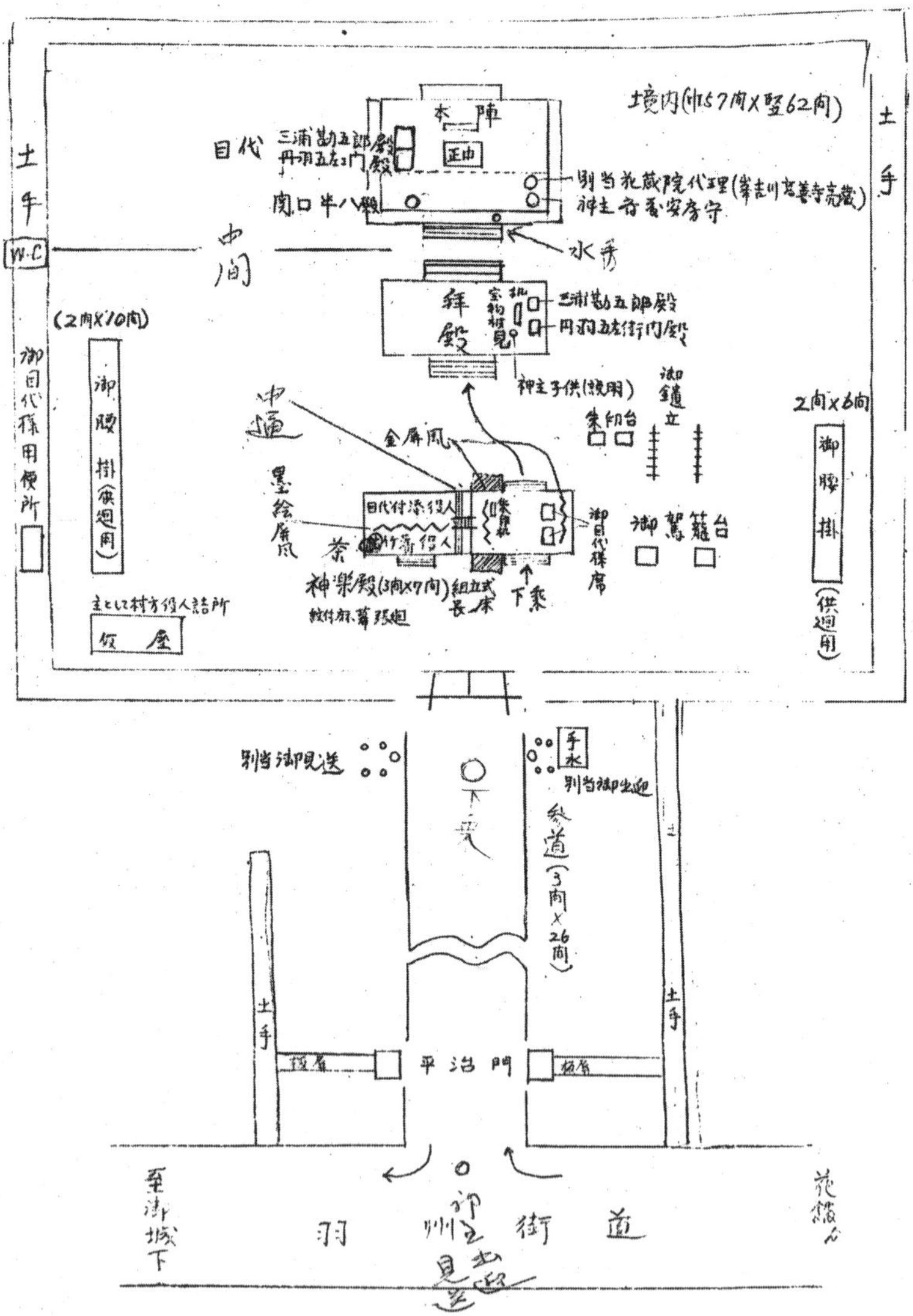

当社八幡神像ヵ（出所　御聖天社、伊藤忠温氏資料、昭和50年頃撮影）

神宮寺花蔵院本尊ヵ（出所　同上資料）

［関係年表］

和暦／西暦	主要事項（出典）
天平五／七三三	出羽柵、秋田村高清水岡に北進
延暦二〇／八〇一	田村麿祈誓（綴一）
延暦二〇／八〇一	払田柵跡創建カ（年輪年代法、他）
大同二／八〇七	田村丸建立（日記）、田村麿開基建立（月）
貞観一二／八七〇	山本郡名初出、山本郡安隆寺が定額寺
元慶二／八七八～	同三／八七九元慶の乱
延長五／九二七	延喜式神名帳撰進、編纂開始延喜五／九〇五
康平五／一〇六二	前九年の役、清原氏出陣、安倍氏滅ぶ
延久三／一〇七一	義家再建棟札見得ず（旧記）、同棟札之れ無く候（録）
永保三／一〇八三～	寛治元／一〇八七後三年の役、義家金沢柵を落す
寛治五／一〇九一	義家再建（綴一）
文治五／一一八九	頼朝、平泉藤原氏を討つ
文治五／一一八九～	建久元／一一九〇、大河兼任の乱、奥州平定
建久元／一一九〇	頼朝再興（月）、（元応棟札）
建久三／一一九二	頼朝再建（日記）
元久元／一二〇四	社殿、別当焼失（綴一）、華蔵院類焼（旧記、録）
元久二／一二〇五	再建（綴一）
寛喜元／一二二九	造営（綴一）、（正応棟札）（元応棟札）

正応三／一二九〇	造営（綴一）、（正応棟札）
元応元／一三一九	造営（元応棟札）
観応元／一三五〇	飛騨守盛政朝臣建立（月）
観応二／一三五一	戸沢再建棟札有り（旧記、録）
文和元／一三五二	富樫氏主従落ち来る（録）
貞治五／一三六六	神宮寺村初見（和田繁晴譲状、新渡戸文書）
永徳二／一三八二	宝蔵寺本郷野に造営（録）
応永一八／一四一一	南部・安藤氏苅場野合戦（県史）
応永三〇／一四二三	戸沢氏、角館城に移る（西木村郷土史）
寛正六／一四六五	小野寺・南部氏合戦（中世の秋田）
長享三／一四八九	造営（綴一）、（長享棟札）
天正一六／一五八八	羽川義稙祈願（月）
慶長七／一六〇二	佐竹氏秋田へ転封
元禄一〇／一六九七	八幡宮社堂始め神宮寺村残らず焼亡（月、綴一、旧記）
元禄一二／一六九九	神宮寺村残りなく類焼、八幡宮も焼亡（月）
宝永三／一七〇六	義格再建棟札アリ（綴一）、（宝永棟札）
宝永三／一七〇六	義格棟札入箱寄付（月）、現存（第二章）
寛延四／一七五一	神宮寺、宝鏡院末寺となる（第五章）
明和二／一七六五	義敦再興棟札アリ（綴一）、（明和棟札）
天明元／一七八一	洪水にて社地欠けたり、今の地に移す（風）

天明六／一七八六	八幡宮御宝物焼失（旧記、録、相馬年代記）
寛政元／一七八九	神宮寺焼失（旧記、録、相馬年代記）
寛政六／一七九四	義和修覆棟札アリ（綴一）、（寛政棟札）
享和三／一八〇三	義和再建棟札アリ（綴一）、（享和棟札）
文化六／一八〇九	宝蔵寺大伽藍類焼（録）
文化一三／一八一六	徳寿建替棟札アリ（綴一）
文政四／一八二一	御目衆御参詣之日記
文政九／一八二六	神宮寺村旧記帳
文政一〇／一八二七	菅江真澄、神宮寺村調査
天保一一／一八四〇	義厚葺替棟札アリ（綴一）、（天保棟札）
文久元／一八六一	義就屋根替棟札アリ（綴一）、（文久棟札）
慶応四／一八六八	奥羽鎮撫副総督澤三位、当社祈願（改元9／8）
明治三／一八七〇	神宮密寺花蔵院廃寺

注1、本年表は小著『神宮寺八幡宮棟札之事』の「付表」を基に修筆作成。

注2、主要出典の略称は次のとおり。特記なければ『県史』資料古代中世編。
旧記／文政九年惣改神宮寺村旧記帳
月／菅江真澄『月の出羽路』第七巻
録／神宮寺郷古記由緒録（右『月の出羽路』収録富樫伝市郎筆記一巻）
風／淀川盛品『秋田風土記』
綴一／明治二八年秋田県訓令ニ基キ県社八幡社取調書草稿

注3、月日は略す。

付五　初出論文、筆者関係著本・発表講演

〔初出論文〕

本書は以下の初出論文と新稿から構成される。初出論文の収録に当たっては所要の修筆のほか、箇所によりその後の研究深化を容れ大幅に改編修筆した。

開　章　新稿
第一章　「神宮寺八幡宮之由緒並びに参詣祈願之事」『秋大史学』四四、一九九八・三
　補稿一　「式内社副川神社の北方移転に関する文書」『北方風土』五三、二〇〇七・一
第二章　「神宮寺八幡宮の由緒並びに宝物―千秋文庫史料の紹介と考察―」『北方風土』三五、一九九七・一一
　補稿一　新稿
　補稿二　新稿
　補稿三　新稿
第三章　第一節　「大仙市神宮寺八幡神社棟札考―災害を超えた伝来と読解への取り組み―」『出羽路』一五九、二〇一九・三

第二節　「中世三棟札と地域の歴史研究—大仙市神宮寺八幡神社所蔵—」『北方風土』七九、二〇二〇・一〇

第四章

第一節　「神宮寺斎藤氏研究事始めの事—斎藤氏の系譜と八幡神社神主の就任を再考する—」『北方風土』四一、二〇〇一・一

第二節　「神宮寺八幡神社神主系譜の事（2）—中世後期以降の斎藤氏（伊勢守）と八幡神社棟札—」『北方風土』四二、二〇〇一・六

第三節　「神宮寺斎藤氏の研究（其の3）」『北方風土』五一、二〇〇六・一

第四節　「神宮寺長井斎藤氏に関する所説の再考—神宮寺八幡神主は紀州野上八幡からの移転か—」『北方風土』五五、二〇〇八・一

第五章　『出羽国仙北郡神宮寺村八幡宮別当玄坊屋敷由緒私記』丹印刷出版、二〇〇二・一〇

第六章　「神宮寺八幡宮別当の神祇潅頂史料を読む—大和国弘仁寺で尊常へ授与された印信—」『北方風土』四四、二〇〇二・六

第七章　「一地方神宮寺の明治初期神仏分離史料の研究—出羽国仙北郡神宮寺村花蔵院文書—」『秋大史学』五〇、二〇〇四・一一

補稿一

結　章　新稿

研究一　『出羽国仙北郡神宮寺村八幡宮別当玄坊屋敷由緒私記』二〇〇二・一〇

研究二　『武蔵国足立郡倉田村真言宗明星院等住僧系譜之事―南部岳妙泉寺住、本国出羽仙北神宮寺僧快遍を逐う―』二〇〇二・一〇

研究三　「岩手県早池峰神社慶長一七年銘棟札上の仙北神宮寺僧快遍の研究」『北方風土』

研究四　「大仙市神宮寺八幡神社の本殿建築年代」『北方風土』八〇、二〇二〇・一二

研究五　「浅利太賢とその著「苧手巻」」『叢園』一六六、二〇〇三・六四六、二〇〇三・八

研究六　「出羽山北六所八幡宮の研究―菅江真澄の想念という視点から―」『出羽路』一四一、二〇〇七・一〇

「出羽国所在の神宮寺に関する基礎的研究―神仏習合形態の北方への展開―」『出羽路』一三七、二〇〇五・七

研究七　「東北地方の神宮寺―神仏習合形態の北方への展開―」『北方風土』五六、二〇〇八・七

新稿

【関係著本】

小著『花蔵院文書』素稿一九九五・七

小著『神宮寺八幡宮棟札之事』一九九五・一二（略称『棟札之事』）

小著『神宮家文書』一九九六・九

小著『武蔵国足立郡倉田村真言宗明星院等住僧系譜之事―南部岳妙泉寺住、本国出羽仙北神宮寺僧「快遍」を逐う―』二〇〇二・一〇（略称『住僧系譜』）

小著『出羽国仙北郡神宮寺村八幡宮別当玄応坊屋敷由緒私記』二〇〇二・一〇（略称『玄応坊私記』）

【関係発表講演】

「当地に伝承する玄応坊由緒物語」かみおか嶽雄館おもしろ講座、かみおか嶽雄館、二〇〇八・二・一三

「（神宮寺）八幡神社」大仙市文化講座シリーズ、ペアーレ大仙、二〇一〇・二・一八

「ふるさと神宮寺の法流と住僧の系譜」首都圏秋田歴史と文化の会、日比谷図書文化館ホール、二〇一六・六・二

「当地神宮寺の法流と住僧の群像」市民大学おもしろ講座、かみおか嶽雄館、二〇一九・三・一六

付六　参考文献

成稿または刊行年順。左記参考文献の引用は簡略化して表記する。

神宮寺村「文政九年丙戌年惣改　神宮寺村旧記帳」一八二六（旧記帳と略称）
注、斎藤善兵衛家本は大仙市指定文化財。写本に当家本、斎藤新五郎家本あり。
富樫伝市郎筆記「神宮寺郷古記由緒録」一巻、一八二七（由緒録と略称）
注、文政十年二月神宮寺村から真澄に提供され、『月の出羽路』に収録された。伝市郎は神宮寺村長百姓の一（左『郷土誌かみおか』四頁）。
菅江真澄「月の出羽路」成稿一八二九
注、真澄は文政九年暮れから当地神宮寺に滞在、翌年正月から調査開始。文政十二年（一八二九）「月の出羽路」成稿（右『郷土誌かみおか』三頁）。なお「月の出羽路」は次の資料と全集に所収されている。
神岡町教育委員会『郷土誌かみおか』資料編第一集、一九七四
内田武志・宮本常一編『菅江真澄全集』第七巻、一九七八
齋藤伊豆頭盛次「齋藤家系図歴代記」一八五一古書新書写改（原本齋藤伊勢守家所蔵、当家年不詳写本）
東大史料編纂所架蔵「副川八幡社由緒書　全―戊辰役官軍祈祷勝利ノ件」明治二九年（一八九六）
神宮寺郷土誌編纂会『神宮寺郷土誌』大正元年（一九一二）、復刻一九七二

細谷則理編『神宮寺郷土史 前篇』一九三三・九、出版者／高柳宗輔
注、県立図書館所蔵「細谷則理編『神宮寺を中心とせる郷土史』一九三三・九、編纂者／高柳宗輔」とは同類本。
高橋富治『神岡町神宮寺古伝書覚帳』一九五五
高橋富治『神宮寺郷土覚書』一九六八
高橋周蔵編『神宮寺のはなし』一九七四
神岡町社会福祉団体編『ふるさとの道』郷土資料、一九七七
神宮邦彦著『八幡宮江御目衆御参詣之日記』一九七九・三（御目衆日記と略称、参詣は文政四年／一八二一、大仙市指定文化財、当家所蔵）
永井康雄・飯淵康一・関口重樹「秋田県仙北郡神岡町八幡神社本殿木割に関する一考察」『東北大学建築学報』第三三号、一九九四・三
神宮邦彦・滋共著『天保年中御巡見使神宮寺八幡宮御参詣之日記』一九九七・四（巡見使日記と略称、参詣は天保九年／一八三八、当家所蔵）
神岡町史編纂室編『神岡町史』二〇〇二

《著者略歴》

神宮　滋（かみや・しげる）

昭和十六年（一九四一）秋田県大仙市神宮寺（当時、仙北郡神宮寺町）生
神宮寺神宮家当代（神道宮司位、仏門大律師位兼帯）
慶応大学卒業。皇學館大学専攻科修了
東京都千代田区現住
北国の歴史民俗考古研究「北方風土社」同人

（近年主要著作）

『玄応坊屋敷由緒私記』　丹印刷出版、二〇〇二年
『秋田領民漂流物語』　無明舎出版、二〇〇六年
『戊辰戦争出羽戦線記』　無明舎出版、二〇〇八年
『鳥海山縁起の世界』　無明舎出版、二〇一一年
『仁和寺尊寿院阿證』　イズミヤ出版、二〇一七年
『名族佐竹氏の神祇と信仰』　無明舎出版、二〇一九年
『大物忌神と鳥海山信仰』　秋田文化出版、二〇二一年
「秋田県初の旧石器遺跡発見の功労者は誰か」『北方風土』七九、二〇二〇年十月
「首都圏秋田歴史と文化の会　小録」『北方風土』八〇、二〇二一年一二月
「「鎌倉殿の十三人」中原親能小考」『北方風土』八一、二〇二二年一〇月
他、当地域の神仏、鳥海山信仰、秋田考古、戊辰戦争など論考多数

北方の八幡神社と神宮寺

―大仙市神宮寺八幡神社と旧別当寺の様相―

二〇二四年一月二二日　初版発行

定価（本体二二〇〇円＋税）

著　者　神宮　滋

発　行　秋田文化出版株式会社

〒〇一〇―〇九四二
秋田市川尻大川町二―八
TEL（〇一八）八六四―三三二二（代）
FAX（〇一八）八六四―三三二三

＊

ISBN978-4-87022-614-2

地方・小出版流通センター扱